PARIS WAR EINE FRAU

PARIS WAR EINE FRAU

DIE FRAUEN VON DER LEFT BANK

ANDREA WEISS

edition ebersbach

Aus dem Englischen von Susanne Goerdt

Nach der Buchvorlage ist ein Film gedreht worden:
Paris was a Woman
Regie: Greta Schiller; Drehbuch: Andrea Weiss
Filmverleih: Salzgeber Medien, Berlin

CIP-Titelaufnahme der Deutschen Bibliothek:

Weiss, Andrea:
Paris war eine Frau : die Frauen von der "Left Bank" ; Djuna
Barnes, Janet Flanner, Gertrude Stein & Co / Andrea Weiss.
[Aus dem Engl. von Susanne Goerdt]. - 1. Aufl. - Dortmund :
Ed. Ebersbach, 1996
    Einheitssacht.: Paris was a woman <dt.>
    ISBN 3-931782-00-X

3. Auflage 1997
© edition ebersbach
Bornstr. 68, 44154 Dortmund

© der englischen Originalausgabe *(Paris was a Woman)*
HarperCollins, San Francisco - London 1995
© Titelbild: Roger-Viollet, Paris
Co-Lektorat: Beate Hoffmann, Dortmund
Gesamtherstellung: Verlag Die Werkstatt, Göttingen
Alle Rechte vorbehalten
Printed in Germany

INHALT

*Für meine Nichten
Jennifer Levy-Lunt,
une femme de la rive gauche,
und Isabelle Jane Schiller,
une femme de l'avenir*

DRAMATIS PERSONAE

Berenice Abbott – amerikanische Fotografin, deren Karriere damit begann, daß sie während ihrer Mittagspause in Man Rays Studio Porträtaufnahmen von ihren Freunden anfertigte.

Margaret Anderson – Gründerin und Herausgeberin von *The Little Review*, eines der wichtigsten avantgardistischen Literatur-Magazine in der Zeit zwischen den Weltkriegen.

Djuna Barnes – Romanautorin, Journalistin, Satirikerin und bildende Künstlerin, deren bekanntestes Werk der 'underground'-Klassiker *Nightwood* ist.

Natalie Clifford Barney – amerikanische, äußerst wohlhabende und berühmt-berüchtigte lesbische Schriftstellerin und Salon-Gastgeberin, die siebzig Jahre lang in Paris lebte.

Sylvia Beach – Tochter eines presbyterianischen Priesters; sie gründete den Buchladen *Shakespeare and Company* und war die erste Verlegerin von James Joyce' *Ulysses*.

Germaine Beaumont – Schützling und Vertraute von Colette; französische Journalistin und Romanautorin, der der angesehene Prix Theophraste Renaudot für Literatur verliehen wurde.

Romaine Brooks – amerikanische Malerin, die eindringliche Porträts in gedämpften Farben anfertigte; lebenslange Freundin von Natalie Barney.

Bryher (Winifred Ellerman) – reiche englische Erbin, Verlegerin, Schriftstellerin, Kunstmäzenin und antifaschistische Widerstandskämpferin; lebenslange Freundin der Dichterin H.D.

Lily de Clermont-Tonnerre – eine enge Freundin Natalie Barneys und Gertrude Steins; umstrittene Verfasserin zuerst links-, später rechtsorientierter, radikal-politischer Schriften.

Colette – eine der angesehensten Autorinnen Frankreichs; sie verfaßte Hunderte von Kurzgeschichten, Romanen und Essays.

Nancy Cunard – englischer Sprößling der Cunard-Dampfschiff-Familie; sie brach mit ihrer Familie, um Dichterin zu werden; Gründerin der avantgardistischen *Hours Press*.

H.D. (Hilda Doolittle) – Dichterin und Romanautorin, die hauptsächlich in London lebte und von dort Abstecher nach Paris unternahm; Muse von Ezra Pound; unterzog sich bei Sigmund Freud einer psychotherapeutischen Behandlung.

Janet Flanner – amerikanische Journalistin, die vierzig Jahre lang für die Zeitung *The New Yorker* über das Leben in Paris berichtete.

Gisèle Freund – aus Deutschland geflüchtete, jüdische Fotografin; sie fotografierte alle berühmten Schriftstellerinnen und Schriftsteller Frankreichs und solche, die es noch werden sollten.

Eileen Gray – irische Designerin und Architektin, die einen eigenen modernistischen Stil entwickelte und 75 Jahre lang an der Left Bank von Paris lebte.

Radclyffe Hall – englische Verfasserin des umstrittenen Romans *The Well of Loneliness* (1928), der für Toleranz gegenüber lesbischen Frauen plädierte und bis 1948 in England verboten war.

Jane Heap – zusammen mit Margaret Anderson Herausgeberin von *The Little Review* und inoffizielle literarische Agentin von Gertrude Stein.

Marie Laurencin – französische Malerin, die häufig in den Salons von Natalie Barney und Gertrude Stein verkehrte.

Georgette LeBlanc – französische Opernsängerin, die zwanzig Jahre lang mit der Redakteurin Margaret Anderson zusammenlebte.

Mina Loy – in England geborene Dichterin und Designerin der Moderne, deren Arbeiten in kleineren Literatur-Zeitschriften veröffentlicht wurden.

Adrienne Monnier – französische Schriftstellerin und Redakteurin; sie eröffnete den führenden Buchladen für avantgardistische französische Literatur *La Maison des Amis des Livres*.

Noel Murphy – amerikanische Sängerin, deren Haus in Orgeval außerhalb von Paris vielen der ausländischen Frauen am Wochenende als Treffpunkt diente.

Solita Solano – Redakteurin, Romanautorin, Dichterin und Journalistin, die ihre eigene schriftstellerische Karriere opferte, um Janet Flanner fünfzig Jahre lang emotional und praktisch unterstützen zu können.

Gertrude Stein – bekannteste und produktivste Schriftstellerin der Moderne; war auch als Kunstsammlerin tätig und lud wöchentlich in ihren Salon ein.

Alice B. Toklas – lebenslange Gefährtin, Sekretärin, Verlegerin und Muse von Gertrude Stein.

Renée Vivien – begabte Dichterin, Nachbarin von Colette und Geliebte von Natalie Barney; sie starb im Alter von 31 Jahren in Paris.

Dolly Wilde – englische Schriftstellerin, die große Ähnlichkeit mit ihrem Onkel Oscar Wilde hatte, den sie sehr bewunderte; sie richtete sich mit Alkohol und Drogen zugrunde.

Thelma Wood – Silverpoint-Künstlerin und Bildhauerin; sie hatte in den zwanziger Jahren eine qualvolle Affäre mit Djuna Barnes.

VORWORT

Viele Filme erscheinen zunächst als Bücher, doch in diesem Fall entstand das Buch aus einem Filmprojekt. Meine Partnerin Greta Schiller und ich waren der Meinung, daß ein umfassender Dokumentarfilm über die Frauen der Left Bank (gemeint ist das linke Seineufer) seit langem fällig wäre. So begannen wir die enorme Forschungs- und Entdeckungsarbeit, ohne uns jemals vorzustellen, daß bis zur endgültigen Fertigstellung vier Jahre vergehen würden.

In dieser Zeit machte ich viele wunderbare Erfahrungen. Während eines Besuches beim Fonds Littéraire Jacques Doucet in Paris zum Beispiel wurden Greta und ich in ein kleines Kabinett abseits des großen Leseraumes geführt. Wir fragten uns, was im Himmel der Archivar François Chapon noch für uns ausgraben wollte; er hatte uns bereits Natalie Barneys Möbel, ihre Bilder und eine Schatulle mit privaten Liebesbriefen gezeigt. Von dem, was dann kam, wurden wir völlig überrascht: François Chapon, der Natalie Barney als junger Mann persönlich gekannt hatte, öffnete eine wunderschön furnierte Holzschachtel und enthüllte uns ihren Haarzopf.

In Paris mieteten Greta und ich ein Auto und fuhren nach Bilignin, das Dorf in der Rhône-Region, wo Gertrude und Alice ihr Landhaus hatten. Wir benutzten *The Alice B. Toklas Cookbook* als unseren Reiseführer und machten halt in einigen der besten der sehr versteckten Landrestaurants Frankreichs. Wir freuten uns über unser Glück, daß diese Reise offenbar unsere 'Arbeit' war. Zu guter Letzt fanden wir die Schilder an den beiden Enden einer Landstraße, die Bilignin ankündigten. Zwischen diesen beiden Schildern befanden sich weniger als ein Dutzend Bauernhäuser, viele Kühe, eine wunderschöne Allee dicker, alter Eichen und ein großes Tor – hinter dem das große, graue Haus von Gertrude und Alice stand. Wir fühlten uns zurückversetzt in die dreißiger Jahre dieses Jahr-

hunderts, als Gertrude und Alice hier lebten, es hätte aber auch genausogut 1830 sein können, so wenig hatte sich das Dorf verändert.

Ich möchte mich bei den vielen Menschen bedanken, die meine
Forschungsarbeiten sowohl für den Film als auch für das Buch möglich
gemacht haben: bei der Library of Congress, Beverly Brannon von der
Abteilung für Druck und Fotografie und Fred Bauman von der Abteilung
für Manuskripte. Bei den Fonds Littéraire Jacques Doucet, Nicole Prevot
und François Chapon. Bei Margaret Sherry von der Sylvia Beach Collection
der Princeton University. Für die Hilfe bei den Briefen, Manuskripten und
Fotografien von Djuna Barnes bei Ruth M. Alvarez von der McKeldin
Library, University of Maryland at College Park und L. Rebecca Johnson
Melvin von der University of Delaware Library. Bei Patricia Willis und
Daniele McClellan von der Yale University, Beinecke Rare Book and
Manuscript Library.

Der größte Teil meiner Forschungsarbeit fand in diesen Archiven
statt, wo ich Briefe, Fotografien und andere abgenutzte und zerbrechliche
Materialien sichtete, die mich inspirierten und in die Vergangenheit führten. Nicht zuletzt las ich ebenso zahlreiche zeitgenössische Bücher zu
dem Thema, und ich stehe in tiefer Schuld bei den Schülern und Biographen, die mir den Weg ebneten und meine Aufmerksamkeit auf das Leben und die Arbeit dieser Frauen lenkt hatten, als da sind Shari Benstock,
Noel Riley Fitch, Catharine R. Stimpson, Meryl Secrest, Brenda Wineapple
und besonders Karla Jay, die dieses Projekt die gesamte Zeit über begleitete.

Frances Berrigan, die Produzentin, und Greta Schiller, die Regisseu-
rin des Dokumentarfilms waren die besten Kollegen für dieses Projekt,
und ich freue mich auf eine weitere Zusammenarbeit mit ihnen. Meine
Agentin, Faith Evans, sah auf Anhieb aufregende Möglichkeiten in meiner
damals nur vagen Idee, was sie vielleicht auch geblieben wäre, wenn
nicht ihr Enthusiasmus und ihre beständige Ermutigung gewesen wären.
Meine Verlegerin Sara Dunn glaubte immer fest an das Projekt (auch wenn
sie versuchte, meine wachsende Anzahl an Fotos zu begrenzen) und war
mir eine unschätzbare Hilfe. Ebenso möchte ich all den anderen bei Pandora danken, die das Manuskript fachgerecht in ein Buch verwandelten:
das sind Belinda Budge, Miranda Wilson, Michele Turney, Ruth Petrie
und die Designer Jo Ridgeway und Jerry Goldie. Elizabeth Wilson las

freundlicherweise das Buch in Manuskriptform; ihren klugen Kommentaren schulde ich großen Dank. Dank auch an Marina Ganzerli, Miles McKane, Kirsten Lenk und Florence Fradelizi, die bei der Recherche in entscheidenden Augenblicken immer hilfreich zur Seite standen. Für die Hilfe beim Aufspüren zweifelhafter Verweise und Bilder sowie beim Jonglieren aller Arten von Details, meinen grenzenlosen Dank an Melissa Cahill Tonelli.

Die Fotografin Gisèle Freund, die sich zu einem Interview für den Film bereit erklärte, verbrachte mit uns viele aufschlußreiche Stunden in Paris. Für die anregenden Gespräche, die sie in einer verblüffenden Mischung aus Französisch, Deutsch und Englisch mit uns führte (sie spricht vier Sprachen, aber wie sie sagt, keine richtig gut), hat sie meine ganze Bewunderung. Vielen Dank an Berthe Cleyrergue und Sam Steward, daß sie ebenfalls in ein Interview einwilligten und ihre wertvollen Erinnerungen aus erster Hand beisteuerten.

Mark Finch hatte während des Schreibens dieses und des vorigen Buches immer ein offenes Ohr für meine Ideen und Frustrationen. Ich wünschte, es wäre möglich, ihm für sein unermüdliches Vertrauen in mich und für seine unzähligen Beweise wahrer Freundschaft in den vergangenen zehn Jahren zu danken.

NÄCHSTE SEITE **Adrienne Monnier vor ihrer Buchhandlung, der Geburtsstätte zahlreicher Strömungen der literarischen Moderne.**

DES AMIS DES LIVRES

TÉ de LECTUR

BRAIRIE

Monnier

PARIS WAR EINE FRAU

Renée Vivien sehnte sich nach der „geliebten Stadt" Paris. Für Colette war Paris die „Stadt der Liebe", und Janet Flanner glaubte, daß die Seine Paris ein spezielles Flair verleihe, das sie zu „einer der reizendsten Städte [mache], die es noch auf der Erde gibt". Es war das linke Seineufer – genannt die Left Bank –, die Adrienne Monnier anlockte und all die Jahre nicht losließ. Sylvia Beach stellte mit der für sie typischen Bescheidenheit und Untertreibung fest, sie habe Paris sehr gern; Djuna Barnes drückte das gleiche leidenschaftlicher aus: „Ich spüre eine Sehnsucht in mir, in Paris zu sein."

Besonders Frauen, die in den unterschiedlichsten künstlerischen Bereichen tätig waren, und Frauen, die sich für Kunst und Literatur begeisterten und die frei von familiären Verpflichtungen waren, zog es zur Left Bank, aber nie wieder mit solcher Vehemenz und Begeisterung wie im ersten Viertel dieses Jahrhunderts. Nicht nur die Schönheit von Paris zog die Frauen an. Mehr als das, war es die einzigartige Möglichkeit, ein freieres Leben zu führen. Sie kamen aus den unterschiedlichsten Gegenden Frankreichs, aus Savoyen und Burgund, und auch von weither, aus London, Berlin, New York und Chicago, aus Indiana und Kalifornien. Sie kamen aus ganz unterschiedlichen Gründen, aus Gründen, die ihnen vielleicht selbst nie ganz bewußt waren. Aber sie alle kamen auch, weil Paris ihnen als Frauen eine einzigartige und außergewöhnliche Welt bot.

LINKS „Paris, 1929": Die Left Bank, wie sie die deutsche Fotografin Marianne Breslauer sah.

In den letzten zehn Jahren sind über die meisten dieser Frauen Bio-graphien veröffentlicht worden, und Shari Benstocks gelungenes Buch *Women of the Left Bank* bietet sowohl eine gedankenreiche literarische Analyse als auch eine detaillierte Gruppen-Biographie der weiblichen Mo-derne. Texte von Djuna Barnes wurden auf Tagungen diskutiert, und neu redigierte und bearbeitete Manuskripte Gertrude Steins herausgegeben. Bis heute werden Künstlerinnen, Schriftstellerinnen, Verlegerinnen und andere im kulturellen Bereich Tätige von den Frauen der Left Bank und ihren Lebensgeschichten, die mittlerweile nicht mehr nur akademischen Kreisen vorbehalten sind, inspiriert und fasziniert.

Durch die zahlreichen Veröffentlichungen, die das Paris der zwan-ziger und dreißiger Jahre zum Thema haben, werden die Mythen und Klischees, die sich in den Köpfen der Menschen festgesetzt haben, in Fra-ge gestellt. Klischees, die bisher durch die zahlreichen Berichte amerika-nischer Zuwanderer am Leben erhalten wurden, die – wie z.B. Robert McAlmon in *Being Genuises Together* und Samuel Putman in *Paris Was Our Mistress* – das Bild des Bars und Bordelle besuchenden, chauvinisti-schen Künstlers und Trinkers tradieren. Noch vor kurzem glorifizierte Humphrey Carpenter diesen Mythos in seinem Buch *Geniuses Together,* einer Chronik von Besäufnissen, Glücksspielen und sexuellen Ausschwei-fungen. Wir erfahren, daß Hemingway das Geld seiner Frau Hadley rück-sichtslos auf der Pariser Rennbahn verspielte, während sich James Joyce und Robert McAlmon durch das gesamte Angebot an französischen Alko-holika tranken. Malcolm Cowley, der später *Exile´s Return: A Literary Odyssey of the 1920s* schrieb, geriet in eine gewalttätige Auseinanderset-zung mit dem Besitzer der „Rotonde" und verdiente sich auf diese Weise den Zugang zu den inneren Heiligtümern dieses Männerclubs.

Trinkgelage und sexuelle Ausschweifungen bestimmen das Bild, das wir heute vom Paris der zwanziger Jahre haben. Doch die Erfahrungen der Frauen in Hinblick auf diese beiden 'Freiheiten' sahen ganz anders aus. Sylvia Beach war eine entschiedene Abstinenzlerin, und obwohl sie die legendären Schriftsteller James Joyce und Valéry Larbaud miteinander be-kannt machte, ging sie nie zu den regelmäßigen Treffen in der Amerikani-schen Bar im Quartier Latin, bei denen Joyce seinem Freund Larbaud seine neuen Texte vorstellte. Natalie Barney sagte über sich, „trunken geboren trinke ich nur Wasser", obgleich man sie gelegentlich an einem Glas exzellenten französischen Wein nippen sah. Da Gertrude Stein und Alice B. Toklas kein Verständnis für Betrunkene hatten, wurden sie von niemanden ein zweites Mal eingeladen. Die englische Schriftstellerin und Verlegerin Winifred Ellerman, die sich Bryher nannte, zog Wasser dem Wein vor. Kurz nach ihrer Ankunft in Paris entschloß sie sich, alles Alkoholische abzulehnen, da „sich Drinks und *la poésie pure* nicht vertrugen." Als sie eines Tages die vom Alkohol gezeichneten Gesichter einiger männlicher Künstler der Moderne betrachtete, stellte sie mit Schrecken fest, „daß das Ganze einer Art Gartenparty im Pfarrhaus glich – nur im umgekehrten Sinne. Diese Rebellen waren genauso wenig frei von Konventionen wie eine Gruppe alter Damen, die über ihren Strickarbeiten schwatzt."

Janet Flanner, die nichts mehr liebte als guten Klatsch, heruntergespült mit einem Cinzano-Fruchtsaft-Apéritif im Café des Deux Magots, teilte Bryhers Meinung wahrscheinlich nicht, vermutlich ebensowenig wie Nancy Cunard oder Djuna Barnes, die sich oft zu ihr gesellten. Doch alle drei waren hart arbeitende Schriftstellerinnen, die es wegen der auch Frauen offenstehenden Arbeitsmöglichkeiten nach Paris gezogen hatte. Wenn wir uns vor Augen führen, was diese Autorinnen, Dichterinnen, Malerinnen, Verlegerinnen, Fotografinnen, Buchhändlerinnen und Herausgeberinnen kleiner Zeitschriften geschaffen haben, und ihre Werke betrachten, wird deutlich, daß der langlebige Mythos von in Cafés verbummelten Nachmittagen und wilden Nächten auf dem Montparnasse unzutreffend ist.

Auch sexuelle Freiheit war etwas, worauf die meisten Frauen gut verzichten konnten. Laut Andrew Field, dem Biographen von Djuna Barnes, wollten Frauen diese Freiheit zwar, waren aber nicht in der Lage, damit umzugehen: „... die sexuelle Freiheit kam zu plötzlich, und [sie waren] auf den Umgang mit der sich ihnen in Paris bietenden Freiheit schlecht vorbereitet. Die Bühne war großartig, aber die meisten wurden mit ihrer Rolle nicht fertig."

Andrew Field nimmt an, daß auch Frauen die sogenannte 'sexuelle Freiheit' anstrebten bzw. daß sie für sie den gleichen Stellenwert hatte wie für die Männer. Aber schloß das Modell der sexuellen Freiheit für Männer – Sex ohne Verpflichtungen oder mit wechselnden Partnern – tatsächlich auch eine Freiheit für Frauen ein? Für wen war die Bühne großartig, für wen war sie entworfen?

Als Robert McAlmon Adrienne Monnier in einem Taxi zu küssen

versuchte, wurde er nicht mit einem höflichen Tadel, sondern mit einem kräftigen Biß in die Lippe zurückgewiesen. Ezra Pound versuchte einen ähnlichen Vorstoß bei Bryher – mit ebenso niederschmetterndem Ergebnis. Adrienne Monnier und Bryher sind nur zwei Beispiele unter den vielen Frauen der Left Bank, für die sexuelle Freiheit nicht bedeutete, Männern bereitwillig verfügbar zu sein. Für sie beinhaltete dieser Begriff vielmehr die Befreiung vom heterosexuellen Imperativ, d.h. die Freiheit zu lieben, wie und wen sie wollten – in ihrem Fall hieß das: Frauen.

Frauen, die Männer zurückwiesen, mußten mit unangenehmen Konsequenzen im literarischen Bereich rechnen. Ezra Pound empfand Djuna Barnes' literarischen Ruf als übertrieben und meinte, ihn herabsetzen zu müssen. Viele Männer betrachteten Nancy Cunard als Nymphomanin und daher auch als 'Freiwild'. Als sich Richard Aldington „auf sie stürzte", zahlte sie einen hohen Preis dafür, daß sie seine 'Gefälligkeiten' zurückwies. Aldington griff sie in seiner Kurzgeschichte *Now Lies She There* auf boshafte Weise als rücksichtslose Zerstörerin von Männern an. William Carlos Williams, ein Mann, den die Anwesenheit lesbischer Frauen in Natalie Barneys Salon schockiert hatte, veröffentlichte eine Schrift über Adrienne und Bryher, in der er seinen Abscheu auf so unverblümte Weise zum Ausdruck brachte, daß Bryher sich gezwungen sah, zu rechtlichen Mitteln zu greifen.

Wenn wir die Geschichten dieser Frauen betrachten, sehen wir ein Paris, das nichts gemein hat mit dem Klischee, daß Paris eine ewige Party gewesen sei. Die Faszination, die von den zwanziger Jahren ausgeht, läßt vergessen, daß viele der Frauen schon viel früher nach Paris kamen (Natalie Barney und Eileen Gray zum Beispiel trafen 1902 dort ein, Gertrude Stein 1903) und auch länger dort blieben. Viele machten Paris zu ihrem ständigen Wohnsitz, der den Ersten, manchmal sogar den Zweiten Weltkrieg überdauerte.

Wie erlebten sie diese Stadt bei ihrer Ankunft? Die Geschäftigkeit des Marktes bei Les Halles, die romantischen Bücherstände und malerischen Angler am Ufer der Seine, das Café am See im Bois de Boulogne, wo sich die 'Ladies of Leisure' zum Lunch trafen, entzückten sie. Sie kamen an Kindern vorbei, die mit ihren hölzernen Segelschiffchen im Springbrunnen des Jardin de Luxembourg spielten. Die Geräusche, die sie am häufigsten vernahmen, waren das Läuten der Kirchenglocken und das Klappern von Pferdehufen auf dem Kopfsteinpflaster der Gassen. Sie ließen sich an der Left Bank in der Nähe des Flusses nieder, wo sie vier Zentren schufen, die die kulturelle Landschaft von Paris sehr verändern sollten: die beiden Buchläden von Sylvia Beach und Adrienne Monnier in der Rue de l'Odéon und die Salons von Natalie Barney und Gertrude Stein in der Rue Jacob und der Rue de Fleurus.

Paris war in seiner Einstellung Frauen gegenüber keineswegs liberaler als England oder Amerika, aber Ausländer wurden hier einfach in Ruhe gelassen. Auf die Frage, warum ihr das Leben bei den Franzosen gefalle, schrieb Gertrude Stein: „Der Grund ist einfach der, daß sie ihr eigenes Leben leben und sie also auch Dir Dein eigenes Leben lassen ..."

Da ihnen ihr Leben selbst gehören sollte, war es kein Zufall, daß fast alle Schriftstellerinnen und Künstlerinnen, die nach Paris kamen, weder Mann noch Kinder hatten. (Einige der Frauen, die wie Janet Flanner und Djuna Barnes schwanger wurden, hatten Fehlgeburten, Abtreibungen oder gaben, wie im Fall von Romaine Brooks, das Kind zur Adoption frei. Die geringe Zahl von Frauen mit Kindern – H.D. und Colette hatten beide eine Tochter – lebte meist nicht in Paris und hatte außerdem die Möglichkeit, ihre Kinder von anderen versorgen zu lassen.) Diejenigen, die irgendwann einmal verheiratet gewesen waren, waren inzwischen geschieden oder verwitwet. Die verheiratete amerikanische Schriftstellerin Katherine Anne Porter beneidete Gertrude Stein darum, daß sie ihr Leben so führen konnte, wie sie es wollte. Sie schrieb nach Gertrudes Tod im *Harper's Magazine*, daß die Gruppe von Amazonen, zu der Gertrude gehört habe, zu den vielen Wundern zähle, die das Amerika des 19. Jahrhunderts hervorgebracht hätte:

... nicht Mann, nicht Frau, weder die Aufgaben des einen noch des anderen Geschlechts erfüllend, die – erfolgreich – ihre Karriere verfolgten, welchen Bereich auch immer sie wählten ..., die in der Öffentlichkeit und durch die Öffentlichkeit lebten und die die Rollen, die sie selbst angenommen und selbst geschaffen hatten, mit solch sagenhafter Freiheit spielten, wie sie sonst nur wenigen Königinnen des frühen Mittelalters vorbehalten gewesen war. Freiheit bedeutete für sie genau genommen Freiheit von Männern und von den muffig-abgestandenen Regeln für Frauen. Mutig rissen sie die traditionellen Männerprivilegien –

das Recht zu wählen, das Recht auf Selbstentfaltung und den Gebrauch von unmittelbarer, persönlicher Macht – an sich ...

Diese Gruppe von Amazonen hatte sich bewußt für eine Gemeinschaft entschieden, in der die unterschiedlichsten Schicksale auf vielfältige und oft überraschende Weise miteinander verflochten waren. Doch bildeten sie keine monolithische Gruppe; Uneinigkeiten und Konflikte gab es vor allem in bezug auf Nationalität, ökonomische Klassenunterschiede, Begabung, künstlerische Schwerpunkte, politische Ansichten und Sexualität. Zum Beispiel haben die Werke von Gertrude Stein und H.D. nichts miteinander gemein, doch wichtiger als literarische Unterschiede waren ihnen Freundschaft und Respekt vor der Arbeit der jeweils anderen.

So unterschiedlich wie ihre künstlerischen Ziele waren die finanziellen Verhältnisse, in denen die Frauen lebten. Es gab unter ihnen reiche Erbinnen, wie z.B. Natalie Barney, Romaine Brooks und Bryher, während andere wie Djuna Barnes auf die *largesse* anderer angewiesen waren. Einige, wie z.B. Alice B. Toklas, lebten von kleinen Zuschüssen ihrer Familie. Janet Flanner war die einzige unter ihnen mit einem geregelten Einkommen. Aus diesem Grund konnte sie sich auch elegante Kleidung leisten, wie sich Berenice Abbott erinnerte.

Viele der Frauen waren lesbisch oder bisexuell. Alle fühlten sich besonders in emotionaler, aber auch in sexueller Hinsicht zu Frauen hingezogen. Diese Gefühle wurden ganz unterschiedlich definiert (bzw. eben nicht definiert): Gertrude Stein sprach von ihrer ʼFrauʻ, Janet Flanner von ʼFreundschaftenʻ, und Sylvia Beach wahrte Stillschweigen über das Thema. Auch die intimen Beziehungen dieser Frauen führten zu einer Vielzahl von Konstellationen, die – neues Territorium beschreitend – keinem festen Muster oder vorherbestimmten Regeln folgten.

Obwohl die Frauen unterschiedlichen Nationen und Religionen angehörten, waren sie alle Weiße – trotz der großen Anzahl einflußreicher schwarzer Amerikanerinnen, die zu jener Zeit in Paris lebte und die es damals nach Paris zog, weil es dort keine Einschränkungen für Farbige gab. Die farbige Autorin und Redakteurin Jesse Redmon hatte die Erfahrung gemacht, daß sich in Paris „niemand dafür interessiert – anscheinend selbst Amerikaner nicht –, ob ein Künstler weiße, schwarze, gelbe oder, wie Forster in *A Passage to India* sagt, ʼrosa-graueʻ Haut hat". Sie traf

**Gertrude Stein mit der Bildhauerin und Silverpoint-Künstlerin Thelma Wood.
Das Foto verdeutlicht die Unterschiede, die zwischen den Frauen der Left Bank
in bezug auf Alter, Sexualität und die finanzielle Situation bestanden.**

in Paris in vier Monaten mehr Schriftsteller/innen und Künstler/innen als
in New York in vier Jahren. Normalerweise führten die Begegnungen zwischen schwarzen und weißen Frauen jedoch nicht zu dauerhaften Freundschaften.

Unter den hervorragenden schwarzen Unterhaltungskünstlerinnen,
die sich dazu entschlossen, in Paris zu leben, waren Josephine Baker,
Bricktop, Adelaide Hall, Florence Mills und Mabel Mercer, während
Elizabeth Welch regelmäßig aus England herüberkam. Florence Mills und

Adelaide Hall gehörten zu den Stars von „The Blackbirds", einer aus über hundert, ausschließlich schwarzen Darstellern bestehenden Showgruppe, die im Moulin Rouge auftrat. Ursprünglich für Touristen und für die in Paris lebenden Ausländer gedacht, fand die die Show der Truppe bei den Franzosen den größten Anklang. Von allen Schwarzamerikanerinnen, die auf den Pariser Bühnen auftraten, war Josephine Baker unumstritten die Berühmteste. Sie kam 1925 im Alter von 18 Jahren als Mitglied eines afro-amerikanischen Musicalensembles, das überhaupt als erstes durch Europa tourte. Kaum hatte sie das Schiff verlassen und den Zug nach Paris bestiegen, verliebte sie sich schon in Frankreich – aber das war gar nichts, verglichen mit der Liebe, die Frankreich schon bald ihr entgegenbringen sollte.

Bricktop, als Ada Smith in Chicago geboren, betrieb einen beliebten Club in Montparnasse auf der anderen Seite der Stadt, wo sie Songs von Cole Porter sang und alle ihre Gäste mit Namen kannte. Auch wenn die englische Malerin Nina Hammet, die amerikanische Schriftstellerin Kay Boyle und Kiki, das berühmte Modell vom Montparnasse alle gelegentlich in Bricktops Club gesehen wurden, war sie mit ihren 'Stammgästen' besser befreundet – unter ihnen Robert McAlmon (den sie 'the big spendin' man' nannte) und Man Ray, den man immer an der Bar finden konnte.

Es gab nur wenige soziale Bindungen zwischen den schwarzen Unterhaltungskünstlerinnen und den weißen Literatinnen. Janet Flanner und Adrienne Monnier schrieben beide begeistert über Josephine Bakers schauspielerische Leistung, aber keine von ihnen erwähnt, sie getroffen zu haben, obwohl alle drei mit Colette befreundet waren. Colette war in den zwanziger Jahren eine von Josephine Bakers engsten Freundinnen, wobei sich ihre Vertrautheit zum Teil auf die von beiden geteilte Liebe zu Tieren stützte.

Während Paris von den afro-amerikanischen Rhythmen und der Lebensweise der schwarzen Entertainerinnen wie geblendet war, strömten andere, meist europäische Frauen nach Paris und krempelten das kulturelle Leben auf ihre Weise um.

Architektur, Fotografie, Malerei, Ballett, Theater, Modedesign und Kinematographie sind nur Bereiche innerhalb der bildenden bzw. darstellenden Künste der zwanziger Jahre, in denen Frauen geradezu Pionierarbeit leisteten und in denen sie auch Erfolg hatten. Aus Rußland kamen die avantgardistischen Malerinnen und Theater-Designerinnen Alexandra Exter

und Natalya Goncharova nach Paris, und schon bald waren in ihren far-
benprächtigen, rhythmisch-lebendigen Kompositionen kubistische, futu-
ristische und konstruktivistische Einflüsse zu sehen. Aus England kam die
Designerin und Architektin Eileen Gray, die den Kubismus und die Art
deco für sich entdeckte und sich an der Gesellschaft anderer bildender
Künstlerinnen, einschließlich Romaine Brooks und Berenice Abbott, er-
freute. Aus Deutschland trafen die Fotografinnen Marianne Breslauer und
Germaine Krull ein und nutzten die Stadt als Motiv für ihre modernen
Kompositionen in Schwarzweiß. Germaine Dulac aus Frankreich arbeitete innovativ im Bereich avantgardistischer Filmkunst und beschäftigte sich
verstärkt mit Frauenthemen. Viele der bildenden Künstlerinnen stießen
auch auf die Literatinnen, und der Zusammenfluß ihrer Kreativität war in
kultureller Hinsicht für beide Teile von Bedeutung. Zwar beschränkte sich
die Besetzung nicht nur auf Frauen oder Ausländerinnen, aber die *mise-
en-scène* im Paris der Vorkriegszeit war sowohl international als auch
weiblich.

Man hat sich Paris oft als geheimnisvolle, verführerische Frau vorgestellt, als Mätresse und Muse für Generationen von männlichen Poeten.
Frauen, die vom Charme der Metropole angezogen wurden, reagierten
ebenfalls auf die weiblichen Eigenschaften dieser Stadt, aber jenseits der
romantisch verklärten Rolle der Mätresse oder Muse ermöglichte sie ihnen, sich auf weniger konventionelle und selbständigere Weise zu verwirk-
lichen. Wie unterschiedlich die Voraussetzungen, Wünsche und Ziele der
Frauen der Left Bank dabei auch waren, es war die unwiderstehliche Faszination von Paris, die sie vereinte. Gertrude Stein schrieb 1939: „Die
einzige Persönlichkeit, über die ich gerne schreiben würde, ... ist Paris,
Frankreich, wo wir alle zusammen waren. Es war ganz natürlich für uns,
dort zu sein." Und in dem Maße, wie sie sich die Bedingungen, unter
denen sie lieben, arbeiten und leben konnten, selbst schufen, änderten
sie auch den Charakter der Stadt. Für sie war Paris weder die fantastische,
junge *cocotte* noch die alte Mätresse und auch nicht die idealisierte Muse,
wie sie in der Vorstellung des Künstlers bestand. Paris war für ein halbes
Jahrhundert eine faszinierende, kreative und kluge Frau.

ADRIENNE · · MONNI

KAPITEL 1

ODÉONIA–
DAS LAND
DER BÜCHER

Adrienne Monnier war 23 Jahre alt, als sie 1915 einen Kind-
heitstraum verwirklichte: Sie eröffnete eine kleine Buchhandlung in der Rue de l'Odéon im 6. Arrondissement. Diese Lage
im Herzen des künstlerischen und intellektuellen Zentrums
von Paris hatte sie nicht rein zufällig gewählt:

> Das linke Seineufer rief mich, und bis heute hat es nicht aufge-
> hört, mich zu rufen und zu halten. Ich kann mir nicht vorstellen,
> daß ich es jemals verlassen könnte, so wie ein Organ den ihm
> zugeteilten Platz im Körper nie verlassen kann.[1]

Sie liebte Bücher über alles und las jedes einzelne, bevor sie es in ihre
Buchhandlung aufnahm. Ihr gelang es, aus diesem ansonsten so 'gewöhnlichen' Geschäft (obwohl zu der Zeit für Frauen außergewöhnlich) einen
intellektuellen und künstlerischen Beruf zu machen.

LINKS **Adrienne Monnier in ihrer gewohnten Umgebung.
Ein Porträt von ihrem Schwager, Paul Emile Bécat.**

Ihre Buchhandlung wurde bald zum Dreh- und Angelpunkt der avantgardistischen Literatur Frankreichs und zum Geburtsort vieler modernistischer Strömungen. Sie entwickelte sich zu einem literarischen Salon für viele berühmte Schriftsteller und solche, die es bald werden sollten, darunter André Breton, Paul Valéry, Colette, Guillaume Apollinaire, Jules Romains, Jean Cocteau, Léon-Paul Fargue und André Gide.

Adriennes Buchhandlung bestand fast vier Jahre, als die junge Amerikanerin Sylvia Beach ihre eigene englischsprachige Buchhandlung, *Shakespeare and Company*, eröffnete. Alice B. Toklas erinnerte sich später, daß Sylvia innerhalb weniger Monate eine 'literarische Persönlichkeit' wurde. Janet Flanner war der Meinung, daß die beiden Buchhändlerinnen gut zueinander paßten, obwohl sie äußerlich so verschieden waren: Mlle Monnier, füllig wie eine Äbtissin, eine gesetzte Erscheinung in ihrem immer gleichen Kostüm, einem langen, weiten grauen Rock, einer hellen Samtweste und einer weißen Bluse, und die schlanke Sylvia mit Jacke, schulmädchenhaft weißem Kragen und großem bunten Krawattenknoten im Stil von Colettes *Claudine à l'école*.

LINKS **Wegen des Fronteinsatzes der Männer half Sylvia in der Landwirtschaft, bevor sie gegen Ende des Krieges für das Rote Kreuz als Freiwillige nach Serbien ging.**

Indem die beiden durch ihre Aktivitäten in der Rue de l'Odéon einen neuen bedeutenden kulturellen Austausch förderten, nahmen sie schließlich einen großen Einfluß auf die literarischen Beziehungen zwischen Frankreich und Amerika.[2]

Sylvia Beach, Tochter eines Pfarrers aus Princeton, New Jersey, kam mit 29 Jahren nach Paris, weil sie Frankreich und der zeitgenössischen französischen Literatur ausgesprochen zugeneigt war. Sie kam 1917, im vierten Jahr des schlimmsten Krieges, den es in der Geschichte bis dahin gegeben hatte. Schon bald darauf verließ sie Paris wieder und meldete sich als Kriegshelferin. Es vergingen zwei Jahre, bevor sie zurückkehrte und für Adrienne Monnier, die sie kurz nach ihrer Ankunft in Frankreich kennengelernt hatte, ein Feuerzeug, in das eine persönliche Widmung eingraviert war, mitbrachte. Sylvia Beachs Biograph, Noel Riley Fitch, beschreibt ihre erste Begegnung:

> Die Geschichte begann in Paris an einem kalten, windigen Nachmittag im Jahr 1917. Eine schüchterne junge Frau namens Sylvia Beach stand zögernd in der Tür einer Buchhandlung und Leihbücherei am linken Seineufer, *La Maison des Amis des Livres*. Die Eigentümerin, eine selbstsichere, junge französische Schriftstellerin stand schnell hinter ihrem Schreibtisch auf, zog ihre Besucherin in den Laden und begrüßte sie herzlich. Die beiden plauderten den ganzen Nachmittag lang, wobei jede ihr großes Interesse an der Sprache und Literatur der anderen bekundete.[3]

Der Freundschaft zwischen Sylvia und Adrienne ist es zu verdanken, daß die englische und amerikanische Literatur in Frankreich aufblühte. Der Vorbildcharakter sowie die Inspiration, die von Adrienne Monnier ausgingen, brachten Sylvia dazu, ihrer eigenen Berufung zu folgen, dem Dienst an der Literatur. Was die praktischen Dinge betraf, so war es Adrienne, die sich um die organisatorischen Probleme kümmerte: Sie gründete *Shakespeare and Company*, besorgte den dafür notwendigen Gewerbeschein und verhandelte auch wegen der Räume in einer ehemaligen Wäscherei mit der Concierge. Sylvia erinnerte sich, daß Adrienne bei der ersten Besichtigung der Räumlichkeiten

Die beiden jungen Frauen, die viel für die kulturellen Beziehungen zwischen Franzosen und Amerikanern getan haben.

auf die Wörter 'gros' und 'fin' zu beiden Seiten der Haustür hin-
wies. Dies bedeutete, daß hier sowohl grobe als auch feine Wä-
sche gereinigt wurde. Adrienne, die ziemlich beleibt war, stellte
sich unter 'gros' und sagte mir, ich solle mich unter 'fin' stellen.
'Das bist du, und das bin ich', meinte sie.[4]

Der Humor der beiden Frauen war der Schlüssel zu ihrer Beziehung. Vielleicht war er sogar noch wichtiger als ihre gemeinsame Liebe für die französische Literatur. Adrienne schrieb:

Diese junge Amerikanerin hatte eine originelle und ausgesprochen gewinnende Persönlichkeit. Sie sprach fließend Französisch und ... sprach die Wörter nachdrücklich und prägnant aus

... Sie zögerte nicht beim Reden, noch machte sie Pausen. Sie war nie um Worte verlegen. Wenn es nötig war, erfand sie absichtlich welche, indem sie Wörter aus dem Englischen ableitete, französische Vokabeln vermischte oder erweiterte. Dabei bewies sie stets sehr viel Sprachgefühl für das Französische. Ihre Wortfindungen waren im allgemeinen so gewandt, charmant und lustig, daß sie sofort in den Sprachgebrauch übernommen wurden – unseren Sprachgebrauch –, so als hätten sie schon immer existiert; man konnte nicht aufhören, sie zu wiederholen, und man versuchte, ihr nachzueifern. Um es auf den Punkt zu bringen, diese junge Amerikanerin besaß eine Menge Humor, ja mehr als das: sie war der Humor in Person.[5]

Die innige Zuneigung, die sie füreinander empfanden, währte bis zu Adriennes Tod im Jahr 1955, als Katherine Anne Porter an Sylvia schrieb: „Adrienne – Sie und Adrienne, da ich Sie als Einheit betrachte, obwohl Sie beide so deutlich als zwei Individuen und Freundinnen in meinem Gedächtnis sind ...“[6]

Wenn sie auch den gleichen Beruf hatten, so standen bei Adrienne Bücher und Wörter im Mittelpunkt, während sich Sylvia auf die Leser und Schriftsteller bzw. Leserinnen und Schriftstellerinnen konzentrierte. Vielleicht waren es diese unterschiedlichen Schwerpunkte, die jegliche potentielle Konkurrenz zwischen den beiden Unternehmen so sehr entschärfte, daß Sylvia Adrienne „immer vor einer wichtigen Entscheidung aufsuchte. Sie war eine kluge Ratgeberin und außerdem eine Art Geschäftspartnerin.“[7]

Adrienne besaß Kenntnisse in den Fächern Latein und Französisch, Philosophie, Mathematik und Geschichte. Und ihr Interesse an Wörtern und Büchern beschränkte sich nicht nur auf jene, die von anderen geschrieben wurden. 1923 veröffentlichte sie einen eigenen Gedichtband mit dem Titel *La Figure* und 1932 eine Prosasammlung. Neben ihrer Arbeit in der Buchhandlung schaffte sie es, Artikel für zahlreiche Zeitschriften zu verfassen, darunter *Commerce* und *Mesures* (für beide oblag ihr für kurze Zeit auch die Organisation), *Nouvelle Revue Française*, *Figaro Littéraire* und *Les Lettres Nouvelles*.

In weiten Kreisen als führende Autorität in der avantgardistischen Literatur Frankreichs anerkannt, erhielt sie Briefe aus der ganzen Welt.

Der berühmte russische Regisseur Sergej Eisenstein bat sie, ihm „ein, zwei Zeilen darüber zu schreiben, was heute die große 'épatage' in der französischen Literatur ist!"[8]

Im Gegensatz zu Adrienne hatte Sylvia keine herkömmliche Ausbildung. Und außer ihren streng gehüteten Memoiren, die sie gegen Ende ihres Lebens schrieb, sowie der Übersetzung *Barbarian in Asia* von Henri Michaux, verfaßte sie selber nichts. Bryher gegenüber gestand sie „... ich wünschte nur, ich hätte in all den Jahren ein wenig den Umgang mit der Feder geübt und wüßte jetzt – so würde Gertrude Stein sagen – wie man schreibt, aber ich habe es nicht getan und tue es noch immer nicht."[9] In einem Brief an den Verleger ihrer Memoiren, machte sie sich über ihre Hemmungen, was das Schreiben anbelangte, lustig:

> Je weniger über meine Ausbildung gesagt wird, um so besser.
> Ich hatte nämlich keine: bin nie zur Schule gegangen und hätte
> eh' nichts gelernt, auch wenn ich hingegangen wäre. Sie müs-
> sen wohl das gleiche schreiben, was auch für T.S. Eliot zutrifft:
> Sagen Sie, wie er es tat, daß ich alle Abschlüsse habe.[10]

Janet Flanner behauptete mit der gleichen scharfen Zunge, die auch ihre journalistischen Arbeiten auszeichnete:

> Sylvia selbst war weder ein literarischer Geist noch besaß sie
> besonders viel literarischen Geschmack. Doch mit der Zeit
> färbte ein gewisses Gefühl für Literatur von den Menschen, die
> sie umgaben, auf sie ab. Was sie instinktiv erkannte und wovon
> sie sich angezogen fühlte, war allein das literarische Genie,
> auch wenn es nur die Spur davon war oder aber ein kolossales
> Talent ...[11]

Dieses Talent trat meist in Gestalt eines Schriftstellers auf. Mehr noch als Bücher waren es die Schriftsteller, die sie am meisten liebte und die ihre Lebensaufgabe ausmachten. Beweis dafür war das Ladeninnere, in dem den Schriftstellerporträts mehr Platz an den Wänden eingeräumt wurde als den Büchern. Man Ray und Berenice Abbott waren die offiziellen Fotografen dieser 'Bande', wie Sylvia Beach sie nannte, bis Gisèle Freund Mitte der dreißiger Jahre nach Paris kam und Karriere machte, indem sie alle großen Schriftsteller und Denker der Left Bank fotografierte.

Adrienne und Sylvia bei einem ihrer Ausflüge nach Rocfoin,
wo Adriennes Familie lebte. Manchmal wurden sie dabei von
James Joyce (links sitzend) begleitet.

Nach ihrem Kriegsdienst, der ihr 'nutzlos' erschienen war, suchte Sylvia eine befriedigendere Beschäftigung. Auf die vergebliche Bitte ihrer Mutter, nach Princeton zurückzukehren, reagierte sie mit einem Telegramm: „Eröffne Buchhandlung in Paris. Bitte schicke Geld." Daraufhin sandte ihre Mutter, die selbst nicht wohlhabend war, 3 000 Dollar, so daß Sylvia in der Lage war, das Geschäft zu eröffnen.

Wie Sylvia hatte auch Adrienne keine Brüder und bekam deshalb ein wenig Geld von ihrer Familie. Ihr Vater, ein bei der Bahn angestellter Postbeamter, erhielt wegen schwerster Verletzungen, die er bei einem Zugunglück erlitten hatte, Entschädigungszahlungen. Dies war die einzige Geldquelle, die die Familie besaß. Adrienne, eine eiserne Pazifistin, glaubte, daß sie „die Kriegsgöttin gesegnet habe": Einerseits erhielt sie das ihr sichere Geld aus der Unfallentschädigung. Andererseits eröffneten sich für Frauen wie sie noch nie dagewesene berufliche Möglichkeiten, da viele Männer zum Kriegsdienst eingezogen worden waren. Adrienne fand es ausgesprochen ironisch, daß ein Weltkrieg und eine Familientragödie es ihr ermöglichten, ihr eigenes Geschäft zu eröffnen.

Sylvia wurde über das anfängliche Startkapital hinaus auch weiterhin gelegentlich von ihrer Mutter unterstützt, die zu diesem Zweck nicht selten ihren Schmuck versetzte. Adriennes Familie schickte den beiden Frauen frisches Gemüse von daheim in Rocfoin, einer kleinen Stadt südwestlich von Paris, wo Sylvia und Adrienne viele Jahre lang ihre Sonntage verbrachten. Diese Zuwendungen besserten die spärlichen Einnahmen auf, die die beiden Buchhandlungen abwarfen.

LINKS Jedesmal, wenn die Leihfrist ausgeliehener Bücher überschritten wurde, riß sich Shakespeare die Haare aus.

Zu den treuesten Mitgliedern der Leihbücherei in den frühen Jahren der Buchhandlung zählten Gertrude Stein und Alice B. Toklas. Sylvia Beach beschrieb ihre erste Begegnung mit den beiden Frauen:

> Kurze Zeit nachdem ich meine Buchhandlung eröffnet hatte, kamen zwei Frauen vorbei ... Die eine von ihnen hatte ein sehr feingeschnittenes Gesicht. Sie war kräftig, trug ein langes Gewand und auf ihrem Kopf einen äußerst kleidsamen Korbdeckel. Sie wurde von einer schlanken, dunklen, schrulligen Frau begleitet, die mich an eine Zigeunerin erinnerte.[12]

Gertrude Stein half der Buchhandlung, indem sie Werbezettel in Umlauf brachte. Alice und Janet Flanner behaupteten beide, daß dies half, neue Kunden zu gewinnen.

Sylvia und Adrienne waren von Anfang an viel mehr als nur Buchhändlerinnen. Vor allem Adrienne war entschlossen, die Lesegewohnheiten der Menschen, besonders die der Frauen, sowie ihre Beziehung zu Büchern zu verändern. In ihrem Essay „Les Amies des Livres" untersuchte sie die Beziehung, die Frauen zu Büchern haben, und berücksichtigte die Ergebnisse auch beim Bücherverkauf. Sie bot eher günstige Bände für neugierige Leser als Erstausgaben für Gelehrte und Sammler an. Außerdem gab sie ihren Kunden die Bücher eine zeitlang zur Ansicht mit nach Hause, so daß sie erst später entscheiden mußten, ob sie sie kaufen wollten oder nicht. Ihre Leihbücherei war die erste in Frankreich. Sylvia und Adrienne sahen sich selbst nicht nur als Verkäuferinnen und Verleiherinnen, sondern auch als Leserinnen und Buchliebhaberinnen, die es sich zur Aufgabe gemacht hatten, ihren Kunden diese Liebe zu vermitteln. Sylvia, so Bryher, war „dank einer intuitiven Eingebung, die anscheinend nur sie und Adrienne Monnier besaßen", dafür bekannt, „genau das Buch zu finden, das der Kunde zu genau diesem Zeitpunkt für seine Entwicklung benötigte."[13]

1921 zog *Shakespeare and Company* um – sie lag nun Adriennes Buchhandlung fast gegenüber – und Sylvia in Adriennes Wohnung, die nur ein paar Häuser entfernt war. Seitdem gab es für Bryher

> nur noch eine Straße in Paris ..., die Rue de l'Odéon. Ich nehme an, daß es mit meinen Erinnerungen zu tun hat, aber ich habe sie stets als eine der schönsten Straßen der Welt betrachtet. Da-

mit sind natürlich Sylvia und Adrienne und die glücklichen
Stunden gemeint, die ich in ihren Buchhandlungen verbrachte.[14]

Bryher und Sylvia freundeten sich, kurz nachdem sie das Geschäft eröff-
net hatte, an und blieben den Rest ihres Lebens eng verbunden. Nach
mehr als dreißigjähriger Freundschaft schrieb Sylvia:

> Es war an einem der ersten Tage von *Shakespeare and Company*,
> als Du in meine Buchhandlung und mein Leben kamst, liebe
> Bryher, und Du uns unter Deine Schutzherrschaft nahmst. Wir
> hätten ebensogut die Worte „Bryhers Haus- und Hoflieferanten"
> über die Tür malen können.[15]

Die 'schwesterlichen' Buchhandlungen auf der Rue de l'Odéon wurden
bald ein kulturelles Zentrum Europas, das als Versammlungsort diente, an
dem sich Schriftsteller aus der ganzen Welt trafen, ihre Briefe abholten
und die jeweils neueste Ausgabe der literarischen Zeitschriften lasen, von
denen damals viele erschienen. Als der französische Dichter Jules Romains
Adrienne 1917 kennengelernt hatte, führte er kurze Zeit später Dichterlesungen im *Maison des Amis des Livres* ein. Sie hatte ihn in einem Brief mit
den Worten „In der Rue de l'Odéon 7 gibt es jemanden, der Ihre Arbeit
liebt" in die Buchhandlung gelockt. Bald darauf kam er vorbei und fragte
nach Monsieur Monnier. Sie war froh, daß er nicht ihr Geschlecht erraten
hatte. Vielleicht hatte sie befürchtet, daß er sie ansonsten nicht ernst genug genommen hätte, um überhaupt vorbeizukommen. Ihre Sorge war
jedoch unnötig gewesen:

> Vor mir sah ich ein Mädchen mit einem runden, rosigen
> Gesicht, mit blauen Augen und blondem Haar, das, wie sich
> auf Anhieb herausstellte, gerade in den Dienst der Literatur
> getreten war, so wie sich andere entschließen, in den Dienst
> Gottes zu treten ... Ihre Stimme war einnehmend und charmant;
> sie war sehr kontrolliert und ruhig und zugleich voller Musik
> und Zuversicht.[16]

Obwohl Dichterlesungen überwogen, wurden gelegentlich auch andere
Veranstaltungen abgehalten, z.B. ein Nachmittagstee bei *Shakespeare and
Company* zu Ehren von Paul Robeson, der Spirituals sang und damit das

Eröffnungskonzert seiner Europatournee gab, oder die erste Fotoausstellung von Gisèle Freund, die im *Maison des Amis des Livres* stattfand.

Mitte der dreißiger Jahre verließ Gisèle Freund Deutschland binnen eines Tages mit einem Koffer, der ihre unvollendete Doktorarbeit, einige Kleidungsstücke zum Wechseln und ein paar Mark enthielt. Man hatte sie gewarnt, daß die Polizei Mitglieder ihrer Studentengruppe suchte, die in der Widerstandsbewegung aktiv waren. Dankbar, vor den Nazis in Sicherheit zu sein, kam sie in Paris an, ohne zu wissen, daß sie die einzige ihrer Gruppe sein würde, die überleben sollte. Sie setzte ihr Studium an der Sorbonne fort. Eines Tages, als sie die Bücherauslagen draußen auf der Rue de l'Odéon durchstöberte, wählte sie ein Buch von Jules Romains aus, das sie für zwei Francs kaufen wollte. Als sie die Ladentür vom *Maison des Amis des Livres* öffnete, begegnete ihr die zwanzig Jahre ältere Frau, die in ihrem Leben die Person mit dem größten Einfluß auf sie werden sollte. Die beiden Frauen wurden schnell Freundinnen, und an geschäftigen Tagen half Gisèle in der Buchhandlung aus.

Unterdessen begann Gisèle Freund zu fotografieren und benutzte dafür Abfallmaterial von den Anfangs- und Endstücken von Filmen. Sie bat ihre Freunde, die Filmemacher Buñuel, Dali und Cocteau, ihr diese sonst nicht verwendbaren „short ends" zu überlassen, damit sie mit 35 mm Standfotografien beginnen konnte. Eines Tages schlug sie Adrienne vor:

„Ich habe eine Idee. Ich habe einen neuen Farbfilm und würde sehr gern all deine Freunde in Farbe fotografieren." Und sie [Adrienne] sagte, das sei eine wunderbare Idee. Sie war immer offen für neue Ideen, und so machte ich in weniger als einem Jahr all die Fotos, die heute weltweit bekannt sind. Es weiß zwar nicht jeder, wer sie gemacht hat, aber die Fotos selbst sind bekannt.[17]

Adrienne entschloß sich, diese Fotografien in ihrer Buchhandlung auszustellen. Sie mietete fünfzig Stühle, hängte ein weißes Tuch an die Wand und lud die führenden Autoren von Paris ein, ihre eigenen Abbilder an die Wand projiziert zu sehen. Sie besprach die Ausstellung sogar in der Hauszeitschrift ihrer Buchhandlung:

Ich bin von einer Reise in das Land der Gesichter zurückgekehrt. Einer Reise, die ich in Begleitung von Gisèle Freund unternommen habe. Sie war die Pilotin, denn sie war es, die das Steuer hielt und die jene Maschine bediente, die Gesichter erforscht. Diese Maschine war eine gewöhnliche Kamera, bestückt mit einem farbempfindlichen Film ... Ja, meine Reise mit Gisèle Freund war ein großes Abenteuer. Um so mehr, als sie eine mutige Fotografin ist und nichts verbirgt ... Ihr haben wir die ausgezeichneten Bilder unserer besten Schriftsteller zu verdanken. Zu erwähnen ist noch, daß ihre Art, die Fotos auf eine Leinwand zu projizieren, sehr überraschende Ergebnisse erzielt. Licht spielt hier die Rolle eines Bildhauers ...[18]

Auch Simone de Beauvoir erinnerte sich an einen Ausstellungsabend: Der Raum war mit berühmten Schriftstellern überfüllt. Ich erinnere mich nicht mehr, wer im einzelnen anwesend war; aber woran ich mich immer noch erinnere, ist der Anblick der Stuhlreihen, der Leinwand, die in der Dunkelheit leuchtete, und der vertrauten Gesichter, die in wunderschöne Farben getaucht waren ... All die berühmten Autoren, ebenso wie die neuen Talente, vor denen eine noch ungewisse Zukunft lag, zogen vor unseren Augen über die Leinwand.[19]

Sylvia und Adrienne waren kulturelle Diplomatinnen und Botschafterinnen, die Schriftsteller und Künstler einander vorstellten und dabei die künstlerischen Temperamente behutsam ausbalancierten. In den frühen zwanziger Jahren stellte Sylvia Beach Gertrude Stein einigen französischen Schriftstellern vor, wie zum Beispiel Valéry Larbaud, dem offiziellen 'Paten' der Buchhandlung, den Gertrude daraufhin in ihren Salon einlud. Und Mitte der dreißiger Jahre gaben Sylvia und Adrienne einen großen Empfang zu Ehren der Herausgeber und Mitwirkenden von *Life and Letters Today*. Sylvia schrieb Bryher: „Ich glaube, daß es in Hinblick auf die freundschaftlichen Beziehungen zu den französischen Schriftstellern für Euch alle von Bedeutung ist, anwesend zu sein. Und Du weißt ja, daß es, wie immer in unserem Haus, überhaupt nicht förmlich zugehen wird, und daß sich hier niemand festlich zu kleiden braucht ..."[20] Für junge amerikanische Schriftsteller, die hofften, Gertrude Stein kennenzulernen, spielte Sylvia auch die Rolle der 'Fremdenführerin':

Gertrude Steins Bewunderer hatten, ehe sie sie kennenlernten, oftmals Angst, sich ihr allein ohne angemessenen Schutz zu nähern – sie hatten ja noch nicht erlebt, wie freundlich sie war. Also kamen die armen Kerle zu mir, so als wäre ich die Fremdenführerin eines Reisebüros, und bettelten darum, von mir zu Gertrude Stein mitgenommen zu werden. Meine im voraus bei Gertrude und Alice angekündigten Touren fanden abends statt. Sie wurden von den Damen im Pavillon, die stets herzlich und gastfreundlich waren, vergnügt erduldet.[21]

Bryher schrieb in ihren Memoiren, daß Sylvia „die perfekte Botschafterin war. Und ich bezweifle, daß je eine Staatsbürgerin mehr getan hat, um Amerika im Ausland bekannt zu machen ... Berühmt oder nicht, sie brachte uns alle zusammen ..., denn wir waren als Künstler miteinander verbunden."[22]

Einer der jungen Amerikaner, die sie unter ihre Fittiche nahm, war ein unbekannter Journalist und Möchtegern-Schriftsteller, nämlich Ernest Hemingway. Er verbrachte viel Zeit in der Buchhandlung, um zu lesen, und hier und da kaufte er einige Ausgaben der experimentellen 'Kleinen Zeitschriften', während Sylvia und ihre Helferinnen seinen Sohn Bumby betreuten. Für Sylvia besaß Hemingway „das Temperament eines wahren Schriftstellers", was sie seit jeher an ihm bewunderte. Adrienne sagte im Stillen voraus, daß von all den in Paris lebenden, unbekannten Ausländern, die zu schreiben versuchten, Hemingway derjenige sei, der erfolgreich sein würde. Sylvia hingegen setzte auf einen anderen.

1920 traf Sylvia James Joyce bei einer Abendgesellschaft im Haus des französischen Dichters André Spire. Sie kam in Begleitung von Adrienne, Joyce in Begleitung von Ezra Pound. Sie kannte ihn als den Autor von *A Portrait of the Artist as a Young Man*, obwohl sie sich nicht mehr daran erinnern konnte, wie sie an dieses Buch gekommen war: „Ich habe keine Ahnung. Man weiß nie genau, wie ein Bücherwurm ein Buch zu fassen bekommt. Sie kommen einfach irgendwie an die für sie typische Kost heran."[23] Ehrfürchtig näherte sie sich ihm und fragte: „Ist das der große James Joyce?", worauf er ruhig antwortete: „James Joyce." Und sie schüttelte seine nach ihrer Beschreibung „schlaffe, knochenlose" Hand.

Ihr unerschütterlicher Glaube an Joyce' Genie veranlaßte Sylvia zu

Adrienne und Sylvia mit *Ulysses*, getarnt als *Shakespeares gesammelte Werke*.

einem ausgesprochen riskanten und mutigen Unternehmen: die Veröffentlichung von *Ulysses* im Jahr 1922, als kein etablierter Verlag den Roman
anrühren wollte. Sylvia wagte es, denn sie war, um es mit den Worten
Janet Flanners auszudrücken, „eine mutige, selbstlose, völlig unerfahrene
junge Verlegerin mit geringen finanziellen Mitteln."[24] Drei ähnlich kühne,
selbstlose und unerfahrene Frauen hatten es vor ihr ohne Erfolg versucht.
Als Harriet Weaver die *Egoist Press* in London insbesondere zu diesem
Zweck gründete, weigerten sich britische Drucker, das Manuskript in Satz
zu nehmen. Margaret Anderson und Jane Heap veröffentlichten *Ulysses*
als Fortsetzungsroman in ihrer *Little Review*, die ihren Sitz damals noch in
New York hatte. Das hatte zur Folge, daß drei Ausgaben von der amerikanischen Post beschlagnahmt wurden und die vierte sie mit einer Anklage
wegen Veröffentlichung obszöner Schriften vor Gericht brachte. *Ulysses*
konnte schließlich nur deshalb als Buch erscheinen, weil die französi-

schen Drucker in Dijon kein Englisch verstanden. Noch die achte Auflage wurde in Sylvias Buchhandlung auf Bitte der Käufer in falschen Schutz- umschlägen verkauft, da die Kontroverse um das Buch noch immer andau- erte. *Ulysses* versteckte sich hinter Umschlagtiteln wie beispielsweise *Shakespeares gesammelte Werke in einem Band* oder *Heitere Geschich- ten für kleine Leute.*

Sylvia Beach diente Joyce' Karriere als 'Hebamme', indem sie sich ganz der Veröffentlichung und Förderung seiner Arbeit verschrieb und sicherstellte, daß Joyce und seiner vierköpfigen Familie genügend Geld zur Verfügung stand. Diese zwölf Jahre andauernde, enge Beziehung stellte nicht nur eine sehr hohe emotionale und finanzielle Belastung dar, son- dern schloß auch die Gefahr einer Verhaftung oder eines Bankrotts ein. Wenn wir Sylvias Leben betrachten, so entsteht das Porträt einer Frau, die, auch wenn sie einen unkonventionellen Lebensstil führte und außer- gewöhnliche Risiken einging, doch in der traditionellen weiblichen Rolle verharrte: als unermüdliche, unbezahlte Haushälterin eines männlichen Genies, als bescheidene, zurückhaltende Pfarrerstochter und als äußerst duldsames Opfer männlicher Geldgier.

Das ist aber nur eine Seite von Sylvia Beach. Wir wissen, daß sie eine unterhaltsame Geschichtenerzählerin mit einem scharfen und ironi- schen Witz und einem Talent für Pantomime war und daß sie ohne höhe- re Bildung vier Sprachen beherrschte. Bevor sie sich in Paris niederließ, war sie durch ganz Europa gereist, hatte die Frauenstimmrechtsbewegung in Italien unterstützt, Artikel wie „Spanischer Feminismus im Jahr 1916" verfaßt und viel Aufmerksamkeit erregt, als sie während des Krieges in der Touraine Hosen und kurzes Haar trug.

Nach ihrem Tod beschrieben Sylvias Freunde sie als eine höchst loyale Frau, die einen starken Willen, Intelligenz und eine unerschöpfli- che Energie besaß: „Hat etwa irgend jemand geglaubt, Sylvias Hingabe an ihre auserwählten Schriftsteller sei selbstlos gewesen? Sie war sich ih- rer selbst sehr bewußt."[25]

Ob selbstlos oder nicht, es scheint, als habe sich Sylvia darauf ver- lassen, daß Adrienne Grenzen für sie setzte, wenn es um Wünsche von Kunden und Freunden ging; Grenzen, die sie allein nicht zu setzen ver- mochte. Es war Adrienne, die den endlosen Darlehen und emotionalen Ansprüchen Joyce' 1931 schließlich ein Ende setzte. Als Joyce einen gott-

ähnlichen Status erreicht hatte, schrieb ihm Adrienne einen vernichten-
den Brief, in dem sie ihn als berechnend darstellte und als jemanden, der
nach Ruhm und Reichtum giert – einen Brief, den Sylvia niemals geschrieben hätte. Sylvia Beach beschrieb Joyce' irrsinnige Forderungen während
der Veröffentlichung seines *Ulysses* in ihren Memoiren. Es ist jedoch nicht
ersichtlich, ob die fehlende Bitterkeit eine unausgesprochene Feindseligkeit verschleiern sollte, wie Joyce selber annahm.

> James Joyce und *Ulysses* hatten die Buchhandlung in der Rue
> de l'Odéon praktisch übernommen. Wir kümmerten uns um
> seine Korrespondenz und Bankangelegenheiten, wir waren
> seine Agenten und Laufburschen ... Die Drucker wie auch alle
> anderen, die mit diesem großen Werk zu tun hatten, merkten,
> daß es sich in ihr Leben drängte ... Sie befolgten meine Anwei-
> sung, Joyce so viele Korrekturfahnen zur Verfügung zu stellen,
> wie er wollte, und er war unersättlich. Jede Korrekturfahne war
> vollgekritzelt mit Änderungen ... Joyce erzählte mir, er habe ein
> Drittel von *Ulysses* auf den Korrekturfahnen geschrieben.[26]

Janet Flanner begrüßte die Herausgabe von *Ulysses* überschwenglich in
ihrer New Yorker Kolumne und beschrieb die Aufregung in Paris, als das
erste Exemplar in der Auslage von *Shakespeare and Company* zu sehen
war. Sie beklagte jedoch, daß Joyce Sylvia unfair behandelte:

> [Sylvia war wie ein] Lasttier, das sich mit der erdrückenden Bür-
> de eines einmalig genialen und selbstgefälligen Autors abmühte,
> einer Last, die im Fall des Dubliner Joyce so schwer wie Stein
> oder Marmor war ... Joyce' Dankbarkeit, die er fast nie zum Aus-
> druck brachte, hätte an sie als Frau gerichtet werden müssen.
> Denn die Geduld, die sie ihm entgegenbrachte, war weiblich ...
> Sie gab immer mehr, als sie selbst zurückbekam. Die Veröffent-
> lichung von *Ulysses* war ihre großzügigste Tat.[27]

Joyce' Ausdruck seiner Dankbarkeit scheint sich auf ein kurzes Gedicht
(„Who is Sylvia") beschränkt zu haben, das er für Sylvia schrieb, nachdem er an seinem vierzigsten Geburtstag das erste Exemplar von *Ulysses*
erhalten hatte, sowie eine Bemerkung, die er in privatem Kreis gegenüber
eines Dritten machte: „Alles, was sie je getan hat, war, mir die zehn be-

sten Jahre ihres Lebens zu schenken."[28] Sylvia ihrerseits sah in der Veröffentlichung des Romans weder ein Geschenk noch eine großzügige Tat. Die Größe von Joyce' Werk verlangte von allen Opfer, insbesondere von ihr, aber sie persönlich empfand nur wenig Ärger über die emotionalen und finanziellen Belastungen:

> Bis zur letzten Minute bekamen die geduldigen Drucker in Dijon die Korrekturfahnen zurück, um neue Korrekturen – teilweise sogar ganze Absätze – noch irgendwie einzufügen, wodurch sich ganze Seiten verschoben. Sie schlugen mir vor, Joyce' auf die Gefahr hinzuweisen, daß mir das Geld ausgehen könnte, in der Hoffnung, daß das vielleicht seinen Appetit auf Korrekturfahnen zügeln würde. Aber nein, davon wollte ich nichts hören. *Ulysses* sollte in jeder Hinsicht so werden, wie Joyce es wünschte.
>
> Ich würde 'richtigen' Verlegern nicht raten, meinem Beispiel zu folgen, ebensowenig wie ich Autoren raten würde, es Joyce gleichzutun. Es wäre das Ende des Verlagswesens. In meinem Fall lag die Sache anders. Mir schien es natürlich, daß meine Anstrengungen und Opfer im richtigen Verhältnis zu der Größe des Werks standen, das ich herausgab.[29]

Sylvia opferte für *Ulysses* sogar zwei ihrer besten Kunden. Gertrude Stein kam eines Tages in die Buchhandlung, um ihre Unterstützung aufzukündigen. Ab jetzt wolle sie statt dessen zur American Library auf dem rechten Seineufer gehen.

Sam Steward, ein junger Amerikaner, der in den dreißiger Jahren in Paris lebte und mit Gertrude Stein befreundet war, erinnerte sich, daß Gertrude „sich ausgeschlossen oder zumindest ein wenig verletzt fühlte, weil Sylvia Beach der Veröffentlichung von Joyce' *Ulysses* so viel Aufmerksamkeit geschenkt und für Gertrudes schriftstellerische Werke nicht gerade viel getan hatte."[30]

Aber bald schon war es Sylvia, die ausgeschlossen wurde. Als Joyce reich und berühmt wurde, dankte er es Sylvia, indem er ihren Vertrag brach und Rechte verkaufte, die ihr gehörten. Gisèle Freund kommentierte:

> All diese Leute [die später die berühmtesten Schriftsteller unseres Jahrhunderts wurden] waren unbekannt. Und sie wurden

durch Adrienne und Sylvia bekannt. *Ulysses* zu verlegen, das war unglaublich! Sylvia Beach tat es und ging dank Joyce Bankrott. Sie hatte keinen Pfennig mehr, rein gar nichts. Und da schloß er einen Vertrag mit einem amerikanischen Verleger und vergaß die Vereinbarung, die er mit Sylvia Beach getroffen hatte.[31]

Sechs Monate vor Adriennes zornigem Brief, in dem sie versuchte, die Verbindung zu lösen, hatte Joyce einen Vertrag mit Sylvia geschlossen, den Janet Flanner als „ein seltsames, jesuitisches Dokument" beschrieb, in dem Sylvia weltweit die Rechte für *Ulysses* übertragen wurden. Sobald sie den Vertrag in der Hand hielt, hatte sie versucht, das Buch an den amerikanischen Verleger Curtis Brown zu verkaufen, der sein Angebot aber zurückzog, als Sylvia eine Summe verlangte, die sie als „eine niedrig angesetzte Schätzung des Wertes, den *Ulysses* für mich darstellt", betrachtete. Sylvia vertraute ihrer Schwester an: „Es muß mit meinem Geschlecht zusammenhängen, daß sie glauben, ich würde keinen angemessenen Preis fordern."[32] Kurz darauf brach Joyce den Vertrag; das nächste Abkommen über eine amerikanische Ausgabe unterzeichnete er hinter ihrem Rücken bei *Random House* und kassierte einen Vorschuß von 45 000 Dollar. Wütend rief Sylvia Joyce an und gab ihm alle Rechte, die sie an *Ulysses* besaß, zurück.

Auch Gertrude Stein war über James Joyce verärgert, und dabei ging es um mehr als nur Eifersucht. Sie fand, daß ihr Buch *The Making of Americans*, das beinahe zwei Jahrzehnte vor *Ulysses* geschrieben, aber nicht vor 1925 veröffentlicht worden war, ungerechterweise unter *Ulysses* zu leiden hatte. Robert McAlmon, der es in seiner *Contact Editions* verlegen ließ und der die Druckkosten von *Ulysses* zum Vergleich heranzog, schrieb:

> Weder Mr. Joyce noch Miss Beach hatten die Anzahl der Wörter im *Ulysses* richtig eingeschätzt ..., aber es war mein Fehler, anzunehmen, daß Joyce gewußt hatte, wieviele Wörter in seinem Buch waren. Das wird natürlich einen großen Unterschied in der Preisangabe der Drucker zur Folge haben. Sie wird fast das Doppelte betragen.[33]

Die geduldigen Drucker in Dijon überstanden *Ulysses* und *The Making of Americans* mit dem Ergebnis, daß sie sich Ende des Jahrzehnts wiederum mit *Ulysses*, diesmal in einer französischen Ausgabe, herumschlagen mußten. Adrienne Monnier war die erste, die den Roman in französischer Sprache herausbrachte, was ebenfalls keine geringe Aufgabe war. Der französische Romanschriftsteller Valéry Larbaud, der *Ulysses* für „so großartig wie die Werke von Rabelais" hielt, wurde der offizielle Übersetzer. Während des langen, mühsamen Publikationsvorgangs organisierte Adrienne in ihrer Buchhandlung eine öffentliche zweisprachige Lesung mit Larbaud und Joyce.

Obwohl die Arbeit in der Buchhandlung den größten Teil ihrer Energie in Anspruch nahm, gelang es Adrienne, eine eigene Zeitschrift herauszubringen, die kurzlebige *Navire d'Argent* (später veröffentlichte sie auch die *Gazette des Amis des Livres*). In ihr stellte sie den Franzosen die übersetzten Werke englischer, amerikanischer und deutscher Schriftsteller vor. T.S. Eliot sprach für viele, als er schrieb, „Adrienne Monnier und ihrem *Navire d'Argent* habe ich es zu verdanken, daß meine Dichtung dem französischen Leser vorgestellt wurde",[34] obwohl Adrienne und Sylvia seinen „Love Song of J. Alfred Prufrock" gemeinsam übersetzt hatten. Adrienne fand die Übersetzung relativ leicht, im Gegensatz zu *The Waste Land*, an das sich Sylvia und sie „nie herangewagt hätten". Adrienne hat auch die erste Bibliographie englischer Literatur, die in französischer Sprache erhältlich war, zusammengestellt und veröffentlicht.

In der ersten Ausgabe von Adriennes *Navire d'Argent* war ein kurzer Monolog, „Homme buvant du vin", von J.-M. Sollier abgedruckt. Sollier war der Nachname von Adriennes Mutter. Er war ihr Pseudonym. Dies war nur eines der Prosastücke aus Adriennes Sammlung, die sie später in einem Buch zusammentrug und herausbrachte. Der letzten Ausgabe des *Navire*, die im Mai 1926 der Dichtung gewidmet war, fügte sie zwei ihrer eigenen Gedichte hinzu. Nach Ansicht Gisèle Freunds stand das Pseudonym im Dienst ihrer Weiblichkeit:

> Als sie ein Buch unter dem Namen Sollier, dem Namen ihres
> Großvaters [dem Mädchennamen ihrer Mutter] schrieb, fand
> jeder, daß es ein wundervolles Buch war. Es war solange ein
> wundervolles Buch, bis sie erfuhren, daß sich Adrienne dahinter
> verbarg. Der einzige Schriftsteller, der davon wußte, war Léon
> Paul Fargue, und als er preisgab, daß es sich bei der Autorin um
> Adrienne Monnier handelte, wurden all jene still, die das Buch

bis dahin wunderbar gefunden hatten. Niemand
wollte mehr darüber sprechen, denn Adrienne
war für die Schriftsteller als die Frau, die ihnen
half, die ihre Werke verlegte und verkaufte, viel
nützlicher, als die Frau, die selbst schrieb, auch
wenn es das war, was sie immer wollte. Sie tat
alles für andere Leute. Und das verbitterte sie.
Heutzutage würde eine Frau einfach schreiben,
aber zur damaligen Zeit, da konnte sie es nicht
so einfach ...[35]

Wenn ihr Bedürfnis, ihre Autorschaft geheimzuhalten,
besonders weiblich war, dann war es auch ihr literarischer Stil. Nicht in bezug auf ihre Dichtung, sondern auf
ihre *gazettes*, schrieb der Kritiker Jean Amrouche:

Ihre Erzählkunst stimmt in hohem Maße mit ihrer
Lebensweise überein. Ihre Schriften benennen,
betonen, evozieren, schildern oder beschreiben
wahre Dinge und Begebenheiten, mit denen sie
zu tun hatte, die das Leben für sie bereit hielt und
denen sie stets schon vor ihrem Eintreten einen
Willkommensgruß vorausschickte ... Das geschah
mit derselben Freude – und ich empfand es so,
wie ich es hier sage –, die ich als Leser daran
hatte. Und das ist es, was den meisten ihrer
gazettes ganz klar zugrunde liegt.[36]

Adriennes literarischer Stil ist beinahe zu lebendig und
sinnlich, um in die Kategorie 'Kritik' zu passen. In ihrem
Essay „Lunch with Colette" erzeugen die Wörter, mit
denen das Menü beschrieben wird, tatsächlich einen Geschmack im Mund, was gleichzeitig angenehm und unangenehm ist:

**Gisèle Freunds Foto von Joyce und seinen Heraus-
geberinnen, als die Beziehung schon angespannt war.**

Heute gibt es Schnecken. „Oh, nein!" sagt Colette, „es ist das einzige, was ich noch nie habe essen können. Ich habe wirklich versucht, auf den Geschmack zu kommen, aber außer dem Saft bekomme ich nichts hinunter." Insgeheim bin ich froh, denn Schnecken sind mir ein Greuel. Ich habe noch nie auch nur eine einzige in den Mund stecken wollen.

Dieser Dialog besitzt die Spontaneität und Unordnung des wahren Lebens: Erst geht es um Wahrsager und im nächsten Augenblick um Colettes gelegentlichen ʼDrang, jemanden zu tötenʼ. Adriennes Worte vermitteln ihre *joie de vivre* – trotz der Armut und der beiden Weltkriege, die sie durchlebte, trotz des gesundheitlichen Leidens, das schließlich dazu führte, daß sie ihrem Leben durch Selbstmord ein Ende setzte.

Rückblickend schrieb Sylvia, daß es in ihrem Leben drei große Lieben gegeben habe, die sie alle verloren hat. Der erste Liebeskummer, der diese Lieben begleitete, rührte vom

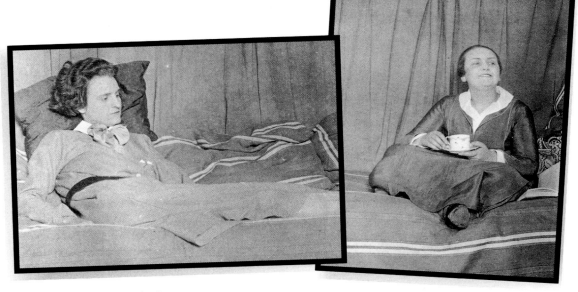

Momentaufnahmen eines ruhigen Nachmittags in Sylvias und Adriennes gemeinsamer Wohnung in der Rue de l'Odéon, die nur ein kleines Stück von ihren beiden Buchhandlungen entfernt lag.

Bruch mit Joyce her. Außerdem zog Sylvia später bei Adrienne aus und schließlich verlor sie *Shakespeare and Company*.

1937 kehrte Sylvia nach zweiundzwanzig Jahren zum ersten Mal wieder in die Vereinigten Staaten zurück. Dies geschah anläßlich des vierundachtzigsten Geburtstags ihres Vaters. Ihre Rückkehr verzögerte sich um mehrere Monate, da sie erfuhr, daß ihre Gebärmutter entfernt werden und sie danach mehrere Wochen ruhen müsse. Als sie schließlich nach Hause zurückkam, stellte sie fest, daß Gisèle Freund in Adriennes und ihre gemeinsame Wohnung gezogen und das Verhältnis zwischen den beiden Frauen vertrauter geworden war. Adrienne und Sylvia hatten die geflüchtete Fotografin im vorherigen Winter aufgenommen, und in Hinblick auf die Frage einer Bleibe hatte Adrienne eine 'Vernunftehe' arrangiert; aber nun stellte Gisèle, wie es Shari Benstock ausdrückte, „eine Bedrohung der Beziehung zwischen Sylvia und Adrienne" dar.[37] Sylvia zog sofort auf die andere Seite der Straße in eine Wohnung, die über ihrer Buchhandlung lag. Die Mahlzeiten nahm sie jedoch weiterhin mit Adrienne und Gisèle ein, da ihre neue Wohnung keine eigene Küche besaß.

Es gab noch andere Gründe, warum sie weiterhin bei Adrienne aß. Bryher erinnerte sich, daß es „ein einmaliges Erlebnis war, dort zu Abend zu essen – denn sie kochte besser, als alle, die ich je kennengelernt habe – und anschließend der Unterhaltung einiger der feinsinnigsten Köpfe in Frankreich zu lauschen ... Sylvia wurde selbstverständlich von allen akzeptiert."[38]

Sylvia setzte ihre Energien in die Rettung der finanziell ruinierten *Shakespeare and Company*. Dieser Bemühung schlossen sich viele Freunde und insbesondere Bryher an. Nach Aussagen Gisèle Freunds gab es Zeiten, in denen Sylvia verhungert wäre, wenn Bryher nicht gewesen wäre. Ein Scheck über 4 000 Francs kam genau zu dem Zeitpunkt an, als Sylvia nahe daran war, alles an den Nagel zu hängen. Sie nannte Bryher ihre „wundervolle, zauberhafte Patin".

Als wäre die finanzielle Katastrophe aufgrund von *Ulysses* nicht schlimm genug gewesen, verschworen sich anscheinend auch noch die internationalen Ereignisse gegen sie, um ihre Buchhandlung zu vernichten. Kurz nach dem Börsensturz von 1929 bekam Sylvia die Auswirkungen der Weltwirtschaftskrise zu spüren: Nicht nur, daß sich die Kunden weniger Bücher leisten konnten, sondern es kamen auch immer weniger

Kunden. Obwohl ihre Kundschaft stets international gewesen war, bildeten die in Frankreich lebenden Amerikaner die Hauptstütze ihres Geschäfts. Die meisten von ihnen kehrten jedoch in ihre Heimat zurück, nachdem der Dollar gegenüber dem Franc gefallen war. Bryher gestand sie, daß ihr Geschäft „praktisch zum Stillstand" gekommen sei. Schließlich machte sie schweren Herzens von der Möglichkeit Gebrauch, einige ihrer gehüteten Erstausgaben und persönlichen Manuskripte zu verkaufen.

Als sie André Gide anvertraute, daß sie vielleicht schließen müsse, waren es die französischen Schriftsteller von Adriennes Buchhandlung auf der gegenüberliegenden Straßenseite, die ihr zu Hilfe eilten. Sie gründeten zusammen mit einigen der bedeutendsten zeitgenössischen Schriftstellern ein Komitee und veröffentlichten einen Appell an die Abonnenten. Einige ausländische Weltenbummler sprangen ein, und Janet Flanner erinnerte sich, daß Dichterlesungen dazu beitrugen, neue Käufer zu gewinnen:

> Valéry rezitierte zwei seiner schönsten Gedichte – eines davon, „Le Serpent", auf besondere Anfrage von Joyce hin, obwohl nirgends erwähnt wurde, daß Joyce selbst irgendetwas vorgelesen hätte ... T.S. Eliot kam eigens aus England, um eine Lesung zu halten, und sogar Hemingway erklärte sich bereit, aus seinem Werk zu lesen, als Stephen Spender einwilligte, daraus eine Doppelveranstaltung zu machen. Und so wurde *Shakespeare and Company* gerettet ...[39]

Aber es war nur eine kurze Gnadenfrist. Sylvia verlor ihre dritte große Liebe im Jahr 1941, als ein deutscher Offizier im besetzten Paris darauf bestand, ihr persönliches Exemplar von *Finnegans Wake* zu kaufen. Mehrere Male zuvor hatte sie gedacht, der Zeitpunkt, ihre Buchhandlung schließen zu müssen, sei gekommen, aber sie hatte jede dieser Krisen überstanden und die Bitten ihres Vaters, nach Amerika zurückzukehren, nicht beachtet. Als Frankreich in den Krieg eintrat, kam dieselbe Bitte von ihrer Regierung. Sylvia hatte irgendwie allen Bemühungen ihrer Botschaft wider-

RECHTS **Die Bestände von *Shakespeare and Company* und auch das Ladenschild wurden während der Besatzungszeit in einem leeren Apartment versteckt.**

standen, sie zu überreden, in die Vereinigten Staaten zurückzukehren, „statt dessen widmete ich mich dem gemeinsamen Leben mit meinen Freunden im nazibesetzten Paris".[40] Doch als sich Sylvia weigerte, ihr Exemplar von *Finnegans Wake* zu verkaufen, drohte ihr der Offizier, wiederzukommen und all ihre Bücher zu beschlagnahmen. Noch am selben Nachmittag räumte Sylvia mit Hilfe von Adrienne und ihrer Concierge Tausende von Büchern, Briefen, Bildern sowie Tische und Stühle aus und trug sie vier Treppen höher in eine leerstehende Wohnung und somit in Sicherheit. Sylvia übermalte den Namen der Buchhandlung auf der Hauswand, und innerhalb von zwei Stunden war *Shakespeare and Company* verschwunden.

Die Nazis kamen tatsächlich noch einmal wieder, um Sylvia festzunehmen und sie zusammen mit anderen Amerikanern, die es gewagt hatten, in ihrer Wahlheimat zu bleiben, in ein Internierungslager zu stecken. Die Restbestände von *Shakespeare and Company* wurden nicht gefunden; sie überlebten als ein verborgener Schatz bis zur Befreiung von Paris.

KAPITEL 2

DIE SCHRIFT-STELLERIN UND IHRE MUSE

I m September 1907 begegneten sich Gertrude und Alice zum ersten Mal in Paris, wo sie gemeinsam während der nächsten vier Jahrzehnte leben sollten. In *The Autobiography of Alice B. Toklas* beschrieb Gertrude ihre Begegnung wahrscheinlich so, wie sie von Alice gesehen werden wollte:

> Ich war von der Korallenbrosche, die sie trug, und von ihrer Stimme beeindruckt. Ich kann sagen, daß ich in meinem Leben nur dreimal einem Genie begegnet bin, und jedesmal läutete eine Glocke in mir, und ich irrte mich nie ... Die drei Genies, über die ich gerne sprechen möchte, sind Gertrude Stein, Pablo Picasso und Alfred Whitehead.

Als Alice selber ihren ersten Eindruck von Gertrude beschrieb, fiel dieser sogar noch schmeichelhafter aus:

> Sie war groß und schwer mit zarten, kleinen Händen und einem wohlgeformten und einzigartigen Kopf ... Sie besaß eine gewisse

äußerliche Schönheit und enorme Kraft ... Ich war von ihrer Erscheinung beeindruckt und von ihren wundervollen Augen und von ihrer schönen Stimme – einer unglaublich schönen Stimme ... Ihre Stimme war, wenn sie sprach, so schön wie die Stimme einer Sängerin.[1]

An einem Sonntagabend im Winter des Jahres 1908 saß Gertrude Stein an dem großen Holztisch in ihrem Atelier und schrieb. Die Wände um sie herum waren voll mit eigentümlichen Bildern. Sie trug ihre übliche Arbeitskleidung: ein mönchähnliches braunes Gewand. Plötzlich stand sie auf, sammelte die geschriebenen Seiten zusammen und lief aus dem Zimmer. Sie eilte in die Küche und hielt nur kurz inne, um den herrlichen Duft des Abendessens, das noch auf dem Herd köchelte, zu schnuppern. Gertrude liebte gutes Essen und besonders Alice' amerikanische Mahlzeiten, aber ihre schriftstellerische Arbeit liebte sie über alles.[2] Aufgeregt forderte sie nun Alice auf: „Was immer du auch kochst, nimm es vom Herd, damit es nicht anbrennt, oder höre gleich ganz mit dem Kochen auf, denn du mußt das hier lesen."[3]

Es war weder ein Gedicht noch ein Roman noch ein Theaterstück, was sie gerade fertiggestellt hatte, sondern ein Wortporträt – „Ada" –, das erste von mehreren Dutzend, die sie bis an ihr Lebensende noch schreiben sollte. Sie schuf diese literarische Form, weil sie für die kubistischen Porträts ihrer Künstlerfreunde und insbesondere Picassos schwärmte. Ihre Freundschaften dienten ihrer schriftstellerischen Arbeit dabei als Triebfeder. Die Wortporträts, die zwischen 1908 und 1946 entstanden, waren Huldigungen an große Freundschaften sowohl mit 'Normalsterblichen' als auch mit Berühmtheiten wie Raoul Dufy, Marcel Duchamp, Francis Picabia, Isadora Duncan, Sherwood Anderson, Hemingway, Cézanne, Max Jacob, Juan Gris, Francis Rose, Picasso, Matisse, Man Ray, Edith Sitwell und Madame de Clermont-Tonnerre.

Viele dieser Persönlichkeiten waren noch gar nicht berühmt, als Gertrude über sie schrieb, und viele dieser Porträts waren überhaupt nicht über berühmte Personen. Berühmtheit war für Gertrude kein Kriterium, weder bei ihren Freundschaften noch bei ihren Wortporträts. Für die Wort-

LINKS **Die Schriftstellerin und ihre Muse.**

„Wir waren wie Ehefrauen."

porträts war ihr die Vitalität und die Essenz ihres Schreibens von größerer Bedeutung als die Persönlichkeit der beschriebenen Person. In einem 1939 im *Sunday Observer* erschienenen Kommentar, den Gertrude schätzte und aufbewahrte, wurde behauptet, daß Joyce' Stil in *Finnegans Wake* seinen Vorläufer in Lewis Carrol und Gertrude Stein gehabt habe. Gertrude sei, soweit der Verfasser wisse, die erste gewesen, die in ihrem „Portrait of Mabel Dodge" durch Verdrehungen der Grammatik und Syntax neue Effekte erzielen wollte.

Die Episode über Alice, die das Abendessen beiseite stellte, um Gertrudes erstes 'Wortporträt' zu lesen, vermittelt uns einen Eindruck, wie wichtig Alice für Gertrude war. Denn schon ein Jahr nachdem sich die beiden kennengelernt hatten, war Alice Gertrudes Vertraute, ihre Erstleserin und Kritikerin, Muse, Verlegerin, Gedächtnisstütze und im wahrsten Sinne des Wortes 'Mitarbeiterin' (ihr kreatives Entziffern von Gertrudes unleserlichem Gekritzel, ihre Korrekturen wie auch dadurch bedingte neue Fehler, werfen sogar interessante Fragen hinsichtlich der Autorschaft auf).

Hätte Alice ihre literarischen Dienste einem bedeutenden Mann geleistet, wäre sie wahrscheinlich erst heute von einem Biographen entdeckt und als eigenständige und erwähnenswerte Person erkannt worden. Doch im Gegensatz zu einer herkömmlichen Ehefrau konnte Alice eine zentrale Rolle in Gertrudes schriftstellerischer Arbeit und in ihrem öffentlichen Leben einnehmen, so daß sie in unserem kollektiven kulturellen Gedächtnis weiterlebt, während uns die Frauen von Gertrudes männlichen Zeitgenossen wie Picasso, Hemingway oder Ezra Pound weitestgehend unbekannt geblieben sind.

Wie alle anderen, so glaubte auch Gertrude Stein, daß das Genie männlichen Geschlechts sei. In ihren frühen, unveröffentlichten Notizbüchern schrieb Gertrude über den Künstler Elie Nadelman:

Nadelman besitzt, wie auch Pablo und Matisse, eine Männlichkeit, die zum Genie gehört ... Reine Leidenschaft konzentriert auf eine Vision.

Wenn aber zum Genie die Männlichkeit gehört, was bedeutete das dann für Gertrude Stein? Nach so vertraulichen Äußerungen über Picasso und Matisse schrieb sie etwas zögernder: „Vielleicht moi aussi". Vielmehr als eine biologische Gegebenheit, interpretierte sie Männlichkeit als eine soziale Rolle. Und dies schloß sie nicht aus dem Kreis der Genies aus. Denn in ihrer Beziehung zu Alice nahm sie die herkömmliche männliche Rolle ein oder, um es mit den Worten von Catherine R. Stimpson zu sagen: „Während sie die Regeln der Sexualität verletzten, befolgten sie jene der Geschlechter."[4]

Doch in ihrem literarischen Werk war Gertrude nicht so folgsam, denn dort wechselte das Geschlecht mit spielerischer Leichtigkeit. Ein Beispiel hierfür ist „Didn't Nelly and Lilly Love You" (1922), die Geschichte über Gertrudes und Alice' Geburtsorte und ihre gemeinsame Begegnung in Paris. Sie beginnt mit dem polarisierenden „er" und „sie" und endet mit dem zweideutigeren „wir" und „ich":

It was a coincidence that he moved there and that she stayed there and that they were and that he became to be there and she came not to be fair, she was darker than another, how can a sky

be pale and how can a lily be so common that it makes a
hedge. I do know that she never met him there ... We
never met ... Now actually what happened was this. She
was born in California and he was born in Allegheny,
Pennsylvania.
... I love her with an a because I say that she ist not
afraid.
How can I tell you of the meeting.
... She came late I state that she came late and I said
what was it that I said I said I am not accustomed to wait.
We were so wifely.

Die sich daraus ergebende Zweideutigkeit konnte einige rasend
machen, wie zum Beispiel Natalie Barney, die sich aber trotzdem
darüber bewußt war, daß Gertrudes „Undeutlichkeit" der „guten
Seite der Diskretion" diente. Gertrudes scheinbar undurchsichti-
ger Stil erlaubte es ihr, sich mit jenem „unschicklichen" und ge-
wagten Thema auseinanderzusetzen, ohne daß der lesbische Gehalt ihrer literarischen Arbeit jemals ergründet wurde. Nachdem
Natalie Barney immer wieder „Did Nelly and Lilly Love You" durch-
gelesen hatte, behauptete sie: „[ich kann nicht] herausfinden, ob
sie es taten oder nicht – die Chancen, daß sie es nicht taten, stehen
zwei zu eins."[5]

Hinter den ständig wechselnden Pronomen versteckten sich
Gertrudes Ängste und Zweifel gegenüber ihrer eigenen Identität
und die der anderen. Die Identität innerhalb der eigenen Familie
betrachtete sie als Last, da es ihr genügte, daß ihr kleiner Hund sie
kannte, um zu wissen, „ich bin ich". Später bezweifelte sie sogar
das: „Ich machte mir Sorgen um meine Identität ... Ich war mir
nicht sicher, ob das nicht bewies, daß der Hund einfach nur er war
und nicht, daß ich ich war." Als sie einmal zu Alice sagte, daß es
niemandem möglich sei, sich selbst wirklich zu kennen, antworte-

**„Langsam und so, daß ich nicht überrascht war, sehr langsam wurde
mir klar, daß ich ein Genie war ... Das ist komisch, die Sache mit dem
Genie. Es gibt keine Erklärung dafür, und erst recht nicht dafür, daß
man selbst eins sein könnte." (aus: *Everybody's Autobiography*)**

te ihr Alice, die nicht von solchen Ängsten geplagt wurde: „Das hängt davon ab, wer du bist."[6]

Bis an ihr Lebensende rang Gertrude mit dem, was sie „das Wesen der Identität" nannte. In ihrer letzten Arbeit, *The Mother of Us All*, läßt sie ihre Heldin Susan B. Anthony sagen: „Ich mußte bis heute immer sein, was ich sein mußte. Ich konnte nie eine von zweien, konnte nie zwei in einem sein, wie das bei verheirateten Paaren ist, ich bin nur eine allein eine, eine und allein eine ..."

Für Gertrude galt das jedoch überhaupt nicht. Gertrude mußte vielleicht sein, was sie sein mußte, aber sie war immer eine von zweien, oder sogar noch eher zwei in einer. Ihre schriftstellerische Arbeit war mit Alice' Rolle der ʿEhefrauʿ, die als Ernährerin und Haushälterin fungierte, ebenso fest verbunden und davon abhängig, wie es auch Gertrude und Alice voneinander waren. In einem ihrer Notizbücher vermischte Gertrude ihre Namen und kam zu „Gertrice/Altrude". In einem anderen Notizbuch befindet sich auf der einen Seite ein Entwurf zu einem Essay in Gertrudes Handschrift und auf der anderen Seite in Alice' Handschrift eine Einkaufsliste auf Französisch, die einige wichtige Besorgungen enthält, zum Beispiel mit dem Pudel Basket zur „farmacy" zu gehen. Die täglichen Aufgaben, die in Alice' gleichsam ʿunbewußterʿ Niederschrift aufgezählt werden und die sie allein erledigte, machten Gertrudes ʿbewußtesʿ Schreiben auf der anderen Seite – Gertrude gab dem Text die treffende Überschrift „Wie man schreibt" – erst möglich.

Aber mehr noch als ihre Haushälterin war Alice Gertrudes Muse, die sie inspirierte. „Stein schrieb sowohl aus ihrer unmittelbaren Umwelt heraus als auch über diese. Toklas belieferte diese Welt mit den Rohstoffen: Vorfälle, Geschichten, häusliche Einzelheiten, Spannung, Sexualität und Gefühl. Stein gab ihr diese Stoffe in Form relativ abgeschlossener Texte zurück."[7] Die Ränder von Gertrudes Notizbüchern sind voller Kritzeleien und persönlicher Ausdrücke, die Aufschluß darüber geben, womit sie sich nebenbei und unbewußt beschäftigte. In dem Notizbuch, das das Manuskript von *An American in France* enthält, machte sie eine Strichzeichnung von zwei Figuren, die ihr und Alice ähneln; auf die gegenüberliegende Seite schrieb sie:

Prime de Merit

I love she

She is adorably we.

When it is she

She is me.

She embroiders

beautifully.

Auf der letzten Seite dieses Notizbuches zollte Gertrude mehr als bloß Alice' Stickerei Anerkennung:

Tongue like a whip.

Dear little tongue.

Red little tongue.

Long little tongue.

Let little be mine.

[in ganz kleinen, matten Buchstaben:]

yes yes yes

Gertrude gab sich diesen persönlichen Träumereien auch bei ihrer literarischen Arbeit hin, die eigentlich immer Huldigungen an Alice waren. Dies zeigt, daß Alice als Geliebte und Muse in Gertrudes kreativem Prozeß fast immer präsent war. Gelegentlich lenkten die Kritzeleien am Rand so sehr von dem eigentlichen Manuskript ab, daß nun diese in den Vordergrund traten. In ihrem Notizbuch zu „Why I do Not Live in America", das im Juli und August 1928 in Hinblick auf die Veröffentlichung in der Zeitschrift *transition magazine* geschrieben wurde, zeichnete Gertrude mit Bleistift eine primitive Vase mit Rosenknospen, unter die sie schrieb: „Eine Blumenvase für meine Rosenknospe". Das Thema der Rosenknospe blieb ihr im Gedächtnis, denn einige Seiten später unterbrach sie ihre Abhandlung über Amerika, um in großen Buchstaben über zwei Seiten ein Gedicht zu schreiben, das später – allerdings ohne seine letzte aufschlußreiche Zeile – berühmt werden sollte:

A
ROSE IS A
ROSE IS A
ROSE IS A
ROSE
She is my rose.

Judy Grahn schreibt in *Really Reading Gertrude Stein*, daß diese Zeilen für gewöhnlich mißverstanden werden:

> Eine große Anzahl der Leserschaft ... glaubt, sie meinte, daß Rosen langweilig und sich alle ähnlich seien, dabei wollte sie das Gegenteil ausdrücken, daß es jedesmal eine andere Erfahrung ist, wenn wir eine Rose sehen, weil sie immer an einer anderen Stelle im 'Satz' unseres Lebens steht, und daß das 'ist' einer Rose auch über unsere diesbezüglichen Klischees hinaus Bestand hat.[8]

Gertrude schuf neue Beziehungen zwischen verschiedenen und sogar zwischen gleichen Wörtern. Sie nannte das nicht Wiederholung, sondern vielmehr Insistieren, da sich die Bedeutungen durch das Wiederholen veränderten.

Sie benutzte Wörter nicht, um die Welt um sie herum zu beschreiben, sondern um diese Welt sprachlich und klanglich zu reproduzieren. So nahm ihr Schreiben nach und nach so abstrakte Formen an, daß sie von den meisten nicht mehr verstanden wurde. Unter ihnen befand sich ihre Freundin Natalie Barney, die jedoch bereit war, im Zweifelsfall zu Gertrudes Gunsten zu entscheiden. Sie bezog sich auf Gertrude, als sie Jahre später schrieb: „Wir müssen mit Genies geduldig sein, so wie sie mit sich selber geduldig sind und sich selber folgen, auch wenn wir ihnen dorthin nicht folgen können."[9] Bryher war sich über die Vorzüge von Gertrudes sprachlichen Experimenten da schon sicherer: „Ihr Angriff auf die Sprache war notwendig und half uns allen, selbst wenn wir sie nicht verstanden."[10]

Eines Nachmittags schlenderten Gertrude Stein und Alice B. Toklas die Rue de Rennes hinunter, die – wie auch heute noch – von Trödelläden und Antiquitätengeschäften gesäumt war. Gertrude war von einer Gruppe spanischer Porzellanfiguren hingerissen, die sie in einer Auslage entdeckt hatte. In ihrer Mitte stand – wie sie glaubte – der heilige Ignatius. Trotz ihrer Liebe für die moderne Kunst hatte sie auch eine Vorliebe für Kitsch. Alice widersprach ihr bezüglich des heiligen Ignatius und meinte, die Figur sei vielleicht noch nicht einmal spanisch, schlug aber vor, sie trotzdem zu kaufen. Plötzlich wollte Gertrude sie nicht mehr, und schon gar nicht, wenn sie nicht das war, was sie zuerst darin gesehen hatte. „Ich trage sie jetzt in mir, und sie würde nur stören", erwiderte sie.

LINKS **Weil Gertrude mit dem Komponisten Virgil Thomson an der Oper** *Four Saints* **arbeitete, meinte dieser, daß Gertrudes „Entdeckung der Oper als eine dichterische Form" ein Ergebnis ihrer Freundschaft war.**

UNTEN **Virgil Thomsons Widmung an Gertrude Stein. Auch für Alice B. Toklas schrieb er eine Komposition.**

Who makes it be what they had as porcelain.
Saint Ignatius and left and right laterally be lined.
All Saints
       To Saints.
Four Saints
       And Saints.
Five Saints
       To Saints.
Last Act.
Which is a fact.

Die Porzellanfiguren kommen in der Oper *Four Saints in Three Acts* vor, die Gertrude Stein in Zusammenarbeit mit dem Komponisten Virgil Thomson und der Designerin und Malerin Florine Stettheimer schrieb. Die Premiere fand 1934 in New York mit einer ausschließlich schwarzen Besetzung statt und erhielt überwältigende Kritiken. Auf irgendeine Weise verwendete und verwandelte Gertrude alles, was sie erlebte, was für einige von ihren Zeitgenossen – von denen die meisten, wie zu erwarten, Schriftsteller waren – durchaus auch verständlich war. Es überrascht jedoch, daß der amerikanische Schriftsteller William Carlos Williams, der im allgemeinen die Frauen der Left Bank verachtete, einer ihrer lautstärksten Anhänger war. Er schrieb ein „Manifest" zur Verteidigung von Gertrudes Werk, von dem er glaubte, daß es „von allen amerikanischen Werken in vieler Hinsicht das modernste" sei. Er schätzte ihren „revolutionären" Ansatz, sich den Wörtern selbst zu nähern, losgelöst von deren üblichen Assoziationen:

> Die Wörter selber gewinnen eine merkwürdige, unmittelbare
> Qualität weit ab von ihrer Bedeutung ... Gertrude Stein hat nur
> mit dem Gerüst, dem 'formalen' Teil des Schreibens, der die
> Form ergibt, zu tun, ohne dessen 'Balast' ... Es ist sehr revolutio-
> när, daß das eigentliche Wesen betrachtet wird ... dessen
> Grundlage die Menschlichkeit in ihrer Beziehung zur Literatur
> ist, was bisher erst wenig betrachtet wurde.[11]

Ernest Hemingway, ein junger Reporter, der in den frühen zwanziger Jahren für den *Toronto Star* arbeitete, war ebenfalls ein begeisterter Anhänger

Gertrudes. Er setzte auf seine Verbindung mit ihr („Gertrude Stein und ich sind wie Geschwister"), um seinen eigenen literarischen Ruf voranzutreiben. Seine Briefe, die er zu Beginn ihrer Freundschaft an sie schrieb, offenbaren eine Mentor/Schüler-Beziehung:

9. November 1923

Ich glaube, ich werde den Journalismus hinschmeißen. Sie haben mich letzten Winter als Journalist verdorben. Seitdem bin ich nicht mehr gut ... Ich habe viel über die Dinge nachgedacht, die Sie über das Arbeiten gesagt haben, und will noch einmal auf diese Weise von vorn anfangen. Wenn Ihnen noch irgendetwas anderes einfällt, wäre es schön, wenn Sie es mir schreiben würden. Bin dabei, intensiv an meiner Kreativität zu arbeiten und beschäftige meinen Geist ständig damit.

Innerhalb eines Jahres hatte er den Journalismus ganz aufgegeben und versuchte sich als Schriftsteller. Im August 1923 schrieb er Gertrude: „Ich habe zwei Shortstories fertiggestellt, wovon eine zwar nicht sonderlich gut ist, die andere aber sehr gut ..., aber ist Schreiben nicht ein harter Job? Es war so einfach, bevor ich Sie traf ..."

Kenneth Macpherson, der zusammen mit Bryher die Zeitschrift *Close-Up* herausbrachte, gehörte ebenfalls zu dem kleinen Kreis derer, die Gertrudes Werk gegenüber aufgeschlossen waren. Als er ihr schrieb, um sie um einige ihrer Arbeiten für seine Zeitschrift zu bitten, bekannte er: „Ich bin der Meinung, daß Sie mehr für die Entwicklung des künstlerischen Denkens getan haben, als fast jeder andere Schriftsteller. Darüberhinaus ist es ein echtes und anregendes Vergnügen, ihre Werke zu lesen." Kurz darauf schrieb er erneut: „Ich gestehe, daß ich Ihre Art zu schreiben und Ihr Gefühl für Wörter stets brilliant und hervorragend gefunden habe. Deshalb hoffe ich, daß Sie mir mehr schicken werden, und das möglichst bald und auch regelmäßig."

In Gertrudes gesamter umfangreicher Korrespondenz mit Herausgebern und Verlegern war eine solche Nachfrage selbst in den zwanziger Jahren noch eine Ausnahme. Vielmehr verfaßten nämlich die Verleger im Laufe der Jahre immer einfallsreichere Briefe, um Gertrudes Manuskripte, die sie ihnen immer wieder vorlegte, abzulehnen. Zwei frühe Briefe dieser Art zeigen deutlich die Ratlosigkeit der Verleger:

Duffield and Co., Publishers, 14. August 1906

Sehr geehrte Miss Stein,
... wir sehen kaum eine Möglichkeit, Ihnen ein Angebot für eine Veröffentlichung von „Three Histories" zu unterbreiten. Das Buch ist zum einen zu unkonventionell und, wenn ich so sagen darf, zu literarisch ... Unsere Prognose für das Werk fällt auf jeden Fall negativ aus.

Sidgwick and Jackson, Ltd., London. 20. Januar 1913

Sehr geehrte Dame,
hiermit senden wir Ihnen Ihr Manuskript mit dem Titel „Many Many Women" zurück, da wir es nicht veröffentlichen können. Unter gewöhnlichen Umständen würden wir Ihnen gerne einen anderen Verleger empfehlen, dem das Werk zusagen könnte; aber bedauerlicherweise müssen wir Ihnen mitteilen, daß wir es nicht für wahrscheinlich halten, daß Sie irgendeinen Verleger für ein Werk dieser Art finden werden.

Die anderen Briefe, die Gertrude Stein zwischen 1910 und 1930 erhielt, waren zwar durchgängig ablehnend, jedoch beinhalteten sie keine weiteren Hinweise, die auf Dummheit oder völlige Ratlosigkeit hindeuteten. Mitte der zwanziger Jahre waren es eher die ignoranten Leser als die Verleger, die für die Absagen verantwortlich waren. In London bezweifelte Jonathan Cape, „genügend Gewinne" erzielen zu können, während Alfred Knopf in New York einfach nicht daran glaubte, daß der Leser moderner Literatur schon genügend Fortschritte gemacht habe, als daß ihre Werke veröffentlicht werden könnten ...

Die Verlagswelt lehnte Gertrude Stein aber erst ab, nachdem sie selbst alle Normen aufgegeben hatte, die bisher zum festen Bestandteil der Literatur gehört hatten. Angesichts der rebellischen Aufbruchsstimmung der zwanziger Jahre stärkten diese Absagen vielleicht sogar ihren Ruf. „Ein

Autor," so berichtete Bryher, „der ein Manuskript an einen etablierten Verleger verkaufte, wurde als schwarzes Schaf angesehen und zog zur eigenen Sicherheit auf das rechte Seineufer."[12] Obwohl Gertrude nicht um der Berühmtheit oder Anerkennung Willen schrieb, setzten ihr diese Jahrzehnte doch arg zu. Viele Jahre nach ihrem Tod machte sich ihr Freund, der russische Maler Pavel Tchelitchew, Gedanken darüber, was diese Isolation für Gertrude bedeutet haben mußte:

> Wenn man sich einmal überlegt, daß sie täglich beharrlich arbeitete und zum ersten Mal mit über sechzig Jahren von einem echten Verleger, einem echten Verlag veröffentlicht wurde! Ich frage mich, wer hält so etwas aus, wer besitzt dafür die Beharrlichkeit, die Besessenheit, die Gewißheit, eine so uneingeschränkte Beharrlichkeit? Keinerlei Zugeständnisse. Sie sagte immer zu mir: „Mach niemals Zugeständnisse. Denn von da an geht es mit einem bergab, bergab, bergab, bergab."[13]

Auch als sie später Erfolg hatte, gab sie jungen Romanschriftstellern weiterhin den gleichen Rat, den sie auch Tchelitchew gegeben hatte: „Laß nichts hinein außer der klaren Vision, mit der du ganz allein bist. Wenn du ein Publikum hast, ist es keine Kunst mehr. Wenn dir irgend jemand zuhört, ist es nicht mehr rein."[14]

Aber es ist eine Sache, ein Publikum im Kopf zu haben, während man schreibt, und eine ganz andere, einem Publikum aus seinem vollendeten Werk vorzulesen. Wegen ihres unerschütterlichen Vertrauens in und ihren Glauben an Gertrude und gerade wegen der großen Enttäuschung begann Alice 1930, Gertrudes Werke selbst zu verlegen. Sie gründete den Verlag *Plain Edition*. Ihr berufliches Aufgabenfeld – bisher war sie Gertrudes persönliche Schreibkraft und Redakteurin gewesen – erweiterte sich: Sie war nun außerdem auch ihre Verlegerin. Den Druck finanzierten Alice und Gertrude durch den Verkauf eines Picassos, von dem sie sich schweren Herzens trennte:

> Als Gertrude keinen Verleger finden konnte, verkaufte sie Picassos schönes Gemälde von dem Mädchen, das einen Fächer hochhält. Es brach mir beinahe das Herz. Und als sie Picasso davon erzählte, mußte ich weinen. Aber so konnte die *Plain Edition* starten.[15]

Hätte Gertrude Stein nicht im frühen zwanzigsten Jahrhundert Picassos Bilder gesammelt, wäre sie nicht in der Lage gewesen, ihr eigenes Werk zwanzig Jahre später zu finanzieren. Und

MATISSE PICASSO
AND GERTRUDE STEIN

with two shorter stories

by

GERTRUDE STEIN

PLAIN EDITION
27 - rue de Fleurus - 27
PARIS

Als niemand Gertrude Steins *G.M.P.* veröffentlichen wollte, ließ Alice auf ihre Kosten 500 Bücher drucken, wobei sie auf dem Titelblatt die Initialen ausschrieb und umstellte.

JONATHAN CAPE LIMITED
Publishers
THIRTY BEDFORD SQUARE
LONDON W.C.1

Directors
HERBERT JONATHAN CAPE
G. WREN HOWARD
Telephone
MUSEUM 9011, two lines

Telegrams
CAPAJON, WESTCENT
LONDON
Marconigrams
CAPAJON, LONDON

Nov.2oth.25.

Miss G.Stein,
27 rue de Fleurus,
Paris.

Dear Madam:-

We are sorry to return your MS "G.M.P." without being able to make you an offer for its publication. We fear, however, that we could not make sufficient sales for it to satisfy you or ourselves. Thanking you,

We are,

Yours very truly,
Jonathan Cape Ltd.

wenn Gertrude Stein nicht gewesen wäre, hätten sich Picassos Bilder in den dreißiger Jahren, wie ihre Werke auch, vielleicht nicht verkaufen lassen.

Janet Flanner erinnerte sich:

> Fünfundzwanzig Jahre zuvor, als Gertrude Stein zwar voller Begeisterung, aber in ihren Mitteln eingeschränkt war, zu einer Zeit, wo sie als Schriftstellerin ungefähr genauso unbekannt war wie Picasso als Maler, nahm sowohl ihre berühmte und ausgesuchte Picasso-Sammlung als auch ihre Freundschaft zu ihm ihren Anfang. Und viele Jahre lang waren das zwei der wichtigsten persönlichen Elemente in der Legende um Picasso. Für ihren ersten Picasso bezahlten sie und ihr Bruder 150 Francs an den Händler Sagot, wobei sich alle über seinen Wert stritten. Es handelte sich um den frühen, noch konventionell gemalten Akt „Junges Mädchen mit Blumenkorb". Miss Stein, die bereits zu diesem Zeitpunkt das Fremde in der Kunst bevorzugte, fand, daß das Mädchen klassische Plattfüße habe ... Nachdem Miss Stein eng mit Picasso befreundet war, kaufte sie direkt von ihm. Sie behauptet, die Familie Stein sei von 1906 bis 1909 die Alleinbesitzerin von Picassos Werken gewesen, da sie kein anderer wollte.[16]

Das war auch nicht schwer. Da keiner von ihnen viel Geld hatte, tauschte Picasso nicht selten ein Gemälde gegen ein paar Eier ein oder handelte mit Gertrude um andere lebenswichtige Güter. Als sich Gertrude in Cézannes Porträt von Madame Cézanne verliebte, die darauf ein außergewöhnliches, grünes Kleid trägt, kaufte sie es sofort, was ihre Familie sehr verärgerte, da sie glaubte, sie sei übergeschnappt. Als Gertrude zu etwas mehr Geld gekommen war, begann sie, Bilder von Juan Gris und Picabia zu sammeln, die zu dem Zeitpunkt ebenfalls noch nicht begehrt waren.

Noch heute fällt es den Kunsthistorikern schwer, Gertrude Steins visionäre Rolle innerhalb der modernen Kunst anzuerkennen, obwohl die von ihr gesammelten Gemälde letztendlich alle vom Museum of Modern Art in New York aufgenommen wurden. Die meisten behaupten, es wäre vielmehr Leo Stein und nicht seine jüngere Schwester Gertrude gewesen, der

Picassos Genie als erster erkannt hätte. Die Biographen, die unverständlicherweise gegen Gertrude Stein voreingenommen sind, vertreten auch die Ansicht, daß Gertrudes Bewunderung für Picasso nicht erwidert wurde, obwohl ihre gegenseitige Freundschaft bewiesen ist. Picasso wählte (wie auch Hemingway) Gertrude und Alice als Patinnen für sein Kind aus. Und ab 1919 begann er, Gertrude Bilder zu schenken, denn sein Erfolg war inzwischen so groß, daß sie es sich nicht mehr leisten konnte, seine Bilder zu kaufen. Mitte der zwanziger Jahre überraschte Picasso Gertrude damit, daß er Radierungen für eine bevorstehende limitierte Ausgabe ihres „Geburtstagsbuches" anfertigte, das sie für seinen Sohn geschrieben hatte.

Zugegeben, Gertrude Stein war nicht die einzige, die Picasso 'entdeckte': die Dichter Max Jacob und Guillaume Apollinaire setzten sich ebenfalls für sein Werk ein. Aber sowohl Gertrude und Leo als auch später Alice sammelten seine Bilder bereits zu einem Zeitpunkt, als andere sie nur belächelten. Laut Pavel Tchelitchew war Gertrude „diejenige, die große französische Maler entdeckte. Sie und ihre Brüder schenkten Matisse in den guten alten Tagen, als er noch unbekannt war, Beachtung ... Dann entdeckte Gertrude Stein Picasso ... Sie war diejenige, die an ihn glaubte. Und sie war es auch, die er malte. Sie war wirklich seine beste Freundin und Schutzherrin." [17]

Ihre bedeutende und lebendige Freundschaft bestand mehr als vier Jahrzehnte lang, von 1905 bis zu Gertrudes Tod. Seine Berühmtheit brachte Picasso um die meisten seiner frühen Freundschaften, aber sie war nie ein Hindernis für ihn und Gertrude. Und obwohl beide die Muttersprache des anderen weder sprachen noch lasen, schienen sie einander doch zu verstehen. Gertrude hatte immer das Gefühl, daß eine „besonders enge Seelenverwandtschaft" [18] zwischen Picasso und ihr bestand. Während einer der achtzig oder neunzig Sitzungen, die Picasso benötigte, um ihr Porträt zu malen, erwähnte sie, daß sie mit ihren Augen hörte und mit ihren Ohren sah. Dem stimmte Picasso sofort zu. [19]

Ob nun ihre Ohren oder ihre Augen dafür verantwortlich waren, jedenfalls fand niemand aus ihrem Freundeskreis, daß Gertrudes Porträt Ähnlichkeit mit ihr hatte. „Was macht das schon", erwiderte Picasso, „letztendlich wird es ihr gelingen, genauso auszusehen." Und als sie ihr Haar abschnitt, rief er daher bestürzt: „Und mein Porträt!"

Picasso und Gertrude wurden während dieser Sitzungen, in denen er das heute berühmte Porträt malte, sehr vertraut. Jeden Samstag begleiteten er und Fernande, seine Geliebte, Gertrude durch ganz Paris nach Hause und blieben zum Abendessen. Diese wöchentlichen Abendessen fielen zeitlich mit dem Aufkommen der informellen Salons zusammen. Gertrude schrieb:

> Nach und nach begannen die Leute in die Rue de Fleurus zu kommen, um sich die Bilder von Matisse und Cézanne anzusehen. Matisse brachte Bekannte mit, jeder brachte jemanden mit. Sie kamen zu jeder beliebigen Zeit, und es begann lästig zu werden, und auf diese Weise fing es mit den Samstagabenden an.

Zu Gertrude Stein zu gehen, kam bald einem Ritual gleich. Janet Flanner, die regelmäßig anwesend war, schrieb:

> Ihre Wohnung war der faszinierendste Ort in ganz Paris, denn dort ging jeder hin. Ungefähr einmal in der Woche veranstaltete sie eine Teegesellschaft ... Und sie leitete stets das Gespräch, das heißt, sie leitete eigentlich alles ... Wenn sie lachte, lachte jeder im Raum. Es war mehr als ein bloßes Signal, ihre gute Stimmung war einfach ansteckend ... Während Gertrude redete und den Rahmen der Unterhaltung bestimmte, saß Miss Alice B. Toklas hinter ihrem Teewagen. Es war, als hielte Gertrude einen Vortrag und Alice würde dazu die entsprechenden Anmerkungen machen.[20]

Es ist zur Legende geworden, daß sich die Ehefrauen darauf beschränken mußten, den „Anmerkungen" zu lauschen. Während Janet immer das Gefühl hatte, daß „hinter dem Teewagen der beste Platz war", störte Sylvia Beach diese isolierende Sitzordnung ungemein, auch wenn sie selber keine Ehefrau war: „Ich kannte die Regeln und Vorschriften für Ehefrauen bei Gertrude. Da ihr Kommen nicht verhindert werden konnte, hatte Alice die strikte Anweisung, sie fernzuhalten, während Gertrude sich mit den Ehemännern unterhielt ... Mir leuchtete nicht ein, warum dieses schroffe Verhalten notwendig sein sollte."[21]

Aus diesem Grund verteidigte Sylvia die Ehefrauen meistens. In einem Brief an Bryher, die angefragt hatte, ob überhaupt eine Frau diesen

„großartigen Empfang" besuchen würde, den Adrienne und sie für französische Schriftsteller organisiert hatten, antwortete sie:

> Ich fand es amüsant und interessant, daß Du in Deinem Brief an
> Adrienne wissen wolltest, welche Frauen – wenn überhaupt –
> eingeladen worden sind. Alle haben Ehefrauen und werden von
> diesen begleitet, und fast alle sind gute Ehefrauen. Aber abgese-
> hen von den beiden brillanten Ausnahmen, Colette und
> Adrienne Monnier, kenne ich keine einzige gute Schriftstellerin
> im heutigen Frankreich [d. h. keine Französin]. Das ist die nack-
> te Wahrheit ... Es gibt niemanden, den man mit den englischen
> und amerikanischen Schriftstellerinnen vergleichen könnte. Selt-
> sam, nicht wahr.

Während sich Sylvia und Adrienne mit Schriftstellern umgaben, waren es bei Gertrude laut Natalie Barney „nicht nur Schriftsteller, sondern auch Maler, Musiker und nicht zuletzt ihre eigenen Anhänger, die von ihr angezogen und beeinflußt wurden ... Anstatt ihnen Mitgefühl entgegenzubringen, das wenig hilfreich war, half sie ihnen oftmals, indem sie einer fixen Idee oder einer Besessenheit eine andere Richtung gab und somit einen Neubeginn ermöglichte."[22] Auf diese Weise beriet und unterstützte Gertrude viele junge Künstler und Schriftsteller, die später berühmt wurden.

Einige, wenn auch nicht alle, waren Gertrude für diese Hilfe und Ermutigung für den Rest ihres Lebens dankbar. Pavel Tchelitchew war einer von ihnen:

> Es freut mich sehr, daß Sie mit mir über Gertrude Stein sprechen
> möchten. Sie war eine sehr gute Freundin von mir, ich verdanke
> ihr eigentlich alles, was mir von dem Zeitpunkt an, als ich sie
> kennenlernte, bis heute widerfahren ist. Aus einer völlig unbe-
> kannten Person, die ich vorher war, wurde plötzlich ein junger
> Künstler, der im Rampenlicht stand ... Ich mochte Gertrude
> Stein, da sie etwas überaus Freundliches, überaus Gutes, über-
> aus Mütterliches hatte, sie war ein Mensch, den man seit jeher
> kennt ...[23]

Gertrude Stein wirkte in ihren Salons häufig wie ein Mann unter Männern, während Alice die Ehefrau inmitten der anderen Ehefrauen war. So daß es eher unpassend und beinahe suspekt erscheint, wenn Pavel

Tchelitchew sie als „mütterlich" beschrieb. Die meisten Männer, von denen Gertrude in ihrem Salon umgeben war, waren homosexuell und viel jünger als sie. Sam Steward, ein junger Homosexueller, der sich Mitte der dreißiger Jahre mit ihr anfreundete, berichtete:

> ... die Damen wurden im allgemeinen von Alice unterhalten und redeten mit ihr über Rezepte und 'weibliche' Themen. Gertrude unterhielt sich lieber mit den anwesenden Männern, den Ehemännern und den jungen homosexuellen Schriftstellern und Künstlern, die in Scharen zu Gertrude kamen und ihre ergebensten Verehrer und Bewunderer waren.[24]

Pavel Tchelitchew und sein Partner Allen Tanner waren zwei von Gertrudes vielen Verehrern, zu denen auch der englische Maler Francis Rose, der amerikanische Fotograf George Platt Lynes, der französische Schriftsteller René Crevel, der deutsche Fotograf Horst P. Horst, der Komponist und Schriftsteller Paul Bowles und der Choregraph Frederick Ashton (der Gertrude Steins „The Wedding Bouquet" choreographierte und 1937 im Sadlers Wells in London aufführte) zählten.

Gertrude schenkte Frauen in ihrem Salon sehr wohl Aufmerksamkeit, allerdings nur, wenn sie nicht gleichzeitig Ehefrauen waren. Samuel Putnam erinnerte sich: „Ich habe außerdem den Eindruck, daß es mehr Frauen als Männer unter Steins Anhängern gab. Warum das so war, weiß ich ganz sicher nicht; aber wenn man nach den Erzählungen über sie urteilt, dann schien sie sich mit Frauen besser zu verstehen ..."[25] Edith Sitwell, die gehört hatte, daß Frauen eher als Alice' Gäste betrachtet wurden, schmeichelte es stets, daß Gertrude sie in den Salons respektvoll behandelte. Auch Marie Laurencin wurde von Gertrude als eigenständige und außergewöhnliche Künstlerin respektiert, obwohl sie vor dem Ersten Weltkrieg die „Mätresse" des Dichters Guillaume Apollinaire war. Sie besuchte den Salon regelmäßig, und Gertrude kaufte einige ihrer Gemälde. Obwohl es eine Phase gab, in der ihre Beziehung ein wenig unterkühlt war, blieben die beiden Frauen bis zu Gertrudes Tod befreundet.

Wie Janet Flanner bevorzugte auch Bryher in den Salons die Gesellschaft von Alice, und so schlich sie sich oftmals von Gertrude weg, um Alice' Unterhaltung beiwohnen zu können. Bryher hatte das Gefühl, Gertrude nicht genügend intellektuellen Anreiz bieten zu können, obwohl

„Künstlergruppe", von Marie Laurencin, 1908. „Eines der frühen Werke von
Marie Laurencin ist ein Gruppenporträt von Guillaume [Apollinaire], Picasso,
Fernande und sich selbst. Fernande hatte Gertrude davon erzählt, die es dann
kaufte, worüber sich Marie Laurencin sehr freute. Es war das erste Bild, das sie
überhaupt verkaufen konnte." (aus: *The Autobiography of Alice B. Toklas*)

RECHTS Die Malerin Marie Laurencin – ein ständiger Gast im Salon
von Gertrude und Alice.

Gertrude selber gelegentlich den Wunsch äußerte, mit ihr über gewisse literarische Ideen zu sprechen. Bryher bewunderte Gertrude, aber sie liebte Alice.

Picasso genoß das internationale Flair und die sexuelle Ambiguität bei den Treffen. Gemäß seinem Biographen, John Richardson, war Picasso „daran gewöhnt, Gertrude in Gesellschaft anderer emanzipierter Frauen zu sehen."[26] Die Salon-Gespräche waren sehr geistreich, teils, weil Gertrude stets in ihrem Mittelpunkt stand, und teils, weil die Gäste sich nicht betranken. Einer der Stammgäste des Salons stellte dies als krassen 'Gegensatz' im Vergleich zu seinen anderen amerikanischen Freunden dar: „Sie hatten die Angewohnheit, in Cafés zu gehen, Cocktails zu trinken und zu diskutieren und zu diskutieren, bis sie nicht mehr wußten, worüber sie sprachen, [während es bei Gertrude] Tee gab ..."[27] Gertrude ihrerseits fand das Caféleben nicht interessant. Sie schrieb: „Trinker halten sich gegenseitig für amüsant, aber das tun sie nur, weil sie beide betrunken sind. Es ist komisch, daß die beiden Dinge, auf die die meisten Männer wirklich stolz sind, Dinge sind, die jeder Mann kann, nämlich sich zu betrinken und Väter von Söhnen zu sein."

Vier Jahre nach Gertrudes Sitzungen für Picassos berühmtes Porträt begann sie, ihr eigenes Porträt über Picasso zu schreiben. Nachdem sie es mehreren Zeitschriften vergeblich vorgelegt hatte, zusammen mit ihrem Porträt von Matisse, fand Gertrude Stein in dem New Yorker Fotografen und Kunstsammler Alfred Stieglitz einen Verleger. Stieglitz nahm die Porträts 1913 in sein Magazin *Camera Work* auf und druckte sie neben Reproduktionen von Picasso und Matisse ab.

Im darauffolgenden Jahr verlieh ihr die *New York Times* zu ihrer Freude den Titel „Kubist der Literatur". Der Verleger Alfred A. Knopf, der damals bei „Doubleday" war, reagierte mit folgenden Worten auf das *Camera Work*-Experiment:

> Sehr geehrter Mr Stieglitz,
> vielen Dank für die Stein-Ausgabe. Ich kann durchaus viele Gründe für die krampfartigen Anfälle der Dame finden, jedoch keinen für deren Veröffentlichung ... – allerdings kenne ich, abgesehen von den Bildern in *Camera Work*, nichts von Matisse und Picasso: Vielleicht konnten sie nur mit Hilfe solcher Anfälle,

wie G.S. sie durchlebte, erklärt werden. Ich habe nichts dagegen einzuwenden, daß sie solche Dinge macht, aber ich habe sehr wohl Einwände dagegen, so etwas gedruckt sehen zu müssen! Zumindest dann, wenn es ohne eine Entschuldigung oder Erklärung von ihr gedruckt wird.

Knopf muß diesen Brief später bereut haben, auch wenn er niemals einsah, daß ein Text wie der folgende Kunst sein sollte: „This one always had something coming out of this one. This one was working. This one always had been working. This one was always having something that was coming out of this one. (Dieser eine hatte immer etwas, das aus diesem einen hervorkam. Dieser eine arbeitete. Dieser eine hatte immer gearbeitet. Dieser eine hatte immer etwas, das aus diesem einen hervorkam.)"

Gertrude reagierte nicht auf Knopf; tatsächlich reagierte sie nur sehr selten auf die Äußerungen von Kritikern, auch wenn sie ungerechtfertigt waren. „Verständlich zu sein, heißt nicht immer, daß man wirklich verstanden wird", sagte sie, „jeder hat sein eigenes Englisch ... Sie werden schon sehen, daß es verstanden wird. Wenn Sie es mögen, dann verstehen Sie es auch."[28]

Stieglitz, der eine Galerie in New York besaß, gehörte mit dem Kritiker Henry McBride zu den ersten in den Vereinigten Staaten, die die modernistische Richtung innerhalb der Kunst anerkannten. Henry McBride, der als der „führende amerikanische Kunstkritiker" galt, lernte dank seiner Verbindung zu Gertrude Stein, die er oft in Paris besuchte, die Werke von Picasso, Matisse, Braque und Léger schätzen.

Der Briefwechsel zwischen Gertrude Stein und Henry McBride stellt eine inoffizielle Geschichte der Modernen Kunst und ihrer Künstler dar. Gertrude versprach ihm: „[Ich] lasse es Sie wissen, wenn sich auf dem Pariser Kunstmarkt etwas Neues tut ..." Während des Ersten Weltkriegs berichtete Gertrude McBride von den Aktivitäten jener Künstler, die sie beide bewunderten. Nachdem sie ihn wegen seiner positiven Einstellung gegenüber den Deutschen ermahnt hatte, fragte sie ihn, „ob er vielleicht etwas über die Maler wissen möchte?" Und sie machte eine Aufstellung ihrer Marschrouten:

Braque ist an der Front in den Schützengräben. Derain ist ein 'Incidist', aber bisher hat er wegen seines Beins nur im Bett

gelegen. Apollinaire wird dazu ausgebildet, mit Kanonen umzugehen, und nebenbei lernt er das Reiten und wird fett ... Picabia fährt ein Automobil. Delaunay ist sozusagen kein Patriot. Alle Amerikaner gehören zum Roten Kreuz, für das sie in einer ausgesprochen einnehmenden Uniform schwer arbeiten. Ich schätze, das war alles ...

Gertrude gehörte selber auch zu jenen, die die Uniform des Roten Kreuzes trugen, ebenso wie Alice, Sylvia Beach und viele andere amerikanische Frauen. Gertrude und Alice fuhren in ihrem Ford-Lastwagen, den sie „Auntie" nannten, auf dem Land herum und versorgten französische Kriegskrankenhäuser mit Material, und später sprangen sie auch noch als Sanitäterinnen ein. Alice erinnerte sich:

Es gab keine offiziellen Stellen, die die Organisation übernahmen ... Wir waren Amerikaner, die den Franzosen halfen, also wandten wir uns an Amerikaner. Ich wandte mich an meinen Vater, der auch reagierte. Er verhielt sich sehr gut. Sein Club schickte einen Sanitätswagen, als wir einen benötigten, und er schickte ein Röntgengerät ... Unsere Hilfsmittel bekamen wir ausschließlich von Privatleuten ... Verbände, chirurgische Instrumente und solche Dinge, die das Leben erleichterten.[29]

Gertrude und Alice verteilten die Hilfsmittel gemeinsam, und die einzigen Unstimmigkeiten, die je zwischen den beiden beobachtet werden konnten, entstanden immer dann, wenn Gertrude den LKW zu parken versuchte.

In einem Brief vom November des Jahres 1915 schrieb Gertrude: „Es hat keinen Sinn, über den Krieg zu reden, man kann nicht über ihn reden." Aber sie redete – und schrieb – doch über ihn, sowohl während der Kriegsjahre als auch in den Jahren danach. Unter ihren Arbeiten waren „Accents in Alsace" und „The Deserter", die beide von *Harper's*, *Everybody's Magazin* und anderen Zeitschriften abgelehnt wurden. Da

LINKS **In der Besatzungszeit ernährten sich Gertrude und Alice hauptsächlich aus ihrem Garten. Die Dorfgemeinschaft sorgte dafür, daß ihr Versteck vor den Deutschen geheim blieb.**

sie jedoch während ihrer Kriegsdienste die unterschiedlichsten Menschen kennenlernte, gelangte sie zu der Überzeugung, daß es für ihr Werk auch Leser gab, die sie nur erreichen mußte. „Accents in Alsace" ist eine politische Satire, aber wie in allem, was Gertrude schrieb, geht es darin in Wirklichkeit um Alice: „In me meeney miney mo. You are my love and I tell you so."

Gertrude war politisch unbedarft und gab oftmals dumme, wenn nicht gar reaktionäre Kommentare von sich, über die man sich bis zum heutigen Tag lustig macht. Aber sie durchlebte die Schrecken des Krieges und berichtete auf sehr persönliche Weise über sie. Der Krieg wurde zu einem ihrer wichtigsten Themen. Als die deutsche Armee während des Zweiten Weltkrieges in Paris einmarschierte, flüchteten Gertrude und Alice in ihr Sommerhaus nach Südfrankreich. Und es heißt, daß das ganze Dorf geholfen habe, die Anwesenheit der beiden amerikanischen Jüdinnen geheim zu halten.

Wars I Have Seen dokumentierte ihre Beobachtungen während der beiden Weltkriege. Sie wandte sich darin den großen politischen Fragen, wie beispielsweise der Frage, warum ein Staatsoberhaupt Krieg erklärt, nicht theoretisch zu, sondern mit einer kindlichen Naivität und Direktheit:

> Sie glauben immer noch, was sie glauben sollen, niemand sonst glaubt es, nicht einmal ihre Familien glauben es, aber glaube es oder nicht, sie glauben es tatsächlich immer noch ... Und da sie so selbstverständlich glauben, was sie glauben sollen, machen sie es möglich, daß das Land denkt, es könne einen Krieg gewinnen ...

Sobald sie ihre kindlichen Beobachtungen aufgab und sich in politischer Analyse versuchte – zum Beispiel dachte sie immer, Pétain habe richtig gehandelt, als er mit Deutschland einen Waffenstillstand schloß –, dann war sie eindeutig überfordert. Ihrer Aufgabe voll und ganz gewachsen war sie jedoch, wenn sie vom allgemeinen und weitschweifigen Erzählen zu persönlichen Darstellungen überging:

> Und jetzt, im Juni 1943, ist alles sehr schwierig, es passieren so viele traurige Dinge, so viele sind im Gefängnis, so viele gehen fort, auch der Sohn unseres Zahnarztes, und er war erst acht-

zehn, und er hätte eigentlich seine Aufnahmeprüfungen an der Universität ablegen sollen. Er und ein paar andere nahmen in einem Lastwagen Schuhe und Kleidung und Waffen mit, um sie an junge Männer zu verteilen, die in die Berge gegangen waren, um nicht fortgeschickt zu werden, und was ist ihm und ihnen nicht alles widerfahren.

Der Romanschriftsteller Richard Wright verteidigte Gertrudes literarisches Werk von dem Zeitpunkt an, als sich durch *Three Lives* seine „Ohren zum ersten Mal dem Zauber des gesprochenen Wortes öffneten". Richard Wright blieb ein treuer Leser dessen, was er die „Steinsche Prosa" nannte, und besprach *Wars I Have Seen*: „Ich kenne kein aktuelles Kriegsbuch, das einen schrecklicheren Eindruck von der Macht des Krieges vermittelt, die Seele zu töten, von der Angst, den Gerüchten, der Panik und der Ungewißheit des Krieges."[30]

Gegen Kriegsende verwandelte Gertrude Stein ihr Zuhause in einen sicheren Hafen für amerikanische Soldaten, die von Angst, Panik und Ungewißheit übermannt wurden. Wenn sie auch keine materielle Unterstützung mehr gewähren konnte, wie sie es für französische Soldaten während des Ersten Weltkriegs getan hatte, so dürfte die emotionale Unterstützung, die sie amerikanischen Soldaten im Zweiten Weltkrieg bot, gleichermaßen wichtig gewesen sein. Ein Soldat schrieb an Alice, nachdem er von Gertrudes Tod erfahren hatte:

> Liebe Miss Toklas,
> Vielleicht können Sie sich noch an mich, an Sergeant Billy, erinnern, der im letzten Sommer häufig in Ihr Haus kam, um sich zu unterhalten ...
> Es scheint, als habe sich jeder in diesem Land über Miss Stein geäußert; und es muß erfreulich sein ... – zu sehen, wieviel sie ihrem Land emotional und auch intellektuell bedeutet hat und wie schnell sie eine wahre amerikanische Legende geworden ist. Ich kann mich weder besonders gut ausdrücken, noch bin ich besonders scharfsichtig und ... wollte Ihnen bloß mitteilen, wie viel Sie beide für so viele von uns, die gerade bittere Erfahrungen hinter sich hatten, getan haben. Ihr Heim war für uns ein

Stützpunkt für alles, worauf wir uns etwas einbilden konnten;
Sie beide haben dafür gesorgt, daß wir angesichts der Tatsache,
Amerikaner zu sein, Begeisterung und Pflichtgefühl empfanden;
und Sie beide gaben uns etwas, das uns der Welle der Ernüchte-
rung, die auf jeden Sieg folgt, standhalten ließ ... Mit freundli-
chen Grüßen William C. Haygood (Chicago)

Gertrude war während des Zweiten Weltkriegs besonders patriotisch geworden, allerdings hatte sie sich – obwohl sie fast ein halbes Jahrhundert
in Frankreich gelebt hatte – immer als Amerikanerin gefühlt. Sie führte
ihre Rolle als kulturelle Vorreiterin darauf zurück, daß sie als Kalifornierin
eine innere Affinität zum Neuen besaß. Man bezeichnete sie auch als
„die Stimme des amerikanischen gesunden Menschenverstandes, des
amerikanischen Pragmatismus, des modernen Amerikas der Gegenwart."[31]
   Trotz ihrer radikalen und oftmals beleidigenden Verallgemeinerungen über einige nationale und rassische Eigenschaften waren ihre Ausfüh-
rungen über Amerika und die Amerikaner meist prägnant und treffend.
Als Amerikanerin in Frankreich zu leben war eine Erfahrung, die ihr nicht
nur das Schreiben ermöglichte, sondern es war oft auch das Thema, über
das sie schrieb.
   Gertrude Stein und Alice B. Toklas waren Vollblut-Amerikanerin-
nen, aber in dreißig Jahren kehrten sie nur einmal in ihr Heimatland zurück. Und zwar 1934, als Gertrude aufgrund des über Nacht eingetrete-
nen Erfolgs ihres Buches *The Autobiography of Alice B. Toklas* eine
Lesereise antrat. Die Veröffentlichung der ausgesprochen lesbaren und
unterhaltsamen Autobiographie war der Wendepunkt in Gertrudes Leben:
mit 58 Jahren erhielt sie ihren ersten Vertrag für ein Buch und die Anerkennung als Schriftstellerin, für die sie so lange gearbeitet hatte. Das Buch
wurde für den Book-of-the-Month Club neu aufgelegt, und viele sahen
bereits einen Pulitzer Preis voraus.
   Amerika reagierte auf Gertrude Steins Lesereise, als kehrte seine ver-
lorene Tochter heim. Ihr Schiff wurde von Kameramännern der Wochen-
schau und Journalisten aller Couleur erwartet. Die *Saturday Review of
Literature* wählte die fette Schlagzeile: „Rückkehr der im Exil Lebenden";
die *New York Post* berichtete recht unfreundlich: „Die im Ausland lebende große alte Dame ... kehrte heute, nach einunddreißig zurückgezoge-

nen Jahren in Paris, in ihre Heimat zurück. Sie brachte Alice B. Toklas mit, ihren seltsamen vogelartigen Schatten ... dieser weibliche 'Freitag' redete nur über Miss Stein, wenn sie überhaupt etwas sagte."

Andere Zeitungen spekulierten darüber, ob Alice B. Toklas tatsächlich existierte, oder darüber, ob sie diejenige war, die in dieser Partnerschaft wirklich das Sagen hatte.

Natürlich machte die Presse eine Menge Witze über Gertrudes Schreibstil, und die meisten Journalisten konnten einfach nicht umhin, ihren Stil, der sich durch Wiederholungen auszeichnete, in ein paar Absätzen zu parodieren. Die *Detroit News* verkündete: „Ein New Yorker Literaturwissenschaftler behauptet, die Gedichte von Gertrude Stein zu verstehen. Doch die Sache wird dadurch beträchtlich erschwert, daß wir nun versuchen müssen, den Wissenschaftler zu verstehen." Das *Journal of the American Medical Association* veröffentlichte einen weniger humoristischen Artikel von B.F. Skinner, in dem Gertrudes Schreiben auf Symptome für Geisteskrankheit untersucht wurde.

Trotz derartiger Beleidigungen genoß Gertrude ihre Reise durch Amerika sehr. An den meisten Orten war sie vorher noch nie gewesen. Sie schickte Janet Flanner eine Karte, die im Februar 1935 abgestempelt worden war: „Meine liebe Janet, ja, wir verbringen eine sehr schöne Zeit, und es ist sehr aufregend und so natürlich, und es gefällt uns sehr, und wir sehnen[?] uns überhaupt nicht nach Paris, natürlich habe ich mich über Deinen Brief gefreut alles Liebe Gtde."

Die plötzliche Berühmtheit und der neue Wohlstand gefielen Ger-

Die Zeitungen waren von der Beziehung zwischen Gertrude und Alice fasziniert, ohne sie jedoch wirklich festlegen zu können.

Alice Toklas Hides in Shadows of Stein

Mouselike Companion Does Not Show Exotic Air Author Claims for Her.

By EVELYN SEELEY.

EVERYBODY knows Gertrude Stein and her brilliant wi and esoteric writings. Everyone has argued over he these many years. But almost nobody knows Alice B. To and willing shadow, and some ev

SomeoneCalled Stein Sails With Alice B. Toklas

Bon Voyage Party Presents New Slant on Question of Who's No. 1 of That Pair

Secretary Rules Roost

trude. Sie kaufte ein neues Auto und für ihren Hund Basket einen Mantel von Hermes.

Auf einmal erhielt sie, ohne vorher selber die Initiative ergriffen zu haben, Briefe von Verlegern wie folgenden von Scribner: „Sehr geehrte Miss Stein ... Ich habe mit Interesse erfahren, daß sie an einem Roman arbeiten; Sie wissen sicher, daß wir an allem, was Sie machen, interessiert sind."

Ironischerweise waren es nicht ihre mühsam erarbeiteten literarischen Neuerungen, die Gertrude zu einer Leserschaft verhalfen. Das Buch, das sie schlagartig berühmt machte, war nicht einmal in dem ihr eigenen elliptischen, repetitiven Stil geschrieben, sondern übernahm vielmehr die ganz normale direkte Rede von Alice B. Toklas. Alice stritt selbstverständlich ab, eine andere Rolle als die der Schreibkraft gespielt zu haben: „Oh, nein. Was hätte ich beitragen können?" [32] Doch Virgil Thomson, der sie beide gut kannte, behauptete:

> Dieses Buch ist in jeder Hinsicht, abgesehen von der tatsächlichen Autorschaft, Alice Toklas' Buch; es spiegelt ihre Gedanken wider, ihre Sprache, ihre persönliche Meinung über Gertrude und ebenso ihre einzigartige Erzählkraft. Jede Geschichte wird darin so erzählt, wie Alice selbst sie immer erzählte. [33]

Wenn dies wirklich so ist, dann muß der Erfolg für Gertrude einen bittersüßen Beigeschmack gehabt haben. Sie, die von der Frage nach ihrer eigenen Identität besessen war, wurde berühmt, weil sie in der Erzählweise einer anderen geschrieben hatte. „Sie hatte nie erfahren, wer sie war, und trotzdem war sie plötzlich jemand anderes geworden"[34], meinte Katherine Anne Porter. Sie wurde auch deshalb jemand anderes, weil der Ruhm sie verändert hatte, wie sie in *Everybody's Autobiography* schrieb:

> ... plötzlich war alles anders; was ich tat, besaß einen Wert, für den die Leute zu zahlen bereit waren, bisher hatte der Wert darin bestanden, daß niemand zahlen wollte. Es ist eine komische Sache mit dem Geld. Und es ist eine komische Sache mit der Identität. Du bist du, weil dich dein kleiner Hund kennt, aber wenn dich dein Publikum kennt und nicht für dich zahlen will, oder wenn dich dein Publikum kennt und sehr wohl für dich zahlen will, dann bist du nicht mehr das gleiche Du.

Ob sie als Gertrude oder als Alice schrieb war nicht von Bedeutung, nicht einmal wie sie schrieb; es waren die faszinierenden Freundschaften, über die sie schrieb, die das Buch an die Spitze der Bestsellerlisten brachte. *The Autobiography of Alice B. Toklas* zeichnete diese berühmten Freundschaften nach – und war auch dafür verantwortlich, daß viele von ihnen endeten.

Während Gertrude und Alice durch ihr Heimatland reisten, braute sich in Paris Ärger zusammen. Die Autobiographie löste besonders unter jenen einen Proteststurm aus, die in dem Buch beschrieben wurden. Der Ärger darüber war so gewaltig, daß im *transition magazine*, das von Eugen Jolas herausgegeben wurde, eine Sonderausgabe mit dem Titel „Zeugenaussagen gegen Gertrude Stein" erschien, einzig und allein zu dem Zweck, daß die „geschädigten Parteien" das richtigstellen konnten, „was über sie gesagt worden war."

Hinter einigen dieser „Richtigstellungen" steckte scheinbar ein tiefer persönlicher Ärger und vielleicht auch Neid auf Gertrudes neuerrungenen Ruhm. Matisse schrieb beispielsweise: „Was den Kauf des Cézannes betrifft [den Gertrude falsch beschrieben hatte]: auf dem Bild war kein Zelt, es war ein Cézanne mit drei badenden Frauen und mehreren Bäumen …" Er beschuldigte Gertrude, sie habe diese Unwahrheit absichtlich geschrieben.

Und Braque war verständlicherweise darüber aufgebracht, daß Gertrude geschrieben hatte, Picasso habe den Kubismus erfunden, während Braque der Meinung war, er und Picasso seien gemeinsam auf der „Suche nach der anonymen Persönlichkeit" gewesen. In diesem Fall fand er natürlich seinen Anteil daran in Gertrudes Version zu wenig gewürdigt.

Beim berühmten Streit zwischen Hemingway und Gertrude Stein war ebenfalls ein angekratztes männliches Ego im Spiel gewesen. In der Autobiographie behauptete Gertrude, Hemingway sei einer ihrer großen Schüler gewesen: „Er kopierte das Manuskript von *The Making of Americans* und las die Druckfahnen Korrektur … Bei der Korrektur dieser Fahnen lernte Hemingway eine Menge, und er wußte das zu schätzen."

NÄCHSTE SEITE **„Plötzlich und sehr unerwartet war mein Name in Amerika bekannt. Die Verleger wollen unbedingt …"**

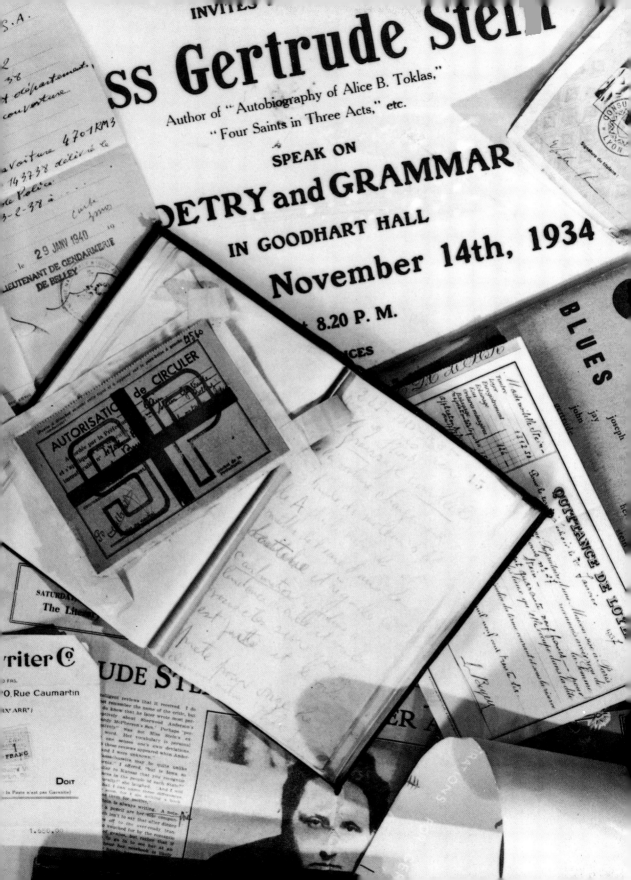

Nach Gertrudes Tod versuchte Hemingway, die Aufzeichnungen in seinem „Letter of Exceptional Literary Importance" richtigzustellen. Er konnte zwar nicht ganz widerlegen, daß sie seine Lehrerin gewesen war, gab aber zu verstehen, daß ihre Beziehung eher auf Gegenseitigkeit beruht hatte:

> Ich habe sie immer sehr geliebt ... Für sie oder für Alice war es eine Art Notwendigkeit, Freundschaften abzubrechen, und wirklich loyal war sie nur Leuten gegenüber, die ihr unterlegen waren. Sie mußte mich angreifen, denn von mir hat sie gelernt, Dialoge zu schreiben, so wie ich von ihr den wunderbaren Rhythmus in der Prosa gelernt habe ...

Janet Flanner konnte keine Spuren von Hemingways Stil in Gertrude Steins Dialogen finden, aber sie stellte fest, daß „ihr Rhythmus in Ernest Hemingways Stil zum Vorschein kam ... Er und Sherwood Anderson waren die beiden Personen, die von der Ruhe ihrer Sprache am meisten berührt und beeinflußt wurden und die spürten, daß sie durch den Rhythmus der Wiederholungen, die für ihr Schreiben charakteristisch war, zu ihrem eigenen Stil fanden."[25]

Schreiben ist ein einsames Geschäft. Hemingway, Sherwood Anderson, Scott Fitzgerald und viele andere lernten zwar von Gertrude Stein, doch Hemingway betonte zu Recht: „Dann mußt du es allein und selbständig schaffen und immer mehr dazu lernen; nur daß du allein bist ..." Trotzdem fällt es nicht schwer, sich vorzustellen, wie sich Gertrude gefühlt haben muß, als sie mitansah, wie ihre 'Schützlinge' von Kritikern und der Öffentlichkeit hoch gelobt wurden, während sie weiterhin verhöhnt und nicht veröffentlicht wurde. Es muß für ihre Schüler geradezu ein Vergnügen gewesen sein, daß Gertrude deren Erfolg ständig herunterspielte: „... wenn die äußere Welt dich hoch einschätzt, dann wird dein Inneres nach außen gekehrt. Ich erzählte all den Männern, die in jungen Jahren erfolgreich waren, immer wie schlecht dies für sie sei ..."[36]

RECHTS **Janet Flanner scheint von Gertrudes und Alice' Amerika-Tournee genauso überwältigt gewesen zu sein wie diese selbst.**

December Tenth

dear Gertrude, I'm glad I refused to do a Profile of you for
The NewYorker —my reason was excellent; I said since I couldn't
write about you better than you'd written about yourself in
Autobiography, I felt it was improper to write at all — for
if I'd written it and it had been added to everything else
they've written and pictured about and around you, the name
of the magazine would have to be changed from/ The NewYorker
to/ The Gertruder. Or maybe/ The Gertrudest. Are you and Miss Toklas
have a good or a bad time, or a mixture, or nothing of either
enough to be sure until later? Why don't you both run for
President while you're out there, you could get the job easy.
Friends in New York sent me the boat interviews, one of which
seemed to me excellent, intelligent. You seem to me to make
such sense in what you say I can't see how anybody can find it
cryptic or anger-making; but I think maybe I'm 42 and know that,
as a beginning of knowledge; maybe when I was 32 I didn't know what you meant
either. This is to thank you for sending me the Autobiography
in French and to wish you and Miss T a Merry Christmas and
to tell you I think you're both superb. Your love is an ordeal by
soda-pop which burns and is licquid but is neither fire nor
water; you've both come through immortally.

                    Love and greetings,

                                    Janet F

In der Öffentlichkeit bestritt Gertrude stets, verbittert zu sein. Einem Verleger, der gesagt hatte: „Wir wollen Verständliches, etwas, das auch vom Publikum verstanden wird", erwiderte sie: „Mein Werk hätte niemandem genutzt, wenn mich das Publikum von Anfang an verstanden hätte."[37] Sie gab sich unverletzbar:

> Ich brachte das Geld, um [Three Lives, ihr erstes Buch] zu veröffentlichen, selbst zusammen. Kein Verleger wollte es sich ansehen. Aber das entmutigte mich nicht; ich war nicht der erste Autor, der sein Eintrittsgeld selber zahlte ... Mangelnder Erfolg ist meine letzte Sorge. Ich arbeite für etwas Dauerhaftes, nicht für ein Publikum. Wenn man erst einmal ein Publikum hat, dann ist man nie mehr frei ... Frühe Rückschläge fördern die eigentliche Größe. Schneller Erfolg ist tödlich.[38]

Es war aber doch die jahrelange Erfolglosigkeit, die tödlich war. In all den Jahrzehnten, in denen Gertrude nichts veröffentlichte, setzten ihr die abschlägigen Antworten ungemein zu. 1913 schrieb sie: „Meine große Sorge ist, daß überhaupt nichts gedruckt wird." Und drei Jahre später: „Werde hin und wieder ein wenig traurig und ruhelos, weil nichts von mir veröffentlicht wird. Wäre überglücklich, wenn etwas von mir veröffentlicht würde." Wenn sie ihre Manuskripte an Verlage schickte, bat Gertrude die Herausgeber – da sie mit deren ablehnender Haltung bereits rechnete –, das Manuskript doch mehrere Male zu lesen, bevor sie eine Entscheidung trafen.

Mehr als dreißig Jahre später äußerte sie auf ihrem Sterbebett ihre letzte Bitte: Alle ihre unveröffentlichten Manuskripte sollten gedruckt werden. Alice überlebte sie um mehr als zwanzig Jahre, in denen sie diese enorme Aufgabe bewältigte, bis sie Gertrude schließlich auf den Friedhof Père Lachaise in Paris folgte.

In diesen einsamen Jahrzehnten schrieb Alice selber mehrere Bücher, darunter ihre Memoiren *What is Remembered*. Sie hätten gut 'What is Forgotten' heißen können, denn Alice schrieb: „Ich hätte mit dem Anfang beginnen und Ihnen alles erzählen können, jede Einzelheit eines jeden Tages. Bis zu dem Tag, als Gertrude starb. Denn da verlor ich mein Gedächtnis, ich glaube, weil ich so bestürzt und mein Verstand, nachdem er zurückgekehrt war, einfach nicht mehr klar war."[39] So wie Gertrude die größte Bekanntheit mit dem erlangte, was sie mit Alice' „einzigartiger Erzählkraft" und in der Person von Alice geschrieben hatte, so beendete Alice ihre eigene Lebensgeschichte mit Gertrudes Tod und deren berühmten letzten Worten: „Wie lautet die Antwort?" Ich schwieg. „In dem Fall", sagte sie, „wie lautet die Frage?"

KAPITEL 3

AMAZONEN UND SIRENEN

„Für eine Amazone war Miss Barney zu wenig kampflustig. Sie war das krasse Gegenteil: Sie war bezaubernd, und mit ihrem blonden Haar und ganz in Weiß gekleidet wirkte sie ausgesprochen attraktiv. Für viele ihrer Geschlechtsgenossinnen war sie ein Verhängnis ..."

(Sylvia Beach, *Shakespeare and Company*)

Als Natalie Clifford Barney 1972 im Alter von 95 Jahren in Paris starb, war sie in Frankreich längst eine legendäre Figur. Sie hatte unzählige Gedichte und 13 Bücher geschrieben, war von anderen Schriftstellern in mehr als einem halben Dutzend Romanen und in zahlreichen Memoiren verewigt worden und hatte in ihrem internationalen Salon viele der führenden männlichen und weiblichen Schriftsteller, Künstler und Intellektuellen des Jahrhunderts empfangen. Aber all das war nicht der Grund für ihren legendären Status. Vielmehr ihr Ruf, „zweifellos die führende Lesbierin ihrer Zeit"[1] zu sein, war es, der sie so berühmt gemacht hatte. Denn Zeit ihres Lebens pries sie die Freuden und sang das Hohelied der lesbischen Liebe.

**Natalie Barney (links) über ihre Freundschaft zu Romaine Brooks:
„Wir stimmten überein, ergänzten einander."**

Natalie umgab sich mit einem erlesenen Kreis schöner Frauen, von denen alle ohne Ausnahme entweder ihre ehemaligen, gegenwärtigen oder zukünftigen Geliebten waren. Als sie Mitte zwanzig war, reisten sie und die Dichterin Renée Vivien nach Lesbos, um eine Poesie- und Liebesschule für Lesbierinnen aufzubauen (doch das Projekt wurde abgebrochen, als Renées andere Geliebte, eine wohlhabende holländische Baronin, Renée nach Frankreich zurückholte). Sapphos Qualitäten, die Natalie bewunderte – eine Liebe voller Schönheit und Sinnlichkeit, die Freiheit, ohne Eifersucht oder moralische Einschränkungen zu lieben –, waren Wegweiser, nach denen sie ihr eigenes Leben ausrichten wollte. Und da ihre Pläne auf Lesbos gescheitert waren, versammelte Natalie eine ähnliche

Gemeinschaft von Frauen in Paris um sich, wo sie ihre heidnischen Rituale im eigenen Garten vollzog.

Für gewöhnlich wurden diese Veranstaltungen nur von Frauen besucht, aber an einem Nachmittag, als Colette einmal etwas aufführte, war André Germain zur Stelle, um es für die Nachwelt festzuhalten. In seinem Buch über Proust widmete Germain den Literatinnen dieser Ära das Kapitel „Amazonen und Sirenen" (Proust hatte in seinem Roman *Remembrance of Things Past* dem Kapitel über diese Frauen den Titel „Sodom and Gomorrha" gegeben). Germain schrieb:

> Einige Jahre später sollte ich Colette in einem Garten wiedersehen, wie sie nackt einen Faun nachahmte. Der Garten gehörte einer Freundin, Nathalie Clifford Barney, der ich damals sehr ergeben war. Nathalie hatte mich einer Zeremonie beiwohnen lassen, die zu Ehren einer Dichterin stattfand, die ich bis dahin nicht gekannt hatte, aber die ich danach über ihren Tod hinaus verehrte, Renée Vivien. Die Gedichte, die diese unglückliche junge Frau [Renée] zunächst murmelnd und schließlich schluchzend vortrug, beeindruckten und verzauberten mich trotz ihres heidnischen Inhalts ... [2]

In einer kürzlich erschienenen Studie über das Werk von Renée Vivien und Natalie Barney hat Karla Jay versucht, Natalie Barneys Ruf als Dichterin wieder aufleben zu lassen. Denn der hohe Bekanntheitsgrad, den sie als Frauenverführerin hatte, hat dazu beigetragen, ihr literarisches Werk in den Hintergrund treten zu lassen. Leider kam Jay zu dem Schluß, daß Natalies literarische Leistungen zwar quantitativ, aber nicht

Die Dichterin Renée Vivien mit Natalie. Sie wollten Sapphos goldenes Zeitalter wieder auferstehen lassen.

94

qualitativ von Bedeutung waren. Ihr Ruf als Dichterin konnte ihrem Ruf als Liebhaberin bei weitem nicht standhalten, obwohl sie eine lesbische Ästhetik verfolgte, in der Poesie und Liebe nicht voneinander zu trennen waren. Auch wenn ihre eigenen Schriften einige literarische Höhepunkte aufweisen, ihr weitaus größerer literarischer Beitrag bestand darin, das kreative Genie anderer zu erkennen und zu fördern. Dank ihrer großen Liebesfähigkeit förderte und unterstützte sie Jahrzehnte lang die weibliche Kreativität – nicht nur ihre eigene, sondern auch die ihrer zahlreichen Geliebten und engen Freundinnen. Die Liebe war ihre Kunst, und Natalie war zum Verdruß ihrer eifersüchtigen, lebenslangen Partnerin, der Malerin Romaine Brooks, eine sehr produktive Künstlerin.

Natalie und Romaine waren beide ausgesprochen wohlhabende Amerikanerinnen, die in Paris lebten. Allerdings endeten damit auch schon ihre Gemeinsamkeiten. Romaine schrieb Natalie, nachdem sie ein halbes Jahrhundert zusammen gewesen waren:

> [Ich] denke gerade über unsere lange Freundschaft nach, die auf meiner Seite so groß ist wie eh und je, und über unsere Charaktere, die sich so grundlegend voneinander unterscheiden: Du, die Du Menschen als Brennstoff brauchst, um jenen Funken zu produzieren, der Deine rasche Formulierungskunst zum Leben erweckt, und ich, die ich die Einsamkeit brauche, um ... meine Welt der Kunst ... erschaffen zu können.

Natalie war davon überzeugt, daß ihre grundlegend verschiedenen Charaktere einander ergänzten und diese lange Freundschaft erst möglich machten, während andere nach einer Weile zu Ende gingen. Angefangen bei Renée Vivien über Djuna Barnes bis hin zu Dolly Wilde (die zehn Jahre lang Natalies Geliebte gewesen war), wurde Natalie Barney immer wieder von außergewöhnlich begabten Frauen mit selbstzerstörerischen Neigungen angezogen. Über Djuna Barnes schrieb Natalie: „Ein Genie wie ein ungeschliffener Diamant, der alles in Stücke schnitt und sich dann über die Schnitte wunderte." In ihren Memoiren dachte sie darüber nach, warum ihre Beziehung mit Romaine von diesem Muster abwich und weshalb die Beziehung Romaine davon abhielt, in die Reihen der 'Selbstzerstörerinnen' zu treten:

> Es war eine wilde, ausgelassene Horde ..., und obwohl ich mit

ihnen sympathisierte, teilte ich nicht ihr Schicksal. Zwar hatte auch ich wilde Pferde geritten und mich mitreißen lassen, aber sie hatten mich weder abgeworfen, noch war ich zu solchen Höhen vorgedrungen, vielleicht weil ich nicht ihre Begabungen und auch nicht ihren Mut besaß. Aber Romaine, die beides besaß, hatte sich ihren Weg durch ebenso widrige Umstände gebahnt und allen größtmöglichen Härten mutig die Stirn geboten, und sie ging – dank ihres großen künstlerischen Talents – als Beste hervor ..., während sie ihre Seele in all das legte,

woran sie glaubte, was sie liebte oder tat. Wären unsere Charaktere nicht zusammengetroffen und hätten sich nicht gegenseitig ergänzt, dann wäre diese Intensität unerträglich geworden.

DIE VERLOCKUNG VON PARIS

Natalie und Romaine waren die ersten innerhalb der Gemeinschaft amerikanischer Frauen, die nach Paris kamen; beide hielten sich in den neunziger Jahren des 19. Jahrhunderts mehrmals in Paris auf, und Natalie ließ sich 1902 dort nieder. „Dieses wilde Mädchen aus Cincinnati", wie Natalie auch genannt wurde, war nicht nur eine sehr reiche Erbin, sondern auch eine unglaublich anziehende Frau. Bei einem Besuch in Frankreich mit ihrer Familie hatte sie 1899, im Alter von 22 Jahren, eine der berühmtesten und sinnlichsten Pariser Kurtisanen der Belle Époque ver-

OBEN **Natalie als Amazone, gemalt von Romaine, 1929.**

LINKS **Romaine Brooks ruhiges und ausdrucksstarkes Selbstporträt,
das sie 1923 im Alter von 49 Jahren malte.**

führt – Liane de Pougy. In *Idylle saphique*, einem Roman, dessen Veröffentlichung im Jahr 1901 die Welt der Pariser Oberschicht ins Wanken brachte, hatte Liane de Pougy einen ausführlichen und kaum verschleierten Bericht über diese Affäre zu Papier gebracht – der erste von vielen Romanen, die durch Natalie inspiriert worden waren (zwei Jahre später tauchte sie in einem von Colettes *Claudine*-Romanen auf). Natalies Vater holte sie nach Washington zurück, wo ihre Familie damals lebte, und suchte ihr vergeblich einen geeigneten Verlobten unter ihren vielen männlichen Verehrern aus.

Auch Natalie pries die bekannte Liebesaffäre in *Lettres à une connue*, die ihr Verleger für zu skandalös hielt, um sie zu drucken, und in *Quelques*

„Dieses wilde Mädchen aus Cincinnati" eroberte Paris im Sturm.

Portraits – Sonnets de Femmes, einer Sammlung von 34 Liebesgedichten, die an Frauen gerichtet waren. Der schmale Band, der von ihrer Mutter illustriert worden war – sie wußte nicht genau, wofür die Illustrationen verwendet würden – rief in Washington einen Skandal hervor. „Sappho in Washington" lauteten die Schlagzeilen der Zeitungen. Dabei störte es Natalie vielmehr, „in Washington" zu sein, denn als „Sappho" bezeichnet zu werden, denn schon damals konnte sie auf die Anerkennung durch die Gesellschaft verzichten:

> Ich empfand keine Scham: Albinos wird schließlich auch nicht
> zum Vorwurf gemacht, daß sie rote Augen und weiße Haare
> haben, warum sollte man mir einen Vorwurf daraus machen,
> daß ich Lesbierin bin? Es ist eine Sache der Natur: meine An-
> dersartigkeit ist kein Laster, ist nicht „absichtlich" und schadet
> niemandem. Was kümmert es mich, wenn sie mich aufgrund
> ihrer eigenen Vorurteile verunglimpfen oder verurteilen?

Natalies Mutter, Alice Pike Barney, war Malerin und hatte bei Whistler in Paris studiert. Glücklicherweise hatte sie Verständnis dafür, daß sich ihre Tochter in Washington so eingeengt fühlte. Um sie der langweiligen, stickigen Atmosphäre der Washingtoner Oberschicht, die Natalie so sehr mißfiel, zu entreißen, kehrte sie mit ihr in ihr geliebtes Paris zurück. Für Natalie schien Paris schon immer „die einzige Stadt zu sein, in der man leben und sich geben kann, wie man will."[3]

Von all den in Paris lebenden Amerikanerinnen schien Natalie diejenige zu sein, die das geringste kulturelle Erbe mit nach Frankreich nahm, die amerikanische protestantische Moral schon gar nicht. Sie war gleichermaßen im Englischen wie im Französischen beheimatet und sprach beides in einem veralteten Stil des 19. Jahrhunderts. Ihre lesbischen Liebesgedichte schrieb sie im klassischen romantischen Stil, doch im übrigen bewegte sie sich ziemlich sorglos zwischen Dichtung, Epigrammen, Romanen, Theaterstücken, Memoiren und autobiographischen Texten von einer literarischen Form zu einer anderen. Sie setzte das Leben über ihre Schriftstellerei, wenn sie sagte: „Mein Leben ist meine Arbeit, meine Schriften aber sind nur das Ergebnis."[4]

Natalie Barneys Epigramme oder „Gedanken", wie sie sie nannte, kann man als Teil einer weiblichen Logik verstehen, mit der sie sich männlichen Ansichten näherte, so wie sich Oscar Wilde heterosexuellen Ansichten mit homosexuellem Geist näherte. In ihren *Pensées d'une amazone* schrieb sie über die Männlichkeit des Krieges und über seine Sinnlosigkeit, über die Lächerlichkeit der Männer und die Unterdrückung der Frauen:

Wenn es unter Männern Liebe gäbe, hätten sie bereits Wege gefunden, sie zu zeigen.

Der Mann, diese noch nicht abgenabelte Kreatur ...

Auch wenn die Mutterschaft in umgekehrter Reihenfolge ablaufen und mit den Geburtswehen beginnen würde, gäbe es trotzdem noch Mütter. Aber dann wären sie es aufgrund ihres eigenen Willens und nicht, weil sie Opfer eines Fehlers oder Leidtragende eines Naturstreichs sind.

Genaugenommen ist der Franzose ohne Verstand; so wie er sich dem Krieg unterworfen hat, so hat er sich auch dem Sieg unterworfen, und nun geruht er nicht einmal, daraus Nutzen zu ziehen.

ROMAINE BROOKS: KUNST – EINE LEBENSHILFE

Im Gegensatz zu Natalie Barney war für Romaine Brooks die Arbeit ihr Leben. Mit ihrer Arbeit vertrieb sie die Dämonen ihrer Kindheit – einen geisteskranker Bruder und eine grausame, lieblose Mutter – und die Erinnerung an diese Zeit, die so furchtbar war, daß die, die ihre unveröffentlichten Memoiren lasen, an ihrer Glaubhaftigkeit zweifelten. Über Rom, Capri, London und St. Ives kam Romaine nach Paris, nachdem sie kurze Zeit mit einem homosexuellen Mann verheiratet gewesen war und ein ungewolltes Kind zur Adoption freigegeben hatte, nachdem sie an einer langwierigen Lungenentzündung gelitten hatte und in mehrere enttäuschende Liebesaffären verwickelt gewesen war. Nach diesen schwierigen Situationen fühlte sich Romaine heimatlos und rastlos. Nur in ihrer Arbeit konnte sie Ruhe finden. Während der ersten 15 Jahre, in denen sie malte, war sie unbekannt, isoliert und arm (reich wurde sie erst nach dem Tod ihrer Mutter). Als erste und einzige Studentin der Kunstakademie in Rom war sie demütigenden Schikanierungen und ständigem Spott ausgesetzt und nahe am Verhungern gewesen.

Romaine war von Natur aus überhaupt nicht gesellig. Ihre Bekannten waren hauptsächlich Menschen, die sie durch Natalie kennengelernt hatte und von denen sie die meisten nicht mochte. Doch eine Künstlerin wurde eine sehr enge Freundin von ihr: die Designerin und Architektin Eileen Gray, die irischer Abstammung war. Eileen war 1902 nach Paris gezogen, um die Gesellschaft unabhängiger, kreativer Frauen um sich zu haben. Während ihrer Teilnahme an dem 'Salon des Artistes Decorateurs' im Jahr 1913 wurden ihre unkonventionellen Entwürfe erstmals von Kritikern gelobt und erregten die Aufmerksamkeit des Kunstsammlers Jacques Doucet, ihrem ersten Mäzen.

Auch Romaines erste Ausstellung, die 1910 in der Galerie Durand-Ruel stattfand, war ein großer Erfolg, der leider — so muß man sagen — gleichzeitig der Höhe- und Endpunkt ihrer Karriere war. Auch wenn Romaine bis zu einem gewissen Grade von den Symbolisten beeinflußt wurde, berücksichtigte sie in ihrer Arbeit nicht die weitaus bedeutendere Kunstbewegung des 19. Jahrhunderts, den Impressionismus. Im Gegensatz zu Eileen Gray, die sich vom Kubismus und der holländischen De-Stijl-Gruppe beeinflussen ließ, kümmerte sich Romaine nicht um künstlerische Trends und malte, als existierten das 20. Jahrhundert und seine vielen künstlerischen Umbrüche für sie nicht. Im Laufe der Zeit wurde ihr immer häufiger zum Vorwurf gemacht, ihre Kunst sei unmodern und überholt — so als wäre sie eine Journalistin gewesen, die sich nicht die Mühe machte, die Zeitung zu lesen, und nicht die Malerin, die sich von ihrem eigenen inneren Auge leiten ließ.

DER SALON AUSSERHALB DER ZEIT

Natalie Barney schien sich außerhalb ihrer Zeit zu bewegen. Heute wird sie als jemand betrachtet, der die Gegensätze der Belle Époque verkörperte, einer Zeit, die einer gewissen Spannung ausgesetzt war: einerseits blickte man dem neuen Jahrhundert erwartungsvoll entgegen, während man an-

dererseits an dem alten festhielt. Aber ihre Zeitgenossin Marguerite Yourcenar war anderer Meinung und sagte zu Natalie, als diese bereits über neunzig war: „Eigentlich ist das 18. Jahrhundert vielmehr als die Belle Époque Ihre Zeit. Wie jung Sie doch sind, Natalie, für eine Zeitgenössin von Madame du Deffand und Rivarol."[5] Auch wenn sie von den gesetzteren Mitgliedern der französischen Oberschicht für ihre allgemein bekannte Homosexualität verachtet wurde, war Natalie gegenüber allem Neuen genauso ablehnend und in Sachen Mode und Politik ebenso altmodisch und konservativ wie sie.

Sie pfiff auf die gesellschaftlichen Konventionen gewisser Kreise, sehnte sich aber bei anderen um so mehr nach gesellschaftlicher Akzeptanz. Als ihre junge Geliebte Renée Vivien an Magersucht, Alkoholismus und gebrochenem Herzen starb, schickte Natalie ihre Gedichte über Renée an den führenden Geisteswissenschaftler Frankreichs, Remy de Gourmont. Er war nicht nur Herausgeber des einflußreichen *Mercure de France*, sondern zugleich ein produktiver Dichter, Essayist und Romanschriftsteller, Literaturkritiker der symbolistischen Bewegung und Mentor von Literaten wie T.S. Eliot und Ezra Pound. Trotz einer Krankheit, die ihn entstell-

OBEN **Ein ständiger Salongast war Germaine Beaumont, die kurzzeitige Geliebte und langjährige Freundin von Natalie Barney. Sie war nicht nur Colettes Schützling, sondern auch zu Recht eine anerkannte Schriftstellerin.**

LINKS **Natalie Barney, von Remy de Gaurmont.**

te und von anderen Menschen isolierte, freundete er sich mit Natalie an und veröffentlichte im *Mercure de France* Essays, die sich an eine geheimnisvolle Amázone richteten. Der unerwiderten Liebe, die Gourmont in seinen letzten Lebensjahren für Natalie Barney empfand, war es zu verdanken, daß Natalie zu künstlerischem und gesellschaftlichem Ruhm kam, den sie sonst nie erlangt hätte, den sie aber verzweifelt brauchte, um ihren gesellschaftlichen Ambitionen Genüge leisten zu können. In ihrem Haus auf dem linken Seineufer gründete sie 1909 einen Salon, der 60 Jahre lang existierte und den viele französische, amerikanische und englische Künstler/innen, Schriftsteller/innen und Berühmtheiten besuchten, wie André Gide, Jean Cocteau, Paul Valéry, Colette, Ezra Pound, Gertrude Stein, Edith Sitwell, Ford Maddox Ford, Sherwood Anderson, Marie Laurencin, Thornton Wilder, Janet Flanner, Gabriele D'Annunzio, Edna St. Vincent Millay, Isadora Duncan, Rainer Maria Rilke und Djuna Barnes.

Solita Solano, eine Journalistin und Freundin von Janet Flanner, meinte: „Natalie sammelte nicht moderne Kunst; sie sammelte Menschen, und man konnte sicher gehen, daß man jeden Freitag (ihr Tag), wenn man bei ihr zum Tee vorbeikam, überrascht würde."[6] Überrascht war man auch, daß eines Freitags Greta Garbo auftauchte, die von ihrer Geliebten Mercedes de Acosta mitgebracht worden war. Greta Garbo verursachte einen ganz schönen Wirbel, denn sie war für Natalie und ihren Freundeskreis so Truman Capote, das „non plus ultra unter ihresgleichen"[7].

Berthe Cleyrergue, die 45 Jahre lang als pflichtbewußte Haushälterin bei Natalie Barney arbeitete und so loyal war, daß sie laut Janet Flanner auch Natalies Geschmack übernahm, kannte die meisten Gäste des Salons sowie den Klatsch, der sie umgab (und tauschte ihn mit ein paar Auserwählten an der Tür aus, bevor sie hereinkamen), wenn sie auch nicht mit der Literatur vertraut war, für die die Gäste bekannt waren. Berthe war Natalies Bibliothekarin, Managerin, Rezeptionistin, Krankenschwester, Mädchen für alles, Köchin, Zimmermädchen, Vertraute, „meine Gesellschafterin während der Wintermonate und meine Gefährtin, die mir so oft dabei half, meine Probleme aus der Welt zu schaffen."[8] Berthe beschrieb den Salon folgendermaßen:

> Es war ein richtiger literarischer Salon. Es wurde über Literatur
> und Dichtung gesprochen und darüber, welches Buch gerade
> herausgekommen war. Junge Leute kamen mit ihren Manuskrip-

ten. Und Madame Radelais, Janet Flanner und Germaine Beaumont nahmen die Manuskripte an sich und brachten sie acht bis
zehn Tage später zurück, oder manchmal auch 14 Tage später,
um entweder dem jungen Mann oder der jungen Frau mitzu-
teilen, ob es brauchbar war. Und dann wurden sie einem Verleger empfohlen. Auch Gertrude Stein kam regelmäßig; insgesamt
kamen eine Menge Leute. Colette war eine enge Freundin. 1928
schloß sie, wie auch Miss Romaine Brooks, Freundschaft mit
Miss Barney, und sie war ihr Leben lang ihre aller- beste Freundin, 62 Jahre lang. Das hat Miss Barney immer gesagt, und da
sie es selbst sagte, kann ich es auch weitererzählen.[9]

COLETTE IN DER LITERATUR
UND DER LIEBE

Nach Romaine Brooks und Lily de Clermont-Tonnerre war laut Janet
Flanner Colette – ungeachtet ihrer drei Ehemänner und vielen Liebhabe-
rinnen – eine der großen Lieben in Natalies Leben.

[Natalie] stand mit Colette in einem sehr innigen Verhältnis ...
Die Liebe zu Colette muß sie mehr erfüllt haben, als jede andere
in ihrem Leben. Es gab zwar noch die jüngeren Frauen, die aber
nicht zählen, da sich Natalie lediglich in sie verliebte ... [10]

Als eine der am meisten gefeierten und geschätzten Autoren Frankreichs
verewigte Colette den Pariser Kreis der Lesbierinnen in ihrem Werk *Le Pur
et l'Impur*, das Colette als ihr bestes Buch betrachtete. Die schockierten
und beleidigten Leser der Pariser Wochenschrift *Gringoire*, in der ihr Buch
1930 als Fortsetzungsroman erschien, waren gegen das Werk. Nach der
vierten Fortsetzung beendete der Herausgeber, der sich seiner Leserschaft
beugte, die Veröffentlichung so abrupt, daß laut Janet Flanner, das Wort
'Fin', mitten in einem unvollendeten Satz erschienen sei.

In der Einleitung zu der englischen Übersetzung von *Le Pur et l'Impur*
schrieb Janet Flanner, daß ihr „keine andere Schriftstellerin einfiel, die
dieses doppelte Verständnis [ein männliches und ein weibliches] besaß,
das ihr erlaubte, die Natürlichkeit der Sexualität zu verstehen und zu ak-

zeptieren, egal wo und wie man sie vorfand."[12] Vielleicht war es Colettes Fähigkeit, in männlichen und weiblichen, heterosexuellen und homosexuellen Welten gleichzeitig zu leben, die ihr dieses doppelte Verständnis verlieh. Natalie Barney beurteilte die vielen Ehen Colettes jedoch anders. Sie schrieb in ihrem Buch *Adventures of the Mind* aus dem Jahr 1929, daß es Colette unter anderem sehr gefiel, „einen Mann zu haben, der sie in Sklaverei hielt."

Colette war bei ihrem dritten (und letzten) Ehemann angelangt, als sie *Le Pur et l'Impur* schrieb; sie hatte eine weite Strecke zurückgelegt, von der unzüchtigen Varietékünstlerin zu einer Frau, der die höchste Auszeichnung Frankreichs verliehen wurde: die Aufnahme in die Ehrenlegion.

Nun konnte sie es sich erlauben, die sexuellen Eskapaden ihrer Jugend kühl und distanziert zu betrachten, während sie ihre frühen autobiographischen Romane zu einer Zeit schrieb, als sie noch inmitten ihres turbulenten und durch Leidenschaft und Rachsucht geprägten Lebens steckte.

Als Colette ihren wesentlich älteren, bereits etablierten Mann heiratete, den als 'Willy' bekannten Theaterverleger, Lebemann und geistige Größe von Paris, war sie noch das neunzehnjährige Mädchen vom Lande. Zu jener Zeit unterhielt er bereits eine große literarische Fabrik, da er dutzendweise Ghostwriter anheuerte. Auch Colette gehörte dazu; er sperrte sie in ein Zimmer, damit sie Schulmädchen-Memoiren schrieb. Wie üblich beanspruchte er auch hierfür die Autorschaft. Doch welche Wahl hatte sie schon: „Entweder Willy heiraten oder als alte Jungfer oder Lehrerin enden."[13]

Was Willy jedoch nicht erwartet hatte, war das Aufsehen, das *Claudine à l'école* über Nacht erregte. Fortsetzungen und Theaterstücke von Claudine wurden nachgefragt, und diese Nachfrage konnte allein Colette decken. Jahrzehnte später, nachdem inzwischen ihr eigener Name auf den Titelblättern ihrer Bücher zu lesen war, brachte sie Willy immer noch Anerkennung entgegen, wenn auch nicht als Autor oder literarischer Mitarbeiter, wie er sich selbst gerne sah, sondern als Herausgeber, der ihr Werk als erster veröffentlicht hatte:

Als ich fertig war, überreichte ich meinem Mann ein engbeschriebenes Manuskript ... Er las es flüchtig durch und sagte:

Für Janet Flanner war Colette, was ihre Art zu denken und ihre Zuwendung zu beiden Geschlechtern anging, ein hermaphroditisches Wesen.

„Ich habe mich geirrt, für so etwas habe ich nicht die geringste
Verwendung ..." Meiner Aufgabe entbunden, durfte ich zurück
auf mein Sofa, zur Katze, zu den Büchern ... Die Übungshefte
blieben zwei Jahre lang tief unten in einer Schublade. Eines Tages entschloß sich Willy, die Schubladen seines Schreibtischs
aufzuräumen.
„Stell dir vor", sagte Monsieur Willy, „ich dachte, ich hätte sie
in den Papierkorb geworfen." Er öffnete ein Übungsbuch und
blätterte darin ... Planlos raffte er die Übungshefte zusammen,
setzte sich energisch seinen Hut mit der niedrigen Krempe auf
und eilte zum nächsten Verleger ... Und so bin ich Schriftstellerin geworden.
Andererseits wäre ich wiederum beinahe keine Schriftstellerin
geworden, da mir die literarische Berufung fehlte. Und es ist
sehr wahrscheinlich, daß ich nie auch nur eine einzige weitere
Zeile geschrieben hätte, wären mir nicht nach dem Erfolg von
Claudine à l'école weitere Aufgaben aufgetragen worden, durch
die mir das Schreiben nach und nach zur Gewohnheit wurde.[14]

Obwohl Colette eine der größten Schriftstellerinnen Frankreichs war, zweifelte sie stets an ihren literarischen Fähigkeiten und an ihrem Recht, so
etwas wie eine 'literarische Berufung' für sich zu beanspruchen. Sie hatte
das Gefühl, daß sie ihre schriftstellerischen Werke nicht ihrem Talent zu
verdanken hatte, sondern allein ihrer strengen Selbstdisziplin: „Wenn ich
die gnadenlose Kontrolle verringern würde, der ich meine Texte unterwer-
fe, dann, das weiß ich genau, wäre ich bald nicht mehr die bedachte und
sorgfältige Schriftstellerin, sondern nur noch eine schlechte Dichterin."[15]

Nach ihrer unschönen Scheidung, bei der Willy versucht hatte, alle
zukünftigen Einnahmen von Colettes Werken, die unter seinem Namen
erschienen waren, für sich zu beanspruchen, schrieb Willy, daß die Ehe
die einzige anständige Lösung für Colettes skandalöses Verhalten gewesen
sei. In einem seiner Romane beschrieb er sie als „ein intelligentes und
verschlagenes Mädchen vom Land, so arm wie eine Kirchenmaus, das
wegen eines Intermezzos mit einem Musiklehrer nicht mehr in ihrem Dorf
heiraten kann." Obwohl Willys Roman Fiktion war, fühlte sich Colette auf-
gerufen, die Umstände zu bestreiten: der Klavierlehrer war eine Klavier-

lehrerin, der Ort war Paris, und sie und Willy waren bereits verheiratet.
In ihren frühen Texten hielt sich Colette so nah an die Tatsachen, daß sie
sich nicht einmal die Mühe machte, die Namen ihrer Klassenkameradin-
nen in den *Claudine*-Folgen zu verändern. Für die Betroffenen war das
ausgesprochen peinlich, weshalb sie auch Colette ein Leben lang feind-
lich gesinnt waren. In ihrer Einleitung zu *Le Pur et l'Impur* beschrieb Janet
Flanner Colettes „bevorzugtes Rezept beim Schreiben" als „die Darstel-
lung von Autobiographischem in Romanform", weswegen die Figuren
problemlos zu entschlüsseln waren. Über die Figur „la Chevalière", deren „wahrer Titel zu gewichtig war, als daß er hätte erwähnt werden dürfen", schrieb Janet Flanner:

> Nachdem man sie aller fiktiven Verbrämung entledigt hatte,
> mit der Colette sie aus Loyalität zu verschleiern versuchte, war
> sie für die Pariser leicht als die Ex-Marquise de Belboeuf
> zu erkennen, mit der Colette nach ihrer ersten Ehe sechs Jahre
> lang zusammengelebt hatte ... Sie sah wie ein vornehmer, gebil-
> deter, nicht mehr ganz junger Mann aus, da sie immer Männer-
> kleidung trug und davon mehrere Schichten übereinander.
> Dadurch wirkte sie sehr kräftig und verbarg das, was als weib-
> liche Formen hätte zum Vorschein kommen können ...
> Sie wurde mit Monsieur le Marquis angesprochen.[16]

Das verrufene Paar entfachte praktisch überall, wo es auftauchte, einen
Skandal. Quer durch Frankreich führten sie gemeinsam in Varietés Panto-
mimen auf, bei denen die Ex-Marquise, die als „Missy" bekannt war, die
männliche Rolle spielte. In der Rezension einer von Colettes Aufführun-
gen im Jahr 1906 berief sich der Kritiker auf Lesbos, um anzudeuten, daß
Colette vielmehr für die Frauen als für die Männer im Publikum spielte:
„Sie nahm einige zeremonielle Posen ein, bei denen ihr Rock immer höher rutschte, und Lesbos' Elite raste." Bei der ausverkauften Premiere im
Moulin Rouge, zu der das Tragen eines Smokings vorgeschrieben war,
war das Publikum derart über die Beinahe-Nacktheit, den Transvestismus
und vor allem über den Kuß zwischen Colette und Missy schockiert, daß
es kreischte. Es kam zu einem Tumult, und die Vorstellung wurde schließlich von der Polizei abgebrochen.

In ihrem häuslichen Leben pflegten Missy und Colette jedoch ein friedliches, glückliches Zusammensein. Colettes Mutter, die das unkonventionelle Verhalten ihrer Tochter genauestens in der Presse verfolgte, war nach der katastrophalen Ehe mit Willy erleichtert, daß Colette nun jemanden um sich hatte, der sie wirklich liebte. Laut Janet Flanner stand gutes Essen im Mittelpunkt ihres häuslichen Lebens: „In ihrem Haushalt gab es immer einen ausgezeichneten, hingebungsvollen Koch, da Colette eine Feinschmeckerin und auch selber eine gute Köchin war."[17] Aber es waren gerade ihre Kochkünste, für die sich Colette entschuldigte:

> [Ohne Datum] Liebste Janet,
>
> wie lieb von Dir. Dieses dürftige Mittagessen, das ich Dir bereitet habe, um in den Genuß Deiner Gesellschaft zu kommen, würde lediglich Worte von Dir verdienen wie: Mein liebes Kind, Du bist nicht gerade eine große Hausfrau. Und ich werde Deine Quiche Lorraine stets als ein etwas seltsames Stück Zement in Erinnerung haben ... Wann darf ich Dich mal zu einem richtigen Abendessen ausführen?"[18]

Die Beziehung zwischen Missy und Colette, die den Eindruck erweckte, als habe hier die heterosexuelle Ehe Modell gestanden, und der wohlbekannte Transvestismus der Marquise sind Themen, die Colette in *Le Pur et l'Impure* mittels ihrer Figuren aufgreift:

> „... zwei Frauen können eine lange Zeit als Paar zusammenleben und glücklich sein. Aber wenn sich eine der beiden Frauen auch nur im geringsten wie ein Pseudo-Mann, wie ich es nenne, verhält, dann ..."
>
> „Dann wird das Paar unglücklich?"
>
> „... Sehen Sie, wenn eine Frau eine Frau bleibt, ist sie ein vollständiger Mensch. Ihr fehlt nichts, auch nicht in Hinblick auf ihre amie. Aber sollte ihr jemals die Idee kommen, zu versuchen ein Mann zu sein, dann macht sie sich lächerlich. Was ist lächerlicher und trauriger als eine Frau, die vorgibt, ein Mann zu sein? Was das betrifft, werden Sie mich nie vom Gegenteil überzeugen können. Von dem Zeitpunkt an, als Lucienne begann, Männerkleidung zu tragen, tja! ... Glauben Sie etwa, ihr Leben wäre von da an nicht vergiftet gewesen?"
>
> „Wovon vergiftet?"

Viele der weiblichen Figuren dieser Transvestiten-Gesellschaft in *Le Pur et l'Impur*, wie Janet Flanner sie bezeichnete, waren nach dem Vorbild von Frauen gestaltet, die Natalies wöchentlichen Salon besuchten.

Truman Capote war von dem Salon, sowohl was die literarischen Verbindungen als auch was die Liebesaffären betraf, fasziniert:

> Miss Barneys Kreis beschränkte sich nicht auf Lesbierinnen ... Sie empfing *tout Paris*. Viele von ihnen waren Freunde von Proust, die – wie die Herzogin von Clermont-Tonnerre – in sein Werk *Remembrance of Things Past* eingegangen sind. Miss Barney sagte besonders zu mir, sie wolle, daß ich jemanden kennenlerne, da diese Person bei Proust Herr oder Frau „Soundso" sei.[19]

DIE GEGENSÄTZLICHEN GESCHLECH-TER: KRIEG UND FEMINISMUS

Die Herzogin von Clermont-Tonnerre, deren aristokratische Ahnen bis zu Heinrich IV. zurückreichten, war in keiner Hinsicht so altmodisch wie ihr Name. Nachdem sie zunächst durch eine Scheidung und dann durch den Krieg finanziell ruiniert worden war, verdiente sie sich ihren Lebensunterhalt als Schriftstellerin, arbeitete während des Ersten Weltkriegs ehrenamtlich in einem Militärhospital und trat in zahlreichen radikalen Zeitungsartikeln und öffentlichen Vorträgen für den Kommunismus ein, weshalb man ihr den Spitznamen „die rote Herzogin" gab. Natalie mußte gelegentlich eine Kaution für sie bezahlen, damit sie aus der Untersuchungshaft entlassen wurde. Obwohl beide politisch gegensätzliche Ansichten vertraten, war Lily de Clermont-Tonnerre Natalies große Liebe während des Ersten Weltkriegs und der Grund, weshalb sich Natalie nicht von Frankreich losreißen konnte, selbst nicht, nachdem sie bereits gepackt hatte und ihre Habe zurück in die Vereinigten Staaten hatte verschiffen lassen. In ihren Memoiren erinnerte sie sich an Lilys Bitte:

> Am 1. August 1914 fragte mich meine französische Freundin Lily in Paris: „Du gehst doch nicht nach Amerika zurück, oder?"
> „Meine Familie erwartet mich dort, und meine Koffer und meine Unterlagen sind schon auf dem Weg nach Le Havre."

„Aber du warst doch hier bei uns, als Frieden herrschte, du
wirst uns doch auch jetzt, wo Krieg herrscht, nicht verlassen?"

Lily setzte sich durch; die Ironie dabei ist jedoch, daß Natalie, vorausge-
setzt Lily hätte sich nicht durchgesetzt, niemals Romaine kennengelernt
hätte. Von Anfang an mußte Romaine Natalie mit Lily de Clermont-Tonnerre
teilen, so wie sie es auch mit allen anderen Geliebten Natalies während
des nächsten halben Jahrhunderts tun mußte. Aber im Gegensatz zu den
meisten Frauen, mit denen Natalie danach eine Verbindung einging, bewunderte und respektierte sie Lily. Und es war Lily, die Romaine Eileen
Gray vorstellte; Eileen hatte im Ersten Weltkrieg als Fahrerin eines Ambu-
lanzwagens unter Lilys Aufsicht gearbeitet.

Romaine zollte den Kriegsarbeiterinnen im allgemeinen großen Respekt und malte ihr beeindruckendes „La France Croisée", das Porträt
einer Krankenschwester, deren Gesicht, das an das der Tänzerin Ida
Rubenstein, Romaines vorherige Geliebte, erinnerte, Stärke und Ruhe
ausdrückte, Eigenschaften, mit denen Frauen den Schrecknissen des Krieges begegneten. Das Gemälde inspirierte vier Gedichte Gabriele
D'Annunzios, mit dem Romaine ebenfalls eine unglückliche Liebesaffäre
gehabt hatte. Die Gedichte wurden zusammen mit einer Reproduktion
ihres Gemäldes in einem Büchlein veröffentlicht, um Gelder für das Rote
Kreuz zu sammeln.

Die Dichterin Lucie Delarue Mardrus, eine enge Freundin Colettes,
arbeitete während des Krieges ebenfalls ehrenamtlich als Krankenschwester. Sie war mit Dr. Joseph-Charles Mardrus verheiratet (den Natalie immer Dr. Jesus-Christus Mardrus nannte), der für seine Übersetzung von
The Arabian Nights ins Französische bekannt war. Lucie Delarue Mardrus,
mit dem Spitznamen „Erzengel Amazone", war auch eine Geliebte Natalie Barneys und schrieb in ihren erotischen Gedichten (postum von Natalie als *Nos secrètes amours* veröffentlicht) und in einem Theaterstück, *Sappho désespérée*, ganz offen über ihre gemeinsame Liebe. Ihr Ehemann
hatte die Affäre zwei Jahre lang geduldet, aber als er dabei war, den sech-
zehnten und letzten Band von *The Arabian Nights* fertigzustellen, wandte
er seine Aufmerksamkeit wieder seiner Frau zu und brachte sie unverzüg-
lich nach Afrika.

Lucie stellte Natalie in ihrem Roman von 1930, *L'Ange et les Per-*

„Elisabeth de Gramont", von Romaine Brooks, 1924. Trotz ihrer Dreiecks-
geschichte bewunderte Romaine Lily de Clermont-Tonnerre, die den Künstlernamen Elisabeth de Gramont angenommen hatte.

vers, in wenig schmeichelhafter, um nicht zu sagen in vernichtender Weise dar. Sie ließ die Figur Natalies grausam mit den Gefühlen ihrer Geliebten spielen.

> Wegen deiner schrecklich amerikanischen Art und all deiner kosmopolitischen Allüren vereinbarst du fünfundzwanzig Rendezvous zum gleichen Zeitpunkt und in ganz Paris verstreut ...
> Du hast diese Krankheit der Rastlosigkeit, die daher kommt, daß du, als du noch nicht alt genug warst, ständig mitgeschleppt wurdest, auf Passagierschiffe, in Züge und Hotels, wie alle kleinen Yankees, die zu viel Geld besitzen ...
> Du erfindest irgendwelche Situationen und spielst kindische Spiele mit der Liebe. Im Grunde bist du wie ein Haufen Schulmädchen – wie gefährliche Schulmädchen allerdings –, denn hier gibt es einen Mann, der seine Frau liebte und sie nun verloren hat, eine Frau, die ein friedliches Leben führte und sich nun in Abenteuer stürzt, die sie vom Weg abbringen.

Das sind zwar harte Worte, doch nach ihrer turbulenten Affäre begann für Lucie und Natalie eine lebenslange Freundschaft, und Lucie ließ sich von „Jesus-Christus" scheiden.

Viele von Natalies Freundinnen stellten sich in den Kriegsdienst. Dazu gehörten auch ihre amerikanischen Gefährtinnen Sylvia Beach, Gertrude Stein und Alice B. Toklas. Doch Natalie wollte nicht der Brigade der „Ambulanz-Gehilfinnen" beitreten, wie sie sie spöttisch nannte. Natalie war der Ansicht, daß Krieg eine logische Ausdehnung von gewöhnlichen männlichen Aggressionen war, dessen unschuldige Opfer die Frauen waren. Ihr Werk *Pensées d'une amazone* beginnt mit einem Abschnitt, in dem sie diese Theorien darlegt und der den Titel „Die gegensätzlichen Geschlechter: Krieg und Feminismus" trägt. Während ihre Freundinnen mit den täglichen Schrecknissen eines Militärhospitals konfrontiert wurden, veranstaltete Natalie einen Kongress für Pazifistinnen. Die Treffen fanden in Natalies 'Tempel der Freundschaft' statt, einem kleinen dorischen Tempel mit vier Säulen, der ganz versteckt in der Ecke ihres wilden, weitläufigen Gartens hinter dem Haus in der Rue Jacob 20 stand. Einige Frauen behaupteten, daß diese pazifistischen Versammlungen der einzige Ort der Begegnung waren, an dem sie ihrer Angst und ihrem Haß gegenüber dem

Krieg ungehindert Ausdruck verleihen konnten. Wenn dadurch auch nicht Frieden einkehrte, so fühlten sie sich nach diesen Versammlungen zumindest besser.

Obwohl ihre politischen Ansichten konservativ waren und sie im fortschreitenden Alter einen Hang zum Faschismus, Antisemitismus und Bizarren entwickelte, war Natalie Barney auf ihre ganz persönliche Art eine inbrünstige Feministin. Ihr Feminismus erstreckte sich jedoch nicht auf die Gesamheit aller Frauen, auch wenn sie behauptete, sie sei bestrebt, Frauen aller Schichten, Berufe und Länder bei den pazifistischen Treffen in ihrem Tempel einzubeziehen. Sie beschäftigte sich auch nicht mit dem Anliegen der Frauen, in die Politik oder in andere von Männern beherrschte Bereiche vordringen zu wollen, obwohl es ihr gefallen hätte, wenn Frauen die gesamte Führung der Gesellschaft hätten übernehmen können. In ihren Memoiren schrieb sie:

Der Tempel in Natalies Garten. Als ob man seit jeher gewußt hätte, daß Natalie hier einmal leben würde, trägt er die Inschrift „à l'amitié" („An die Freundschaft").

> Ob mit oder ohne Frauenrechte, alles scheint fast genauso abzulaufen wie vorher, als sie noch nicht wählen durften und niemals wurde ihr Einfluß mehr gebraucht – und vermißt ... Wenn die Stimmen der Frauen zum Schweigen gebracht werden wie die kleiner Kinder – sie, die mutigen Mütter der Männer – wenn sie keine angemessenen Repräsen-

tantinnen für ihre Anliegen haben, wenn sie nicht den Männern gleichgestellt sind, um über das Leben entscheiden zu dürfen, das sie gemeinsam geschaffen haben, sollte dann nicht das Geschlecht die Vorherrschaft haben, dessen Instinkt, Menschenleben zu bewahren, ausgeprägter ist, und das Matriarchat wieder das Patriarchat beherrschen?

Natalie Barney setzte ihre feministischen Ideale in die Praxis um, indem sie die literarischen und künstlerischen Ambitionen von Frauen ermutigte, verfocht und sogar finanzierte. Obwohl sie nicht gerade für ihre Großzügigkeit bekannt war, verwendete sie einen Teil ihrer unerschöpflich scheinenden Mittel, um mit eigenen Geldern das Werk von Schriftstellerinnen zu veröffentlichen, einen Renée-Vivien-Preis zu verleihen und solche Frauen zu unterstützen, die, wie Djuna Barnes, in finanzielle Bedrängnis gerieten. Natalies Académie des Femmes war ihre Antwort auf die Académie Française, die ehrwürdige, aber auch engstirnige Institution, die Frauen ausschloß. Colette war zwar durch ihre Aufnahme in die Ehrenlegion mit der höchsten Auszeichnung, die eine Frau erhalten konnte, bedacht worden, aber in die Académie Française konnte sie aufgrund ihres Geschlechts trotzdem nicht aufgenommen werden; Colette gehörte selbstverständlich zu den Gründungsmitgliedern von Natalies Académie. Obwohl auch viele Männer Natalies Salon besuchten, von Rainer Maria Rilke bis zu Ezra Pound (mit dem sie in den zwanziger Jahren regelmäßig Tennis spielte), wurden die gesondert stattfindenden Versammlungen der Académie des Femmes stets zu Ehren einer Schriftstellerin abgehalten und erlaubten bisweilen nur Frauen den Zutritt.

Unter den Frauen, die von der Académie geehrt wurden, befanden sich Djuna Barnes, Edna St. Vincent Millay und Gertrude Stein, und anläßlich einer Veranstaltung der Académie führte Colette im Jahr 1922 Teile ihres Stücks *La Vagabonde* vor.

DAS AUFEINANDERPRALLEN ZWEIER JAHRHUNDERTE: NATALIE BARNEY UND GERTRUDE STEIN

Auf die ihr eigene inoffizielle Weise tat Natalie wahrscheinlich mehr als alle anderen, abgesehen von Sylvia Beach und Adrienne Monnier, um zwischen der französischen und ausländischen Literaturszene in Paris eine Brücke zu schlagen. 1926 schrieb sie Gertrude Stein:

Letzthin zu Caméléon wurde mir klar, wie wenig die französi-

schen *femmes de lettres* über die englischen und die amerikanischen wissen und umgekehrt ... Ich wünsche mir, daß es mir
gelingt, eine bessere *entente* bewirken zu können, und möchte
deshalb in diesem Winter und Frühling Lesungen und Vorstellungen abhalten, damit sie sich gegenseitig kennenlernen ...
Colette hat mir versprochen, eine Szene aus ihrem *Vagabonde*
vorzuspielen, das danach in einem Pariser Theater aufgeführt
wird – ich würde dieser ersten Gruppe gerne mindestens eine
angelsächsische hinzufügen und dachte, Sie würden diese mit
einer eigenen Darbietung sehr gut repräsentieren – und das
französische Trio ausgleichen. Werden Sie es tun? Sollen wir? ...
In der Hoffnung, daß mein „petit projet" auf Ihr Einverständnis
stößt und Sie teilnehmen werden, seien Sie und Ihre Freundin
herzlich von mir und Romaine Brooks gegrüßt –

Es ist schwer vorstellbar, daß Natalie Barney mit ihrem Stil des 19. Jahrhunderts (wenn nicht sogar des 18. Jahrhunderts) und mit ihrem extrava-
ganten lesbischen Sexualleben und Gertrude Stein mit ihrem avantgardistischen literarischen Stil und ihrer traditionellen Partnerschaft mit Alice
B. Toklas, viele Gemeinsamkeiten hatten. In den meisten Berichten über
Gertrude Stein wird abgestritten, daß Frauen – mit Ausnahme von Alice –
irgendeine Bedeutung in ihrem Leben gehabt hätten. Und sie wird als
eine Frau charakterisiert, die sich mit Männern solidarisierte. Doch in Wirklichkeit hatte sie viele Freundinnen, und Natalie Barney war mit Sicherheit eine von ihnen, wie die vielen Briefe, die sich die beiden schrieben,
beweisen. Berthe sagte in einem Interview:

> Wir luden Gertrude Stein immer deshalb zum Essen ein, weil sie
> eine bemerkenswerte Person war – sowohl äußerlich als auch in
> jeder anderen Hinsicht. Zuerst flößte sie mir Angst ein ... Ich
> hielt sie für einen Mann. Als ich erfuhr, daß sie eine Frau war,
> dachte ich: „Das darf doch nicht wahr sein." Aber die beiden
> waren wirklich gute Freunde, sehr sehr gute Freunde.[20]

Natalie setzte Freundinnen ebenso leidenschaftlich nach wie Geliebten
und war dafür bekannt, in der Freundschaft so beständig zu sein, wie sie in
der Liebe unbeständig war. Ihre Beziehung zu Gertrude pflegte sie stetig

und beharrlich. Doch erst Mitte der zwanziger Jahre, nachdem sie sich 23 Jahren kannten, trugen Natalies Bemühungen Früchte. Noch Jahre nachdem sie Gertrude erstmals dazu eingeladen hatte, in ihrem Salon zu lesen – Natalie hatte dafür eigens einige Seiten von Gertrudes *The Making of Americans* ins Französische übersetzt –, war Natalie immer noch fest entschlossen, die franko-amerikanischen Beziehungen zwischen Literatinnen auszubauen. Am 9. Januar 1931, als Natalie Gertrude und Alice zum Tee erwartete, lud sie außerdem Colette und Lucie Mardrus ein sowie einige andere, von denen sie wußte, daß Gertrude ihnen wohlgesinnt war.

Sie selbst brachte Gertrudes Schriften, die mit ihren eigenen so wenig gemeinsam hatten, kein uneingeschränktes Wohlwollen entgegen. Sie schrieb: „Als Schriftstellerin von Gedanken, bin ich bemüht, einen Gedanken zu finden, der sozusagen in einer Nußschale oder Muschel verborgen ist. Aber während ich seinen Kern anstrebe, scheint Gertrude ihn bewußt zu meiden ... Ich sehe nicht, wohin uns eine so vollständige Loslösung der Wörter von ihrem Wesen führt."[21]

Gertrude wiederum wird Natalies literarische Bemühungen als „einfältig" empfunden haben. Obwohl beide Frauen in literarischer Hinsicht einander nicht ebenbürtig waren, pflegten sie stundenlang zu plaudern und über Gastronomie zu reden, während sie bei „Rumplemayers" auf der Rue de Rivoli ein Stück Kuchen nach dem anderen aßen. Sie machten regelmäßig gemeinsame Spaziergänge, zu denen sie Gertrudes weißer Pudel Basket begleitete. Nach Gertrudes Tod beschrieb Natalie diese Spaziergänge in einem Vorwort zu Gertrudes *As Fine as Melanctha*:

Abends gingen wir oft spazieren; an der Tür wurde ich empfangen von Gertrudes stattlicher Erscheinung, ihrem angenehmen Handschlag und ihrer wohlklingenden Stimme, die jederzeit in sich hineinlachen konnte. Unsere Gespräche und Spaziergänge brachten uns weit ab von den Kriegsgeschehnissen. Da wir für gewöhnlich keine Messer wetzten und auch niemanden hatten, den wir damit hätten umbringen können, fühlten wir uns frei und gelöst, und während wir in unserem ruhigen alten Viertel umherwanderten und ihrem Pudel Basket Bewegung verschafften, verfielen wir natürlich in Gedanken. Basket, der nicht angeleint war, rannte voraus, ein weißer Fleck, der Geist eines Hundes in den mondhellen Straßen:

Wo verschmelzen Geister und Schatten –
Wie Liebende, die allein sich verloren hatten.

Der Zauber der Nacht machte unsere Gespräche so leicht, schillernd und elastisch wie Seifenblasen, aber brachte sie genauso schnell zum Platzen, wollte man sie berühren – also werde ich um Deinetwillen keine berühren, damit die Seifenblase eine Seifenblase bleibt! Und vielleicht sagten wir tatsächlich nie *d'impérissables choses.*[22]

Natalie stellte Lily de Clermont-Tonnerre Gertrude vor, und die zwei Frauen wurden gute Freundinnen. Gertrude Stein schrieb in der *Autobiography of Alice B. Toklas*:

Sie und Gertrude Stein hatten Gefallen aneinander. Sie waren sehr unterschiedlich, was ihre Lebenserfahrungen und Interessen betraf, doch darüber, daß sie sich so gut verstanden, waren beide sehr erfreut ... „Eines Tages [kündigte Lily an] ist die Zeit gekommen, wo Gertrude einem breiteren Publikum vorgestellt werden muß.“ Ich sagte, daß ich an ein breiteres Publikum glauben würde. Auch Gertrude Stein glaube an ein breiteres Publikum, aber bisher sei der Weg immer versperrt gewesen. „Nein“, sagte Madame de Clermont-Tonnerre, „der Weg kann geöffnet werden. Laßt uns nachdenken.“

Sie meinte, es müsse durch die Übersetzung eines großen Buches, eines bedeutenden Buches geschehen. Gertrude Stein schlug *The Making of Americans* vor ... „Genau das ist es“, sagte sie und ging fort. Schließlich, nach gar nicht allzu langer Zeit, verabredete sich Monsieur Bouteleau of Stock mit Gertrude Stein und entschloß sich, das Buch zu veröffentlichen.

Gertrude Stein war weniger erfolgreich, als sie sich bei einem Verleger für Natalie Barneys Werk einsetzte. 1935, ein Jahr nach Gertrudes erstem großen literarischen Erfolg, nutzte sie ihren guten Ruf und schlug Harcourt Brace and Co. vor, Natalies *Aventures de l'esprit* zu veröffentlichen (Djuna Barnes hatte 1930 in New York ebenfalls vergeblich versucht, für Natalie einen Verleger zu finden). Harcourt Brace antwortete in einem Brief vom

3. Juni 1935, daß es unter dem Vergleich mit der *Autobiography of Alice B. Toklas* leiden würde, die zum größten Teil die gleichen Personen und die gleiche Zeit behandele. Allerdings sei Miss Barneys Buch bei weitem nicht so geistreich und interessant.

Als sie die abschlägige Antwort von Harcourt erhielt, schrieb Natalie an Gertrude:

> Ich bin so faul, daß ich erleichtert bin, nicht noch einmal diese alten *Aventures de l'esprit* durchgehen zu müssen – obwohl es Dolly [Wilde] gut getan hätte, sie anschließend zu übersetzen. Ich habe noch andere Fische an der Angel – kleine Fische, die den amerikanischen Geschmack vielleicht eher treffen. Ich bin Dir sehr dankbar dafür, daß Du Harcourt auf mich aufmerksam gemacht hast. In Liebe N.

Die Geschichte von dem kurzlebigen Streit zwischen Natalie und Gertrude wurde schon oft erzählt. Alice' Stichelei, was den Ort betraf, an dem Natalie ihre vielen Frauen aufstöberte – in den Toilettenräumen des Kaufhauses am Louvre – erwiderte Natalie mit einem Vergeltungsangriff. Sie verkündete, daß die Beziehung zwischen Gertrude und Alice „vollkommen unschuldig" sei. Doch als der Komponist Virgil Thomson, der beide Frauen gut kannte, gefragt wurde, ob es zwischen Natalie und Gertrude irgendwelche Rivalitäten gegeben habe, verneinte er:

> Ich kann mir nicht vorstellen, daß es welche gab, da sie [in ihren jeweiligen Salons] nicht das Gleiche taten ... Sie kam immer zu Gertrude und Gertrude ging zu ihr, und sie schrieben ständig kleine *pneumatiques*. Darüber hinaus tauschten sie untereinander Schriftsteller aus. Wenn die Sitwells vorbeikamen und sich bei Gertrude aufhielten, dann war es wahrscheinlich, daß Gertrude sie mit zu Natalie nahm oder Natalie zu sich einlud oder daß Gertrude sie ihr für einen Abend zur Verfügung stellte. Denn wenn man Edith Sitwell erst einmal am Hals hatte, wollte man sie nicht auch noch unbedingt täglich sehen.[23]

Edith Sitwell konnte nervenaufreibend sein. 1927 schrieb sie Gertrude: „Wir sind heute vor einer Woche in Paris angekommen. Wir sind eine ganze Horde. Dürften wir Sie am Freitag nachmittag um ungefähr halb vier überfallen?" Und eines Abends, als Edith Sitwell einen Vortrag bei *Shakespeare and Company* hielt, der Gertrudes Werk zum Thema hatte, mußten Natalie und Gertrude mit Bestürzung feststellen, daß sie es versäumt hatte, Gertrudes Namen auch nur ein einziges Mal zu erwähnen.

Aber Edith Sitwell konnte auch hilfreich sein. 1925 schrieb sie einen langen Artikel über Gertrudes Werk für die *Vogue*, in dem sie Gertrude Stein als eine moderne Schriftstellerin bezeichnete, die die Literatur der offensichtlich irrationalen Welt der Musik näherbringe, sowie eine positive Kritik über *The Making of Americans* für T.S. Eliots *The New Criterion*. Auch versuchte sie, Gertrudes *Portraits and Prayers* bei mehreren Londoner Verlegern unterzubringen. Als sie keinen Erfolg damit hatte, drohte sie statt dessen an, „bald jemanden umzubringen, einen Kritiker oder, wenn möglich, einen Verleger ... Ich würde dem Idioten, der Ihr Buch zurückgesendet hat, gerne etwas Schlimmes antun."

Laut Natalies Nachbarin, Elizabeth Eyre de Lanux, die dem Salon in den zwanziger und dreißiger Jahren mit größter Gewissenhaftigkeit beiwohnte, war Gertrude Stein Stammgast: „Gertrude Stein war immer da – sie besetzte stets den mittleren Platz an der rechten Wand; breitbeinig saß sie da in grobem Tweed und mit Bergsteigerstiefeln; sie sah aus wie ein Jagdaufseher, der mit prüfendem Blick die Rebhühner betrachtete."[24]

Auch Gertrudes Pudel Basket, der laut einem Salongast „so perfekt gebürstet war, daß er aussah, als sei er aus Emaille"[25], besuchte freitags Natalies Salon.

EIN „RENDEZVOUS UNTER DAMEN"

Auch Janet Flanner war „ein Pfeiler" von Natalies Salon, obwohl sie auch regelmäßig in Gertrudes Salon anwesend war. Allerdings bestritt sie, Natalie besonders gut zu kennen: „... denn wenn man nicht in sie verliebt war – was ich mit Sicherheit nicht war, wenn ich schon darüber spreche – dann wußte man nicht sehr viel von ihr ... Ich hatte eigentlich nie das Gefühl, sie richtig zu kennen."[26] Das mag wohl sein, dafür stand Janet aber vielen der Frauen nahe, die zu Natalies Kreis gehörten. Dazu zählte auch Natalies Geliebte Dolly Wilde, Oscar Wildes Nichte. Mit ihrem für sie typischen Humor schrieb Janet öffentlich in einem „Letter from Paris" über Dolly Wilde, daß sie auf einer Pariser Party auftauchte und „sowohl bedeutend als auch ernst wirkte". [Anspielung auf Oscar Wildes Theaterstück *The Importance of being Earnest*.] Privat schickte Dolly Janet jedoch den folgenden undatierten Brief, der eine gewisse Intimität zwischen den beiden erahnen läßt:

> Liebe grauweiße Janet, Dein Haar ist Dein Kapital, und Du besitzt diese Zwischentöne, die Dich zu einer seltenen und außergewöhnlichen Frau machen. Du kannst beruhigt und zufrieden sein. Ich möchte Dir für den Strauß danken. Meine Freude darüber ist unbeschreiblich – wie jeder Zauber, und irgendwie ist es traurig, daß man nicht in der Lage ist, das Geheimnis der Freude zu lüften. Sei so klug und dringe in das Innerste der geheimen Magie vor, ohne mich mit weitschweifigen Erklärungen zu behelligen ... Sollte dieser Brief unzusammenhängend sein – dann ist es Nervosität und hoffnungslose Liebe.[27]

Als Journalistin, die über das Pariser Leben schrieb, griff Janet auf Natalies enge Freundschaften und weitreichende Beziehungen in der französischen Gesellschaft zurück und verarbeitete diese internen Informationen gelegentlich in ihrem vierzehntägigen „Letter from Paris", der im *New Yorker* erschien. So zum Beispiel lieferte Natalie Janet die wichtigsten Informationen über die Kleidung, die Mata Hari an dem Tag trug, als sie vor das Schießkommando trat: Entgegen der Legende, sie habe einen Nerzmantel getragen und darunter gar nichts, trug sie bei ihrem Tod in Wirklichkeit „einen feingeschnittenen Herrenanzug, den sie eigens zu diesem Anlaß hatte anfertigen lassen, und ein Paar neue weiße Handschuhe."

Natalie wußte davon, denn Mata Hari war Stammgast in ihrem Salon. Eines Tages wollte sie auf einem Elefanten zum Salon reiten, aber Natalie sagte: „Nein, wir können keinen Elefanten in meinen Garten lassen." Also kam sie statt dessen – fast nackt – auf einem Zirkuspferd angeritten.

RECHTS **Dolly Wilde, die auf Janet Flanner wie eine Figur aus einem Roman wirkte.**

Dafür, daß Janet Flanner von Beruf Berichterstatterin war und über alles und jeden schrieb, war sie, was Natalie Barney betraf, sehr zurückhaltend. Sie behauptete, nicht viel über sie zu wissen, da ihr Erinnerungsvermögen schließlich nicht allumfassend sei. Und sie erklärte, daß Natalie ein sehr gutes Beispiel für eine bezaubernde Person sei, über die man besser nicht schrieb. Doch im Alter erinnerte sie sich plötzlich wieder detailliert an Natalie und ihr altmodisches Haus, angefangen bei den Gemälden mit den Nymphen, die von der Decke hingen, bis zu den luxuriösen, blaßblauen Bettbezügen aus Seide, die Natalie benutzte. Janet Flanners Erinnerungen an den Salon konzentrierten sich weniger auf die literarischen, als vielmehr auf die gesellschaftlichen und sexuellen Aspekte:

> ... Vorstellungen, Unterhaltungen, Tee, ausgezeichnete Gurkenschnittchen [in Anlehnung an die Gurkenschnitten, die in Oscar Wildes *The Importance of Being Earnest* serviert wurden], göttliche kleine Kuchen, die Berthe gebacken hatte, und schließlich das Ergebnis: ein neues Rendezvous unter Damen, die sich sympathisch fanden oder sich gerne wiedersehen wollten.[28]

Da Natalie offen zugab, Lesbierin zu sein, spielten später viele Frauen ihre Beziehung zu ihr herunter, angefangen bei Janet Flanner über Djuna Barnes bis hin zu Gisèle Freund. Aber es gibt Briefe und Beweise, die diese Bemühungen widerlegen. Gisèle Freund behauptete, sie sei von Adrienne Monnier davor gewarnt worden, Natalies Salon zu besuchen, obwohl Adrienne und Sylvia oft selber dort waren:

> [Natalie] empfing jeden Freitag ihre Freunde. Es wurde nicht als schicklich erachtet, wenn man dorthin ging. Und so sagte Adrienne: „Du gehst dort besser nicht hin." Sie sagte zwar nie warum, aber ... ich ging nicht hin. Ich habe diese Personen nie kennengelernt.[29]

LINKS **Die Journalistin Janet Flanner, die sich für ihre Kolumne im *New Yorker* auf Natalie Barneys persönliche Kontakte verließ.**

Der Grund dafür war vielleicht, daß Adrienne Gisèle schützen wollte, nicht vor der Unschicklichkeit, sondern vor Natalie. Für Sylvia und Adrienne war Natalie „die Zerstörerin so vieler Herzen – diese Miss B. war einfach tödlich."[30]

THE WELL OF LONELINESS

Sylvia Beach legte Wert darauf, in ihren Memoiren klarzustellen, daß sie an einem ganz besonders riskanten Abend nicht in Natalie Barneys Salon war:

> Bei Miss Barney begegnete man Damen mit hohen Krägen und Monokeln, obwohl Miss Barney selber sehr weiblich war. Leider verpaßte ich die Gelegenheit, in ihrem Salon die Bekanntschaft der Autorin von The Well of Loneliness zu machen, die ihren Roman mit der Aussage schloß, daß alle Probleme der homosexuellen Paare gelöst wären, wenn sie vor dem Altar vereint werden könnten.[31]

Es ist anzunehmen, daß Gertrude und Alice an diesem Tag bei Natalie waren. Auch wenn es unwahrscheinlich scheinen mag, freundeten sie sich in dieser Zeit mit Radclyffe Hall und Una Troubridge an bzw. verstanden sich so gut mit ihnen, daß sie von den zwei englischen Frauen aus dem Grand Hotel Bristol in Meran Post erhielten, wo sie sich kurz nach ihrem Aufenthalt in Paris aufhielten.

Obwohl Radclyffe Hall („John") und ihre Geliebte Una, Lady Troubridge, mit Natalie und Romaine eine Zeitlang eng befreundet waren, sah man sie mit ihren Monokeln und langen Zigarettenhaltern häufiger im Café des Deux Magots als bei Natalies Salon.

Angeblich verabscheute Radclyffe Hall Promiskuität, für die Natalie so bekannt war. In ihrem berühmten und umstrittenen Lesbierinnenroman

RECHTS „Una, Lady Troubridge", von Romaine Brooks, 1924.
Romaine fand die gewollt männliche Aufmachung von Radclyffe Hall und Una Troubridge einfach lächerlich, weswegen sie diese gelungene Karikatur malte, die ihre Freundschaft sehr beeinträchtigte.

The Well of Loneliness, der erstmalig 1928 erschien, stellte sie Natalie als Valerie dar:

> Die meisten ihrer literarischen Manuskripte waren in französischer Sprache verfaßt, da Valerie unter anderem zweisprachig war; sie war auch ziemlich reich, ein amerikanischer Onkel hatte ihr in weiser Voraussicht sein Vermögen hinterlassen; sie war auch ziemlich jung, knapp über dreißig und ... gutaussehend. Sie führte ein Leben in großer Ausgeglichenheit, da sie nichts quälte und sie nur wenige Dinge beunruhigten. Sie war der festen Überzeugung, daß man in diesem schrecklichen Alter nach Herzenslust nach Schönheit streben sollte ... in Herzensangelegenheiten war sie *libre penseuse*; ihre Liebesaffären könnten gut und gerne auch dann noch drei Bände füllen, wenn man die anstößigen Stellen vorher gestrichen hätte. Bedeutende Männer hatten sie geliebt, bedeutende Schriftsteller hatten über sie geschrieben, einer von ihnen war gestorben, so erzählt man sich, weil sie ihn zurückwies, aber Valerie fühlte sich von Männern nicht angezogen ...

In *The Well of Loneliness* fährt sie damit fort, ihren ersten Eindruck eines literarischen Salons zu schildern, dem Natalies Salon als Vorlage diente:

> Es war so angenehm, sich von all diesen klugen und interessanten Menschen willkommen geheißen zu fühlen – und klug waren sie, das läßt sich nicht bestreiten; der Intelligenzgrad der Gäste von Valeries Salon lag für gewöhnlich weit über dem Durchschnitt. Denn zusammen mit jenen, die seit langem ihren Intellekt über ihren Körper gestellt hatten, traf man dort Schriftsteller, Maler, Musiker und Gelehrte, Männer und Frauen an, die ungeachtet ihrer Herkunft fest entschlossen waren, sich eine Nische in ihrem Leben zu schaffen.

Dazu gehörte Romaine, die sowohl eine Nebenrolle in *The Well of Loneliness* als auch in *The Forge*, einem der früheren Romane von Radclyffe Hall, spielte; außerdem erschien sie in einem Buch von Bryher. Außer daß sie zunächst ein bißchen mißtrauisch war, wie ihre Person wohl wegkommen würde, hatte sie nichts dagegen, in Bryhers Roman zu erscheinen. Doch über *The Well of Loneliness* war sie alles andere als erfreut, und das nicht nur aufgrund der Beschreibung ihrer Person. Natalie verriet sie ihre wahre Meinung: „Ein lächerliches Buch, banal, oberflächlich, wie zu erwarten war. Sie gräbt nach Würmern und gibt dabei vor, eine ausgezeichnete Archäologin zu sein ... Sie hat mich mit den Augen eines Spatzes beobachtet, dessen Sicht vor der Fensterscheibe endet." „Der vor der Fensterscheibe endet" – die größte Beleidigung aus dem Munde einer Künstlerin, deren Blick durch den Körper hindurch direkt in die Seele der Menschen vorzudringen schien, und das in solchem Maße, daß Romaine „die Diebin der Seelen" genannt wurde.

Doch ihre größte und am wenigsten schmeichelhafte literarische Rolle spielte sie in einem anderen Roman, der 1928 veröffentlicht wurde: *Extraordinary Women* von Compton MacKenzie. Er handelt von einer Gruppe von Lesbierinnen auf Capri und wurde ebenso ausdrücklich wie *The Well of Loneliness* als Roman deklariert. Doch im Gegensatz zu *The Well of Loneliness*, der in den Kellern von Scotland Yard verbrannt wurde, erregte *Extraordinary Women* bei der Zensur überhaupt keinen Anstoß. Dies lag zweifellos daran, daß die Homosexualität unter Frauen darin ins Lächerliche gezogen wurde, anstatt für einen toleranteren oder verständnisvolleren Umgang mit Homosexualität zu werben – was man von einem guten Roman über Lesbierinnen eigentlich erwarten kann.

Die Zensoren hatten offensichtlich nicht berücksichtigt, daß die lesbische Liebe in *The Well of Loneliness* negativ und als bedrückend, ja sogar qualvoll dargestellt wurde – doch Radclyffe Halls Freunde und Zeitgenossen taten dies mit Sicherheit. Colette schrieb an Una Troubridge (die Colettes *Cherie* für das Theater adaptiert hatte), daß die Gefühle der Charaktere in *The Well of Loneliness* unecht wären: „Ein anomaler Mann oder eine anomale Frau sollten sich niemals anomal fühlen, ganz im Gegenteil."[32] Janet Flanner fand, daß das Buch von falschen Voraussetzungen ausging: „Ihre gesamte Analyse war unzutreffend und basierte auf der Tatsache, daß sich die Mutter der Heldin während der Schwangerschaft einen Jungen gewünscht hatte, dessen Rolle nun die Tochter, Miss Hall, übernommen hatte."[33]

Als das Buch erschien und besprochen werden sollte, hielt Janet ihre sonst scharfe Zunge zurück. Sie vermied es, seine literarischen Verdienste zu erwähnen, und machte sich statt dessen über seinen Wert als Ware lustig, die unter Ausfuhrverbot stand: „Den größten Tagesverkauf in Paris verbucht er am Wagen des Zeitungsverkäufers, der die Luxuszüge nach London am Gare du Nord bedient." Wenn der Roman als Theaterstück in Paris gespielt wurde, dann war das Freundlichste, was Janet darüber berichtete, daß die Figur des Stephen Gordon „den Mangel an psychologischem Feingefühl durch ein Kostüm ausglich."

DAS NIE GEMALTE PORTRÄT

In den zwanziger und dreißiger Jahren hatte Romaine einen Anschlag auf Gertrude vor. Sie bat Gertrude inständig darum, für ein Porträt Modell zu sitzen:

> Seit meinem letzten Porträt, das ich vor mehreren Jahren gemalt habe, hat niemand einen so bedeutenden Platz in meinen Gedanken eingenommen wie Sie. Wie Sie wissen, wollte ich Sie schon immer malen, aber etwas, was stärker war als alles andere, zwang mich, an ganz anderen Sachen zu arbeiten: unbewußte Zeichnungen und sogar „Memoiren", für die ich kein besonderes Talent besitze. Doch nun drängt sich Ihr Porträt wieder stark in den Vordergrund ...

Immer gab es den einen oder anderen Vorwand, aber am Ende kam es nie dazu. Eines Tages, als die beiden Paare einen gemeinsamen Nachmittag in Gertrudes und Alice' Landhaus in Bilignin verbrachten, hatte Romaine plötzlich die Inspiration, die ganze Gruppe zu malen, aber Natalie hatte andere Pläne:

> An einem Sommerabend fand wieder einmal ein Treffen mit dem unzertrennlichen Paar in ihrem *jardin de cure* in Bilignin statt ... Wir vier – Romaine Brooks hatte mich begleitet – und Basket, der ausgelassen Kapriolen schlug und der Szene etwas Zirkushaftes verlieh ...
> Romaine, die unsere Gruppe beobachtet hatte und uns „malbar" fand, wollte sofort und an genau dieser Stelle mit einem Gemälde von uns beginnen, bevor das Licht oder ihre Inspiration abnahmen. Da ich aber die Uhr im Kopf hatte und die

Angewohnheit, auch dem Vergnügen mit Pflichtgefühl nach-
zukommen, war ich das störende Element und bestand darauf,
daß Romaine und ich andernorts erwartet wurden. Also wurde
dieses Bild von uns nicht gemalt: mea culpa![34]

Während des Zweiten Weltkriegs schrieb Romaine nochmals an Gertrude: „Denke oft an das noch nicht gemalte Porträt. Ist Ihr neuer Pudel wie
Basket?"

Kurz nach Gertrudes Tod 1946, als Natalie versuchte, ein Gemälde
von Romaine in der Tate Gallery in London unterzubringen, fiel ihr plötzlich Romaines Wunsch ein, Gertrude zu porträtieren. Sie schrieb an Alice:
„Es ist schade, daß Romaine niemals Gertrude gemalt hat, andererseits ist
dann das von Picasso einzigartig und sollte es vielleicht auch bleiben."
Gertrude war es wahrscheinlich sowieso lieber, da sie das Gefühl hatte,
daß Picassos Porträt die einzige Abbildung von ihr war, auf der sie immer
sie selbst war.

Daß Natalie die Freundschaft zu Gertrude und Alice auch während
der Kriegsjahre aufrecht erhielt, verdeutlicht die enorme Diskrepanz zwischen ihrer aufrichtigen Sympathie und ihrem Interesse an den Menschen,
die sie persönlich kannte, und ihrem absoluten Mangel an Sensibilität,
ihren Vorurteilen und ihrer Dummheit, wenn es um den Rest der Mensch-
heit ging. Auch ihre enge Freundschaft mit zwei amerikanischen Jüdinnen, die sich in Frankreich auf dem Lande versteckt hielten, konnte nichts
daran ändern, daß sie die populäre Strömung des Antisemitismus akzeptierte. Unter Einfluß ihres faschistischen und politisch gleichermaßen ver-
wirrten Freundes, Ezra Pound, der in Mussolinis Italien lebte, entschied
Natalie, daß die Achse Deutschland – Italien „eine überlegene Führung
und ein vorrangiges Anliegen" besaß, und zog 1939 mit Romaine nach
Italien zu „dieser romanischen Schwester", wo sie bleiben wollte, bis die
ihre „wieder zu Sinnen kommt, sich selbst wiederfindet und in ihrem
Haus Ordnung schafft."

Es steht außer Frage, daß Natalies politische Ansichten unhaltbar
waren. Wenn es jedoch um Freundschaften ging, war sie absolut loyal.
Ihre antisemitischen Ansichten waren reine Theorie, die mit ihren Gefühlen für die Menschen, die sie kannte (darunter ihre geliebte Mutter, die
Halbjüdin war), nicht übereinstimmten. Sie schickte Gertrude und Alice

Gedichte aus Italien, die sie folgendermaßen unterzeichnete: „Liebe Grüße an Euch beide, von uns beiden [sie und Romaine], Eure nicht unglücklich im Exil Lebende (wie die beigefügten Verse beweisen!)."

Alice wurde Jahrzehnte nach Gertrudes Tod in dem gleichen Grab auf dem Friedhof Père Lachaise in Paris bestattet, in dem auch Gertrude ihre letzte Ruhestätte gefunden hatte. Romaine und Natalie fanden das so romantisch, daß sie sich einen ähnlichen Plan für ein gemeinsames Grab ausdachten – aber er wurde nie ausgeführt, da Natalie, deren Kunst die Liebe war, ein weiteres Meisterwerk anstrebte. Sie verliebte sich in Janice Lahovary, die Frau eines Diplomaten, die ihren Mann und ihre beiden Söhne verließ, um Natalie im hohen Alter zu versorgen. Romaine, die sich über fünfzig Jahre lang Natalies Untreue hatte gefallen lassen, konnte sich dafür weniger begeistern. Anfänglich tolerierte sie diese Verbindung und besuchte Natalie sogar bei Janice Lahovary (dort war für Natalie, die keine Treppen mehr steigen konnte, ein Aufzug eingebaut worden). Aber eines Tages hatte sie einfach genug. Sie erzählte Berthe, die immer noch Natalies Haushälterin und Vertraute war: „Alles war in dem Moment vorbei, als es dieser Person gelang, sich zwischen uns zu stellen. Ich dachte, ich würde meine letzten Tage mit Miss Barney verbringen. Aber nun ist es nicht mehr möglich. Sie soll mich in Frieden lassen!" Beide Frauen waren über neunzig, als Romaine die Beziehung beendete, die verzweifelten Entschuldigungen und Liebesbriefe Natalies abwies und alleine in Südfrankreich starb.

Natalies rastloses Herz, das so lange ihren Körper, ihren Geist und ihre Seele beherrscht hatte, war schließlich gebrochen. Andernfalls hätte sie wahrscheinlich ewig gelebt, aber so starb sie kurz nach ihrer geliebten Romaine.

LINKS **Natalie Barney, auch in mittleren Jahren noch eine Amazone.**

„Djuna war so von sich überzeugt und schlagfertig und hatte
eine solch spitze Zunge, daß ich gar nicht erst mit ihr zu konkurrieren
versuchte." (Robert McAlmon)

KAPITEL 4

DIE STADT DER FINSTEREN NÄCHTE

Das wahrscheinlich größte Rätsel der Pariser Literaturszene zwischen den beiden Weltkriegen war und ist Djuna Barnes. Die unterschiedlichsten Männer und Frauen fanden sie unwiderstehlich, unterlagen ihrer Schönheit, ihrem Glanz, ihrer Intelligenz und ihrem Scharfsinn. Auch heute noch ziehen ihr Leben und Werk Leser/innen und Wissenschaftler/innen an, allerdings aufgrund von Eigenschaften, die geheimnisvoller und verwirrender sind als die bereits erwähnten. Heute wie damals ist es nahezu unmöglich, Djuna Barnes 'wahre' Identität aus dem sie umgebenden Mythos herauszukristallisieren – teilweise, weil sie selbst an diesen Mythos glaubte und nur wenig hinterließ, was ihn widerlegen könnte, und teilweise, weil sie mit einer legendären Lebensgeschichte aufwarten konnte, die für Hollywood oder die Boulevardpresse typisch ist und in unserer Kultur so großen Anklang findet. Wie Tennessee Williams, Rainer Werner Fassbinder oder Jane Bowles verkörperte sie das zwar bekannte, aber doch immer wieder faszinierende Szenario quälender Kreativität, tragischer Homosexualität und eines Genies, das sich im Alkohol ertränkt. Während sie dieses Szenario in ihrem Leben mal mehr, mal weniger auslebte, übertrafen die tatsächlichen 'Fakten' ihres Lebens alle Vorstellungen, die sich Hollywood je hätte erträumen können.

Djuna Barnes wurde 1892 im Staat New York geboren und wuchs in einer 'unkonventionellen' Familie auf, zu der nicht nur ihre Großmutter, ihre Eltern und ihre drei Geschwister gehörten, sondern auch eine der vielen Geliebten ihres Vaters und deren diverse Kinder. Diese Familie wurde als 'sexuell unkonventionell' bezeichnet, doch treffender beschriebe man sie wohl als Familie, in der Ausbeutung und sexueller Mißbrauch an der Tagesordnung waren. Am ehesten fühlte sich Djuna ihrer Großmutter Zadel Barnes Budington verbunden, die eine feministische Schriftstellerin war. Wahrscheinlich war diese Nähe sogar inzestuös. Sicher ist, daß die vielen Briefe, die Zadel an Djuna schrieb, pornographisch sind und auf sexuelle Handlungen zwischen ihnen anspielen. Hinzu kam, daß Djunas Vater versucht hatte, sie als Jugendliche zu vergewaltigen, ein Vorfall, über den sie Jahre später ihrer Freundin Emily Coleman berichtete. Im Alter von siebzehn Jahren überließ ihr Vater sie mit Wissen der Mutter dem Bruder seiner Geliebten (die später seine zweite Frau wurde) als sexuelles Opfer; ein elterlicher Betrug, der einmal als Ehe mit ihrem wesentlich älteren Onkel dargestellt worden ist – wobei allerdings nie rechtsgültige Dokumente aufgefunden wurden, die dies bestätigten –, ein anderes Mal aber auch als Vergewaltigung. Es überrascht nicht, daß Djuna für den Rest ihres Lebens von ihren Kindheitstraumata verfolgt wurde und daß diese in unterschiedlichen literarischen Formen Gestalt annahmen, wie in ihrem frühen Drama *The Dove* und auch in ihren bedeutendsten Werken: *Ryder* (1928), *Nightwood* (1936) und *Antiphon* (1958).

Djuna begann 1910, im Alter von 18 Jahren, Gedichte zu veröffentlichen. Zwei Jahre später zog sie nach Greenwich Village, nahm ein Kunststudium auf und bekam eine Stelle als Berichterstatterin beim *Brooklyn Eagle*. Damit begann eine journalistische Karriere, die mit einigen Unterbrechungen 25 Jahre dauern sollte.

Obwohl Djuna ihrer journalistischen Arbeit allein aus finanziellen Gründen nachging und sie keinesfalls als ernsthaftes Schreiben ansah, ließ sie sich auch hier auf das Außergewöhnliche und das Spektakuläre ein. So krabbelte sie im Käfig eines Gorillaweibchens herum und ver-

**Djuna war die Vorreiterin eines 'teilnehmenden' Journalismus.
Hier wird sie gerade von einem Feuerwehrmann von der Spitze eines
Wolkenkratzers gerettet.**

suchte auf diese Weise mit ihr zu kommunizieren. Ein anderes Mal unterzog sie sich einer Zwangsernährung, um einen mitfühlenden Artikel über
englische Suffragetten im Hungerstreik schreiben zu können. Unter dem
Pseudonym Lydia Steptoe schrieb sie mehrere feministische Satiren über
die konventionelle Rolle der Frau. Doch sie machte stets einen großen
Unterschied zwischen diesen Schriften und ihren unkommerziellen persönlichen und kreativen Werken: Gedichte (von denen die meisten aus
dieser Zeit verlorengegangen sind), Kurzgeschichten und Einakter, die von
der avantgardistischen Theatergruppe „Provincetown Players" in Greenwich Village aufgeführt wurden.

Nur wenige Einzelheiten sind über ihr Leben in den Jahren von 1912
bis 1920 bekannt, und sie sind außerdem noch widersprüchlich – ein

Umstand, der ihr sehr gefallen hätte. Da sie peinlichst darauf bedacht war, ihre Privatsphäre zu wahren, verheimlichte oder bestritt sie Angaben zu ihrer Person, obwohl sich die tieferen Wahrheiten ihres Lebens in ihren literarischen Werken unweigerlich offenbarten. Es ist bekannt, daß sie während dieser Jahre sowohl in Frauen als auch in Männer verliebt war. Es scheint, als sei sie nach der vermeintlich arrangierten Ehe mit ihrem Onkel kurze Zeit mit dem Schriftsteller Courtenay Lemon verheiratet gewesen, doch auch darüber existiert kein rechtsgültiger Nachweis. Zu ihren damaligen Geliebten gehörten möglicherweise der homosexuelle Maler Marsden Hartley (obwohl sein Biograph dies abstreitet), die Dichterin Mary Pyre (Djuna pflegte Mary, bis sie 1919 an Tuberkulose starb) und für kurze Zeit Jane Heap, die neben Margaret Anderson Mitherausgeberin von *The Little Review* war. Die *Little Review* war erst von Chicago nach New York und dann weiter nach Paris umgezogen und hatte in diesen Jahren einen Großteil von Djunas Werken veröffentlicht. Es gab Gerüchte, daß Djuna Margaret Anderson haßte, weil sie Jane Heap mit sich nach Paris nahm. Doch Djunas Abneigung schwand auch nicht, als alle drei in Paris lebten und sich wiedertrafen.

Durch ihre Schriften in der *Little Review* und ihr kleines Buch mit acht Gedichten und fünf Zeichnungen, *The Book of Repulsive Women* (eine Satire über die Art und Weise, in der Männer Frauenkörper betrachten), hatte sich Djuna in Paris bereits einen Namen als Schriftstellerin und bildende Künstlerin gemacht, bevor sie im Jahr 1919 dort hinzog. Sie ließ sich im Hotel Angleterre in der Rue Jacob nieder, schmückte sich mit dem eleganten schwarzen Cape von Peggy Guggenheim und anderen von ihr ausrangierten Kleidungsstücken und schrieb jeden Morgen im Bett.

Djuna hatte, wie alle attraktiven Frauen, die zu dieser Zeit nach Paris kamen, eine kurze Affäre mit Natalie Barney. Djuna gehörte bei Natalies Lesbierinnen-Soirées bald 'zum festen Inventar', und sie nutzte diesen Kreis von Frauen, um *Ladies Almanack* zu schreiben. Auch wenn Djuna Barnes sexuell nicht auf Frauen oder Männer festgelegt war, ihr Schreiben war es. Von Anfang an verwendete sie eine verschlüsselte, nur lesbischen Frauen zugängliche Sprache, und sie griff entsprechende Themen auf. Den Höhepunkt dieser Tendenz kennzeichnete das ausdrücklich als *Ladies Almanack* betitelte Werk, das 1928 in Paris privat gedruckt und unter dem Pseudonym „A Lady of Fashion" veröffentlicht wurde. Natalie Barney hatte im Januar des gleichen Jahres Richard Aldington, H.D.s geschiedenem Mann, in einem Brief die Veröffentlichung des Buches angeboten, und dabei besonders auf alle potentiellen Käufer hingewiesen:

> Alle Damen, die die Voraussetzungen mitbringen, um in einem solchen Almanach erscheinen zu können, werden selbstverständlich darauf erpicht sein, ein Exemplar zu besitzen, und ebenso alle Herren, die diese Damen mißbilligen. Und dann dürften – wenn man vorsichtig genug vorgeht – auch noch jene dazukommen, die noch unentschlossen am Ufer stehen, wie auch diejenigen, die nur darauf warten, daß sie auf unsere Insel übergesetzt werden.[1]

Aber letztendlich wurde er von Robert McAlmons Verlag *Contact Editions* gedruckt. (Djuna fand, daß dieser Name ein Mißgriff war, da *Contact Editions* mit nichts und niemandem in Berührung stand.) Robert McAlmon war eine Zeitlang mit Bryher verheiratet gewesen. Diese Ehe beruhte je-

Drei von Djunas Karikaturen: die Dichterin Mina Loy, die ihre engste Freundin wurde, der homosexuelle Künstler Marsden Hartley, mit dem sie anscheinend eine kurze Affäre hatte, und die „geistige Mutter des Modernismus" – Gertrude Stein, der Djuna nie verzieh, daß sie ihre Beine bewunderte, weil das ein sicheres Zeichen dafür war, daß Gertrude ihre schriftstellerische Arbeit nicht so sehr schätzte.

doch lediglich auf einer gemeinsamen finanziellen Vereinbarung, die dazu diente, Bryher aus den Fängen ihrer sehr wohlhabenden Familie zu befreien und an das Geld zu kommen. Die 14 000 Pfund, die Robert McAlmon nach der Scheidung von Bryhers Vater, einem Schiffahrts-Magnaten, erhielt, handelten ihm den Spitznamen Robert McAlimony (Unterhaltszahlung) ein und ermöglichten ihm die Gründung seines Verlages. Ironischerweise wurde auf diese Weise ihr Almanach, ein weitaus radikaleres Lesbenbuch als Radclyffe Halls *The Well of Loneliness*, das im selben Jahr erschien, unwissentlich von Bryhers Familie finanziert.

Djuna Barnes tat *Ladies Almanack* als eine Satire und als bloßen Scherz ab und behauptete, er sei „in einer Mußestunde" für ein „sehr spezielles Publikum" geschrieben worden. Sie hatte das Buch offenbar geschrieben, um damit ihre Geliebte, Thelma Wood, eine amerikanische Silverpoint-Künstlerin und Bildhauerin, die Djuna im Jahr 1920 oder 1921 kennengelernt hatte, während eines Krankenhausaufenthaltes zu unterhalten. Doch Djunas Bemühungen um das Buch strafen ihre späteren Versuche, es als völlig unbedeutend darzustellen, Lügen. Sie kolorierte nicht nur eigenhändig 50 der 1 050 Exemplare, sondern verkaufte sie selber auf den Straßen von Paris, nachdem der dafür vorgesehene Vertreiber ausfiel. Auch Sylvia Beach half ihr, indem sie das Buch bei *Shakespeare and Company* anbot.

Es dauerte nicht lange, und *Ladies Almanack* wurde zum Stadtgespräch, wobei vielfach spekuliert wurde, wer wohl hinter welcher Figur steckte.

Da das Buch mit persönlichen Anspielungen und versteckten Andeutungen nur so gespickt ist, was dazu beiträgt, die Leser zu belustigen und zu verblüffen, können wir froh sein, daß sowohl Natalie Barney als auch Janet Flanner ihre Exemplare mit Anmerkungen versehen haben, die die Identität der Frauen entschlüsseln.

Ladies Almanack wurde als lesbische Schöpfungsgeschichte betrachtet. Er beginnt mit der Geburt der „ersten Frau, die mit diesem Unterschied geboren wurde". In *Ladies Almanack* wird die Sexualität der damaligen Zeit verspottet, und Havelock Ellis' Bild der gefährlichen lesbischen Verführerin, wie im Vorwort der jüngsten Ausgabe behauptet wird, als „Großes Rotes Kreuz" dargestellt, das Frauen sexuelle Hilfe leisten soll. Außerdem wird darin nicht wie in *The Well of Loneliness* die Einstellung

Drei von Djuna Barnes Zeichnungen für *Ladies Almanack.*

vertreten, daß „die weibliche Homosexualität ein grausamer Streich der Natur" sei, sondern sie wird als eine willkommene Abweichung von der heterosexuellen Aggression dargestellt. Anstatt um Sympathie und Toleranz zu bitten, baut Djuna Barnes in ihrem *Ladies Almanack* auf Anspielungen und Codes unter Lesbierinnen, um diese direkt anzusprechen, und läßt es allen anderen frei, was sie daraus machen wollen. Sie preist die Lesbierin, indem sie „ihre Sternzeichen und deren Wechsel; ihre Monde und Mondwechsel, die Jahreszeiten sowie ein vollständiges Register täglicher und nächtlicher Umtriebe aufzeigt."

Ladies Almanack weist nichts auf, was das Bild der tragischen homosexuellen oder leidenden Schriftstellerin bestätigt, das wir von Djuna Barnes haben, und auch die wenigen bekannten Einzelheiten aus dieser Zeit tun dies nur in geringem Maße. Die ersten Jahre mit Thelma Wood waren sehr glückliche Jahre. 1922 zogen die beiden Frauen in eine gemeinsame Wohnung am linken Seineufer, zuerst am Boulevard St. Germain 173 und später in die Rue St. Romain 9. Djuna schilderte ihr gemeinsames Leben in Briefen an Natalie Barney als friedlich und produktiv: „Unser Leben ist sehr beschaulich: Thelma malt, und ich versuche mich gleichzeitig an einem Roman, einer Kurzgeschichte und einem Theaterstück!" Im Jahr darauf besuchte Bryher die beiden Frauen und erzählte danach H.D., wie glücklich sie miteinander waren. Sie betrachteten sich als kleine Familie: Djuna war 'Momma' oder 'Junie' und Thelma 'Papa' oder 'Simon'; ihre Katze Dilly war ein Ersatzkind. Sie schrieben sich gegenseitig Liebesbriefe:

„Ich liebe Dich, Du meine Einzige –

für immer –

Simon

Auch küsse ich Dich viele, viele Male."

Djunas autobiographischster Roman *Ryder* (1928), in dem sie ihre ungewöhnliche Familiengeschichte aufzeichnete, war Thelma Wood gewidmet.

Bevor die Stadt der Lichter für Djuna Barnes eine Stadt der finsteren Nächte wurde, war sie fester Bestandteil jenes pulsierenden Kreises von

RECHTS **Thelma in glücklichen Tagen, als ihre Beziehung mit Djuna noch nicht so angespannt war.**

Künstlerinnen, die sich nicht nur bei Natalies Freitags-Salon trafen, sondern sich auch ungezwungen zu Hause empfingen. Djuna gehörte auch zum ausgewählten Kreis derer, die in Noel Murphys Haus nach Orgeval eingeladen wurden, und war oft in ihrem Garten anzutreffen, wo sie sich nackt sonnte. Die Schriftstellerin Kathryn Hulme beschrieb, die erste Begegnung mit Djuna so: Djuna saß mit Janet Flanner und Solita Solano im Café Flore. Mit ihren maßgeschneiderten Kostümen und weißen Handschuhen tranken sie Martini und sahen dabei aus wie die drei Schicksalsgöttinnen.[2]

Eine von Djunas engsten Freundinnen war Mina Loy. Die in London geborene Mina war eine Frau, die sich durch vielseitige Talente auszeichnete: Sie war abwechselnd Dichterin, Malerin, Bühnenautorin, Schauspielerin und Designerin. Bekannt war sie zu jener Zeit vor allem als Dichterin der Avantgarde, wobei sie eine eigene, spezielle Richtung vertrat. In ihren Gedichten, die in der *Little Review* erschienen, verband sie ihre literarischen Experimente mit ihrem Interesse an feministischen Themen, während sie in ihren Romanen auch Aspekte ihrer jüdischen Identität erforschte. Ezra Pound, der sich selbst als die Autorität unter den Avantgarde-Dichtern betrachtete, verkündete, daß er eine ganze Menge „Schund" von ihr gelesen habe, beschrieb jedoch eines ihrer Werke als „den Ausdruck kluger Menschen, die verzweifelt sind oder am Rande der Verzweiflung stehen ..." – ein schwaches Lob. Vielleicht gerade weil sie an diesem Abgrund stand, veröffentlichte Mina Loy in ihrem ganzen Leben nur zwei Bände: *Lunar Baedecker,* das wie Djuna Barnes *Ladies Almanack* in Robert McAlmons Contact Editions (1923) erschien, und später noch *Lunar Baedecker and Timetables* (1958).

Eugene Jolas, Herausgeber von *transition magazine*, bewunderte an Mina Loy, daß sie Jahre brauchte, um etwas zu produzieren: „In unserem Zeitalter mechanischer Überproduktion und standardisierter Ästhetik ist es eine wahre Freude, einer Schriftstellerin zu begegnen, die mit nahezu stoischer Langsamkeit arbeitet. 'Man muß zehn Jahre gelebt haben, um ein Gedicht schreiben zu können', hatte sie gesagt."[3]

Daher ist es erstaunlich, daß Mina Loy Gertrude Stein, die täglich mit halsbrecherischer Geschwindigkeit schrieb und das Geschriebene nicht einmal überarbeitete (obwohl sie laut Virgil Thomson stets erst „den Moment abwartete, in dem sie die vollkommene Bereitschaft zum Schreiben verspürte"[4]), so sehr bewunderte und sie in einem Gedicht, das in der *Transatlantic Review* veröffentlich wurde, öffentlich ehrte:

Curie
of the laboratory
of vocabulary
she crushed
the tonnage
of consciousness
congealed to phrases
to extract
a radium of the word.

Mina Loy gehörte sowohl in Natalie Barneys als auch in Gertrude Steins Salon zu den ständigen Besuchern. Gelegentlich wurde sie von Djuna Barnes dorthin begleitet. 1927 hielt sie in Natalies Salon einen Vortrag über Gertrude Stein. Im gleichen Jahr las sie dort aus ihrem eigenen Werk, wodurch sie sich als einzige heterosexuelle Frau in Djuna Barnes *Ladies Almanack* einen Platz als „Patience Scalpel" verdiente.

Mina hatte im Jahr 1904 einen Kommilitonen, einen Kunststudenten, geheiratet, doch nachdem sie sich auseinander gelebt hatten, nahmen sich beide andere Geliebte und ließen sich schließlich scheiden. Mina blieb mit ihren beiden Kindern (ein drittes war im Säuglingsalter gestorben) allein, bis sie bei ihren wechselnden Aufenthalten in Paris, Florenz und New York 1917 den Dichter, Boxer, Soldaten und Schwindler Arthur Cravan kennenlernte, der die große Liebe ihres Lebens werden sollte. Arthur Cravan war für die Surrealisten und Dadaisten in Paris ein Held. Und als Mina Loy in den zwanziger Jahren nach Paris zurückkehrte, verlieh ihr die Bekanntschaft mit Arthur Cravan innerhalb jener Kreise ein gewisses Ansehen. Ihre Liebesaffäre mit dem zügellosen Arthur endete mit einem weiteren Kind und großem Liebeskummer. Als sie ihn 1918 in Mexico City heiratete, war das eher das Ende als der Anfang ihrer Beziehung. Denn bald darauf verschwand Arthur in der Wüste; seine Leiche wurde nie gefunden.

Als die *Little Review* anläßlich ihrer letzten Ausgabe einen Fragebogen an alle Mitwirkenden schickte, reagierte Mina auf die Frage: „Was war der glücklichste Moment in ihrem Leben?" mit der Antwort: „Jeder Augenblick, den ich mit Arthur Cravan verbrachte." Bei der nächsten Frage: „Und der unglücklichste?", schrieb sie: „Die restliche Zeit." Für sie sollten das noch vierzig Jahre sein.

Im Gegensatz zu den anderen Frauen am linken Seineufer, hatte Mina Loy als alleinerziehende Mutter zwei Kinder zu versorgen (ihr erster Mann hatte eines der drei Kinder zu sich genommen). Mit der finanziellen Hilfe von Peggy Guggenheim machte sie sich als Beleuchtungsdesignerin selbständig. Sie zeichnete auch Entwürfe von ihren eigenen Erfindungen wie Kinderspiele, Fensterputzgeräte und andere praktische Gegenstände. Leider ließ sie sich keine einzige patentieren. Betrachtet man ihre literarischen Bemühungen, ihre umwerfende Schönheit, ihre vielzähligen Begabungen als bildende Künstlerin und ihren ständigen Liebeskummer, dann versteht man Mina Loys enge Verbindung mit Djuna Barnes.

Obwohl Djuna Barnes engste Freunde Frauen waren, wurde sie auch von vielen männlichen Schriftstellern und Künstlern bewundert, die sich in den zwanziger Jahren in Paris versammelt hatten. Sie wurde respektiert, weil sie Schriftstellerin war, und nicht weil sie veröffentlichen, vertreiben, Werbung machen oder die Männer in irgendeiner Weise unterstützen konnte. Man bewunderte ihre Texte, ohne daß man sie immer verstand, aber man erwartete von moderner Literatur auch keine Klarheit. Janet Flanner berichtete:

> Djuna hatte ein Theaterstück geschrieben, das sie T.S. Eliot zeigte; er meinte, daß es die prächtigste altertümliche Sprache beinhalte, die er jemals gelesen habe, aber daß er aus dem Drama nicht schlau geworden sei. Sie gab es dann mir, und ich sagte ihr mit der gleichen Aufrichtigkeit, daß ich noch nie wohlklingendere Wörter gelesen hätte, aber daß ich deren Bedeutung nicht im geringsten verstanden hätte. Mit vernichtender Verachtung erwiderte sie: „Ich hätte nicht erwartet, daß Sie ebenso dumm wie Tom Eliot sind." Ich dankte ihr für das einzige Kompliment, daß sie mir jemals gemacht hatte.[5]

Djuna Barnes redete nicht nur T.S. Eliot mit Vornamen an, sondern war laut Janet Flanner auch die einzige Person, die James Joyce „Jim" nennen

Djuna Barnes und Mina
Loy, deren enge Freund-
schaft auf verwandten
künstlerischen und
emotionalen Wesens-
zügen beruhte.

durfte – etwas, was selbst Hemingway nicht wagte. Abgesehen von Djuna Barnes blieb Joyce für alle „mit der seltsamen Förmlichkeit eines polyglotten, im Exil lebenden Genies Mr. Joyce".[6] Der stets korrekte Mr. Joyce nannte sie jedoch weiterhin Miss Barnes, ebenso redete er Sylvia (wie sie von allen anderen genannt wurde) mit Miss Beach an.

Kurz nach ihrer Ankunft in Paris schrieb Djuna für *Vanity Fair* einen Essay über ihre erste Begegnung mit James Joyce, den sie von Anfang an bewunderte:

> Und eines Tages kam ich dann nach Paris. Als ich im Café 'Les Deux Magots' saß, gegenüber der kleinen Kirche von St. Germain des Près, konnte ich durch den Nebel hindurch erkennen, wie sich ein großer Mann näherte. Er hatte den Kopf leicht angehoben und zur Seite gewendet und überließ dem Wind sein zerzaustes Haar.
>
> Während meines viermonatigen Aufenthalts in Paris redete ich oft mit ihm, und es war mir immer ein Vergnügen. Wir haben über Flüsse und über Religion gesprochen, über die instinktive Genialität der Kirche, die für das Singen ihrer Kirchenlieder die Stimme ohne „Oberton" wählte – die Stimme eines Eunuchen. Wir sprachen über Frauen; für Frauen scheint er sich nicht sehr zu interessieren. Wäre ich eingebildet, so würde ich behaupten, daß er sich vor ihnen fürchtet, aber ich bin mir sicher, daß er ihnen nur etwas skeptisch gegenübersteht. Wir haben über Ibsen, Strindberg, Shakespeare ... geredet. Wir sprachen über den Tod, über Ratten, Pferde, die See; über Sprachen, ... Künstler und über Irland ...
>
> Joyce tat immer das, was er wollte, jedenfalls wenn wir annehmen, daß Joyce wie sein Romanheld Stephen [Daedelus] aus *Ulysses* ist. „Ich will nichts und niemanden mehr dienen, an das ich nicht mehr glaube, sei es nun meine Heimat, mein Vaterland oder meine Kirche, und ich werde versuchen, mich in meiner Kunst möglichst frei auszudrücken, wobei ich mich nur mit den Waffen verteidigen werde, die ich mir erlaube: Stille, Exil und Klugheit."
>
> Das entspricht auf gewisse Weise auch Joyce, und man fragt sich, ob nicht Irland selbst diesen Mann erschaffen hat.

Djuna Barnes' Skizze von James Joyce.

Als James Joyce 1922 seinen *Ulysses* veröffentlichte, wurde es als das Meisterwerk der Moderne angesehen. Djuna, die die Fortsetzungsfolge in der *Little Review* gelesen hatte, zweifelte fortan an ihrer eigenen schriftstellerischen Zukunft: „Ich werde nie wieder auch nur eine Zeile schreiben. Wer hätte jetzt noch den Mut dazu?"[7] Später warf man ihr vor, sie imitiere Joyce' Stil (und zwar schlecht), obwohl Sylvia Beach, die Joyce' Stil besser als jeder andere kannte, mit Nachdruck behauptete, daß Djunas Werk „keinem Werk der zeitgenössischen Schriftsteller ähnelte".[8] Sicherlich hatte Joyce Einfluß auf Djunas Werk, aber ihre Arbeiten beeinflußten seine ebensosehr, insbesondere *Finnegans Wake*, das drei Jahre nach *Nightwood* erschien. Joyce selbst hatte allerdings nicht den Eindruck, daß Djuna seinen Stil imitierte. Er gab ihr das mit Anmerkungen versehene Originalmanuskript von *Ulysses* und zählte sie zu den wenigen Auserwählten, mit denen er sein Werk besprach. Offensichtlich teilte er ihre niedere Meinung über den Journalismus, denn er gab ihr in einem Brief folgenden 'literarischen Rat': „Ein Schriftsteller darf niemals über das Außergewöhnliche schreiben. Das ist etwas für die Journalisten."

Djuna Barnes befolgte seinen Rat nicht, denn sie fühlte sich in ihrem Leben und bei ihrer schriftstellerischen Arbeit ständig vom Außergewöhnlichen angezogen. Beim Schreiben von *Nightwood*, ihrem größten Werk, begann ihre Beziehung zu Thelma – die alles andere als gewöhnlich war –, und mit den Jahren schrieb sie den Roman immer wieder um und veränderte ihn zugunsten des Außergewöhnlichen, des Fantastischen und des Absonderlichen.

Auch wenn der Roman *Nightwood* umfassender, komplexer und schließlich auch weitaus interessanter ist als die reinen 'Tatsachen' über Djuna und Thelma, so ist sein autobiographischer Ursprung doch erkennbar, besonders dort, wo der schmerzliche und zerstörerische Weg nachgezeichnet wird, den sie und Thelma einschlugen. Die anfängliche Beziehung zwischen Nora und Robin in *Nightwood* erinnert eindeutig an die frühen idyllischen Tage, die Djuna und Thelma miteinander verbracht haben.

Sie blieb fast den ganzen Winter über bei Nora. Zwei Seelen wohnten in ihrer Brust, Liebe und Anonymität. Doch sie gingen einander einfach nicht mehr aus dem Sinn, so daß eine Trennung unmöglich war. Nora kaufte eine Wohnung in der Rue du

„Rote Wangen, kastanienbraunes Haar, vor Freude und Übermut strahlende Augen: das ist die wahre Dunja, ob sie nun die Fifth Avenue hinunterschlendert oder im Café Lafayette – eine Zigarette in der Hand – ihren schwarzen Kaffee trinkt." (Guido Bruno)

Cherche-Midi, die Robin ausgesucht hatte. Während der Zeit ihres Zusammenlebens bezeugte jeder Gegenstand im Garten, jedes Detail in ihrem Haus, jedes Wort, das sie sprachen, ihre gegenseitige Liebe, die Vereinigung ihrer beider Wesen.

Aufgrund des übermäßigen Alkoholgenusses der beiden und Thelmas häufigen Seitensprüngen wurde ihre Liebesbeziehung zwischen 1924 und 1925 immer unbeständiger. Nach einer besonders exzessiven Nacht mit Peggy Guggenheim machte Thelma dieser sogar einen Heiratsantrag. Doch was Djuna viel mehr störte, war Thelmas Affäre mit der Dichterin und Bühnenautorin Edna St. Vincent Millay, einer alten Bekannten Djunas aus der Zeit der Provincetown Players. Sie kam hin und wieder nach Paris, um

ihrem angeblich freizügigen Lebenswandel in Greenwich Village zu entfliehen. Djuna und „Vincent" (wie Millay oft genannt wurde) hatten sich
auch vor deren Affäre mit Thelma Wood nicht besonders gemocht. Djunas
Biograph Andrew Field behauptete, der Grund sei gewesen, daß „Barnes
auf Millays Erfolg neidisch war."[9] Als Edna St. Vincent Millay *The Lamp
and the Bell* schrieb, ein Theaterstück, das auf ihrer engen College-Bezie-
hung mit Charlotte („Charlie") Babcock basiert und in dem die Lesben-
thematik offen behandelt wird, schrieb sie an ihre Schwester Norma Millay:
„Aber laß es ja keinen der Provincetown Players lesen. Das meine ich
wirklich ernst. Sie würden es verabscheuen und sich darüber lustig machen, und die alte Djuna Barnes würde dich damit aufziehen, und darauf
spekulieren, daß ich es erfahre."[10] Mit ihrem phantastisch roten Haar, ihren vielen Geliebten beiderlei Geschlechts, ihrer schriftstellerischen Arbeit, die sie einerseits in 'ernsthafte' Stücke und Dichtung und andererseits in Geld einbringende, journalistische Arbeiten und feministische
Satiren (die sie unter einem Pseudonym veröffentlichte) unterteilte, und
mit ihrer 'tragischen Anlage' zum Alkoholismus und später zur extremen
Isolation, weist Edna St. Vincent Millays Leben erstaunlich viele Paralle-
len zu Djunas Leben auf.

Berthe Cleyrergue sagte in einem Interview:

> Als ich Thelma Wood 1925 kennenlernte, lebte sie zusammen
> mit Djuna im Haus von Natalie Barney. Es war eine Katastrophe.
> Einen ganzen Monat lang ließen sie alles herumliegen. Es war
> für beide der Anfang vom Ende, und nachdem Thelma gegangen
> war, ging Djuna ins Hotel Angleterre in der Rue Jacob, und dort
> trank sie und trank ... Man rief mich vom Hotel Angleterre an,
> damit ich vorbeikäme, um sie abzuholen. Ich brachte sie zurück
> in die Rue Jacob, und dort pflegte ich sie einen Monat lang.[11]

Im Juni 1927 kam es zum ersten Bruch in der Beziehung, als Thelma nach
Amerika ging; auf dem Schiff schrieb sie einen herzzerreißenden Brief:

> Meine Liebste – Du sagtest gerade im Augenblick meiner Ab-
> fahrt etwas, das die Dinge etwas weniger furchtbar erscheinen
> läßt – vielleicht meintest Du es nicht so – Du sagtest es so leise
> – daß wir uns in New York treffen könnten und vielleicht wäre
> Simon dann anders. Aber Du siehst selbst, wie der dumme

Simon an allem festhält, was ihn stark macht –, ich kann mir keine Zukunft vorstellen, die nichts mit Dir zu tun hat –

Ich sage mir immer wieder: „Simon, sei ein Mann und nimm deine Medizin", aber dann fällt mir immer wieder ein „es gibt keinen Simon und keine Junie", und ich kann es nicht ertragen und werde verrückt ... ich scheue mich so sehr davor, etwas zu sagen, aus Angst es könne sich anhören, als wolle ich mich rechtfertigen, was ich weiß Gott nicht will – aber ich habe noch einmal über alles nachgedacht, und ich glaube, wenn ich nicht getrunken hätte, hätte unsere Beziehung auch nicht gelitten [?] – so wie es immer passiert, wenn ich mich [mit jemand anderem] einlasse. Simon wird nun keinen Tropfen mehr anrühren, bis Du nach Amerika kommst und ich meine Ausstellung hinter mir habe – und ich werde alles tun, um finanziell unabhängig zu werden – und dann vielleicht, wenn es Dir noch wichtig ist und Du Dir ihn noch einmal genau anschaust und er Dich wieder so lieb ansieht, vielleicht könnten wir es dann noch einmal, aber anders versuchen – und wenn Du willst, dann werde ich, solange Du mich liebst, nie mehr etwas trinken – auch nicht den kleinsten Schluck – das stärker ist als Tee.

Obwohl sich in ihrer Beziehung nichts änderte – weder das Trinken noch die Affären noch die finanzielle Abhängigkeit – war der Brief offensichtlich überzeugend, denn noch im gleichen Jahr waren die beiden wieder in Paris vereint. Sie zogen gemeinsam in eine Wohnung in der Rue St. Romain 9 (die Djuna von ihren Einnahmen aus *Ryder* kaufen konnte). Aber Thelmas Schwäche für andere Frauen führte letztendlich doch zur schmerzhaften Trennung. Diesmal schrieb Thelma:

Schöne Djuna – ... Ich wußte, daß ich Dich verloren hatte – mir wurde bewußt, daß jeder Fehltritt, den ich in den acht Jahren begangen hatte, auf mich zurückfallen würde, daß jeder in Paris gegen mich sein würde ... Du wußtest Bescheid, ich hatte so schreckliche Dinge gesagt, daß ich mich selber verabscheute ... Ich wollte nicht, daß so etwas zwischen uns steht – etwas, das mir nicht wichtig war. Es schien eine Schande zu sein, uns aus Dummheit ins Verderben zu stürzen. Ich wollte nur die Untreue nicht eingestehen, und nachdem ich aus N.Y. zurück war, liebte ich Dich so wahnsinnig, und ich wollte nur eines: die Tatsache wegwischen, daß ich so dumm gewesen war ... Was die übrige Zeit unserer acht gemeinsamen Jahre betrifft, so sieht es aus, als wäre es für Dich wegen meiner Roheit eine ziemlich miserable Zeit gewesen – und es tut mir leid – so leid.

Thelma blieb bei der „anderen Frau", Henrietta Metcalfe, in den Vereinigten Staaten, und Djuna blieb allein in Paris zurück, erschöpft von den Jahren intensiver Leidenschaft, übermäßigen Trinkens und großen Liebeskummers. Die verzweifelten Bitten Thelmas wurden per Brief fortgesetzt, aber Djuna hatte nun endgültig genug.

Ich träume jede Nacht von Dir – und manchmal, Djuna, da träume ich, daß wir Geliebte sind, und ich wache am nächsten Morgen auf und sterbe beinahe vor Scham. Mir im Schlaf etwas, das mir so vertraut ist, einfach zu nehmen – etwas, das du mir nicht geben willst. Es ist, als würde ich Dir etwas stehlen, und ich fühle mich, als müsse ich Dir am nächsten Tag „verzeih mir" telegrafieren und die ganze Nacht wachsitzen ... Ich würde alles in der Welt tun, um Dir eine kleine Freude zu bereiten – aber was kann ich tun? Ich weiß nicht, welchen Schritt ich zuerst machen soll, da ich mir sicher bin, daß alle falsch wären.

Der Wunsch nach Rache, der Versuch, die eigenen Dämonen zu vertreiben, sowie jene magischen, unerklärlichen Motive, die Schriftsteller dazu bewegen, selbst in ihren düstersten Stunden zu schreiben, das waren die Motive, die Djuna Barnes in ein gewaltiges Schreibprojekt trieben, das sie acht Jahre lang, von 1927 bis 1935, in Anspruch nahm und aus dem schließlich *Nightwood* hervorging.

Es wurde schon angedeutet, daß Djuna Barnes beim Schreiben von *Nightwood* und insbesondere bei der Figur der Robin ihre Beziehung zu Thelma mit ihrem eigenen sexuellen Mißbrauch in ihrer Kindheit verknüpfte.[12] Djuna schrieb an Emily Holmes Coleman, ihre Freundin, die sie durch Peggy Guggenheim kennengelernt hatte: „Ich stecke voll und ganz in meiner Vergangenheit – nur Thelma & Thelma – & meine Jugend – zu einem ganz frühen Zeitpunkt in meinem Leben, als sie noch gar kein Teil davon war & doch ist sie der Grund für meine Erinnerung daran." Djuna gab zu, daß die Figur der Robin Vote nach Thelmas Vorbild geschaffen war, was Thelma, wie sie wußte, verärgern würde. Sie behauptete jedoch auch, allerdings wenig überzeugend, daß Thelmas Geliebte Henrietta Metcalfe stärker als Vorlage für die Figur der Nora Flood gedient habe als sie selbst. Doch es war eindeutig Djuna, die auch unter Qualen genauso an Thelma festhielt, wie Nora in *Nightwood* an Robin:

> Am Anfang, nachdem Robin mit Jenny nach Amerika gefahren war, suchte ich nach ihr in den Häfen. Nicht wörtlich genommen – auf andere Art. Leiden ist Verfall des Herzens. ... Ich habe Robin in Marseille gesucht, in Tanger, in Neapel – um sie zu verstehen, um meiner Angst Herr zu werden. Ich sagte zu mir: 'Ich will tun, was sie getan hat, ich will lieben, was sie geliebt hat, dann werde ich sie wiederfinden.' Zuerst schien es, daß 'Verderbtheit' das Ziel wäre, das ich zu suchen hätte; ich müsse die Mädchen finden, die sie geliebt hatte. Ich wurde Gast in allen Cafés, in denen Robin ihr Nachtleben geführt hatte; ich trank mit den Männern, tanzte mit den Frauen, aber alles, was ich erfuhr, war, daß andere mit meiner Geliebten und meinem Kind geschlafen hatten.

Im Grunde ist *Nightwood* weitaus mehr als nur die Beschreibung einer quälenden Liebesaffäre. Es wurde als eine visionäre allegorische Erzählung über den sich langsam in Europa verbreitenden Faschismus angesehen, in dem Juden, Homosexuelle und andere Außenseiter Hitlers Begriff des entarteten 'Untermenschen' verkörperten. Einige haben es als feministische Überarbeitung von Dantes *Die göttliche Komödie* gelesen, in der der Preis, der für die persönliche und sexuelle Freiheit bezahlt werden muß, das göttliche Gericht und die Verdammung sind; andere haben behauptet, es zeige den Zorn der Lesbierinnen gegenüber dem Klerus und sei ein „feministisch-anarchistischer Ruf nach Freiheit". Der Roman ermöglicht eine Interpretationsvielfalt, weil seine Autorin am 'Realistischen' nicht interessiert war. Sie berief sich darauf, daß sie sich bei ihrer Arbeit von ihrer Intuition leiten lasse, und in den Jahren, in denen sie an *Nightwood* schrieb, verwandelte sie ihre „Erinnerung an Zeit und Schmerz" in etwas, das über ihre persönliche Geschichte weit hinausging.

Emily Holmes Coleman diente dem Roman als 'Hebamme', indem sie Djunas schriftstellerische Arbeit in solchem Maße unterstützte und ermutigte, daß Djunas Mutter ihr Verhalten schon nicht mehr für 'normal' hielt. Als Djuna nur ablehnende Antworten von den Verlegern erhielt, schlug Emily, die um jeden Preis einen Verleger finden wollte, Djuna vor, Felix' Geschichte zu streichen (er ist der Jude, den Nora später heiratet), die Geschichte über Doktor Matthew O'Connor zu kürzen (er ist ein transsexueller Arzt ohne Approbation) und sich näher an den Hauptstrang der Erzählung zu halten: die tragische Beziehung zwischen Robin und Nora. Djuna lehnte dies ab und betonte:

> Robins Heirat mit Felix ist für das Buch aus dem Grund notwendig (was Du nicht wissen kannst, da Du noch nie mit einer Frau zusammen warst), weil die Leute *immer* zu sagen pflegen: „Natürlich hätten sich diese beiden Frauen niemals ineinander verliebt, wenn sie *normal* gewesen wären, wenn je ein Mann mit ihnen geschlafen hätte, wenn sie einmal anständig gef-- worden wären und ein Kind zur Welt gebracht hätten." Das ist ignorant und vollkommen falsch, ich habe Robin verheiratet, um zu beweisen, daß sie, obwohl sie geheiratet und ein Kind bekommen hatte, immer noch nicht 'geheilt' war.

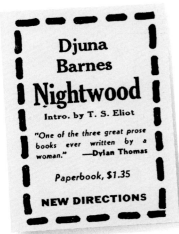

Auch die Rolle des transsexuellen Arztes ist unentbehrlich. Andrew Field behauptet, daß Dr. O'Connor der Schlüssel der Erzählung sei: [Die Geschichte von *Nightwood*] ist die tiefe und unmögliche Liebe einer Frau, die Verständnis für eine Frau aufbringt, die wütet und zerstört ... Außerdem gibt es noch das Problem der Perspektive, da Dr. O'Connor einerseits zur Haupterzählung gehört, andererseits aber auch nicht. Dr. O'Connor ist gleichsam der gesamte griechische Chor, der in einer einzigen Figur angelegt ist. Darüberhinaus steht diese Figur dem Leser sehr nahe. Erst wenn das erkannt wird und der Trick mit der Perspektive durchschaut wird – er läßt nämlich die Hauptgeschichte in den Bühnenhintergrund treten, wo sie dann automatisch reduziert erscheint –, erst dann erhält *Nightwood* eine Handlung.[13]

Gegen Ende des Jahres 1931 erholte sich Djuna von einer Blinddarmoperation. Zu der Zeit zog der amerikanische Schriftsteller Charles Henri Ford bei ihr ein, woraus sich eine kurze, unbeständige Affäre entwickelte (bevor er eine Beziehung mit dem Maler Pavel Tchelitchew einging). Doch Djuna war rastlos, hatte genug von Paris, wußte jedoch nicht, wohin sie sonst gehen sollte. Gegenüber Freunden klagte sie: „Montparnasse existiert nicht mehr. Nur ein Haufen Menschen ist davon übriggeblieben ... Mit Montparnasse ist es vorbei. Und mit Greenwich Village ist es vorbei. Alles ist vorbei."[14] Von Paris aus zog sie ziellos umher: von New York nach Tanger, danach in Peggy Guggenheims englisches Landhaus, wo sie an *Nightwood* weiterarbeitete, dann nach London und wieder zurück nach Paris.

Djuna Barnes Selbstporträt, ungefähr zu der Zeit, als ihre Krankheit ausbrach.

T.S. Eliot, der damals Seniorherausgeber im Verlag *Faber and Faber* war, wird für gewöhnlich das Verdienst angerechnet, die endlose entmutigende Wanderschaft des Romans von Verlag zu Verlag beendet zu haben. Sylvia Beach schrieb: „Glücklicherweise machte Eliot sie mit seinem üblichen Scharfblick ausfindig und brachte sie an den Platz, der ihr zustand."[15] Richtig ist jedoch, daß Emily Coleman Eliot ungeachtet seiner Vorbehalte buchstäblich dazu gezwungen hatte, allerdings wurde der Roman um zwei Drittel seiner ursprünglichen Länge gekürzt.

Als *Nightwood* schließlich im Jahr 1936 erschien, wurde es weitgehend von der Kritik ignoriert – obwohl es danach fast so etwas wie ein Kultbuch wurde. Die Kritiker wußten scheinbar nicht recht, wie sie es bewerten sollten. Sie beschrieben es als „seltsam und hervorragend", „verquer, morbide und interessant", als „das Zwielicht des Anomalen".

Es erscheint paradox, daß Djuna Barnes ihre lesbischen Themen so offen darstellte, während Gertrude Stein sie sorgfältig kaschierte. Denn es war Gertrude Stein, die als Lesbe verspottet und verachtet wurde, während man Djuna Barnes in den heterosexuellen Kreisen akzeptierte und respektierte. Shari Benstock sieht den Grund für dieses Paradox darin, daß es unvorstellbar war, „daß eine so schöne Frau wie Barnes lesbisch sein könnte", weshalb ihre lesbischen Themen als „Bestätigung für die Entartung und die angeborene Verderbtheit der Homosexualität" verstanden wurden.[16]

In der zweiten Hälfte der dreißiger Jahre kam Djuna Barnes immer wieder ins Krankenhaus. Solita Solano erinnerte sich, daß Djuna, „wenn sie in Schwierigkeiten war", immer bei ihr und Janet Flanner blieb und daß sie sie gelegentlich ins American Hospital bringen mußten. Sie wurde immer streitsüchtiger und gewalttätiger, und das Personal des Pflegeheims, in dem sie sich von ihrem zweiten oder dritten Nervenzusammenbruch erholte, hielt sie für geisteskrank. Eine Zeit lang wußten ihre Freunde nicht, wo sie sich aufhielt. Kurz nach Ausbruch des Krieges in Europa wurde sie von Emily Coleman gefunden. Peggy Guggenheim besorgte Djuna, die keinen Pfennig mehr besaß, das Geld für die Schiffsüberfahrt nach New York, obwohl sie Zweifel hatte, daß Djuna die Reise, so geschwächt wie sie war, überleben würde.

1939 ließ sich Djuna Barnes in New York nieder. Natalie Barney bedauerte, daß sie nicht die Gelegenheit gehabt hatte, ihr Lebewohl zu sagen und schrieb ihr daher: „Denn wohlleben sollst Du! und Dich nicht wegen kleiner Liebesaffären zu solchen Extremen verleiten lassen! Warum eigentlich nicht zurückkehren ... und Dich zusammenreißen um Deiner großen Gabe willen?"

Aber Djuna Barnes ging keine Liebesaffären mehr ein, weder kleine noch große, und ihr großes Talent zeigte sich in den noch folgenden vierzig Jahren nur in wenigen Texten. Zu Robert McAlmon hatte sie in Paris gesagt: „... ich könnte genausogut nach Greenwich Village zurückkehren und dort verrotten." Und im Grunde traf es genau zu. Auch wenn sie weiterhin zu schreiben versuchte – „sehr langsam und dann zerreiße ich mehr oder weniger alles und fange noch einmal ganz von vorne an"[17] –, lebte sie, verbittert und abhängig von Alkohol und Drogen, für den Rest ihres Lebens sehr zurückgezogen mit der finanziellen Unterstützung von Natalie Barney, Peggy Guggenheim und gelegentlich auch von Janet Flanner.

1943 fand in Peggy Guggenheims Galerie in Manhatten eine Ausstellung von Djuna Barnes Zeichnungen und Gemälden statt. Dies war die einzige Anerkennung, die sie als bildende Künstlerin in der Öffentlichkeit erhielt. In den letzten Jahren deprimierte sie das Schreiben immer mehr, trotzdem brachte sie noch einen letzten Roman hervor: *Antiphon*, der 1959 erschien. Aber selbst diese Ereignisse konnten sie nicht aus ihrer privaten Abgeschiedenheit zurückholen. Sie wollte noch nicht einmal ihre alte Freundin Mina Loy sehen, die ebenfalls nach New York zurückgekehrt war und ein gleichermaßen zurückgezogenes Leben führte. Obwohl Djuna Barnes jahrzehntelang Interviews ablehnte und die Veröffentlichung der zahlreichen Memoiren und Biographien, die ein verklärtes Bild des damaligen Paris zeichneten, verachtete, schrieb sie später an Natalie Barney: „Natürlich denke ich an die Vergangenheit und an Paris, woran könnte ich mich auch sonst schon erinnern?"

Janet

KAPITEL 5

BRIEFE AUS PARIS

JANET AN GENÊT

J anet Flanner hatte in ihrem Testament, das sie 1923 in Paris aufge-
setzt hatte, festgelegt, daß alle nach ihrem Tod aufgefundenen Unterlagen verbrannt werden sollten, ohne sie vorher zu öffnen oder
durchzulesen, da „man in seinem Leben viele Gedanken und Hoff-
nungen aufschreibt, die banal und unansehnlich erscheinen, wenn man
nicht mehr lebt und sie nicht mehr rechtfertigen kann."

Janet änderte ihr Testament einige Jahre später, und so konnte Solita
Solano das meiste retten. Als beide Ende siebzig waren, stiftete Solita alles
(außer einigen Intimitäten über ihr Sexualleben) der Library of Congress,
obwohl Janet in einem vorherigen Brief an die Bibliothek behauptet hatte,
nichts von Bedeutung zu besitzen. Wir können froh sein, daß Janet Flanner
ihr Testament rechtzeitig änderte, denn sie war in den vielen Jahren, in
denen sie in Paris lebte und arbeitete, vielleicht die einflußreichste Schriftstellerin der Left Bank.

Eine solche Aussage hätte Janet Flanner selbst am meisten überrascht,
obwohl sie im Jahr 1947 von der französischen Regierung in die Ehrenlegion aufgenommen wurde, ihr das Smith College 1958 den Titel eines
Ehrendoktors verlieh und sie noch viele andere Ehrungen erhielt. Als sie

LINKS **Janet Flanner vor einem Porträt ihrer lebenslangen Freundin Solita Solano.**

1964 eine Anthologie ihrer Werke aus den zwanziger und dreißiger Jahren zusammenstellte, fand sie viele ihrer Gedanken immer noch 'banal', und es war ihr unangenehm, daß sie zur Veröffentlichung gelangt waren. Stets selbstzweiflerisch, betrachtete sie sich 'bloß' als Journalistin und nicht als richtige Schriftstellerin.

Solita Solano, kurz nachdem sie Janet Flanner kennengelernt hatte.

Janet Flanner schrieb unter dem Künstlernamen Genêt für den *New Yorker* ein halbes Jahrhundert lang alle vierzehn Tage den „Letter from Paris". In diesen Briefen kommentierte sie alles von der Haute Couture über das Ballett, bis hin zu neuer Musik, moderner Kunst und sogar dem aufkommenden Faschismus. Sie schrieb nicht aus der Perspektive eines außenstehenden Beobachters, sondern als Beteiligte, die die kulturelle Welt um sich herum unmittelbar erlebte. Ihre bekannte Kolumne – von Amerikanern gelesen, die es nach Wissen über das Pariser Leben dürstete – wurde eine eigenständige Institution, in der buchstäblich alle Künstler/innen und Schriftsteller/innen des linken Seineufers verewigt worden sind. Denn als Journalistin einer zwar neuen, aber stetig an Bedeutung zunehmenden Kulturzeitschrift standen ihr alle Türen offen, sich einen Überblick über das Pariser Leben in seiner gesamten gesellschaftlichen Breite verschaffen zu können.

Janet Flanner bewegte sich mitten in der Pariser avantgardistischen Szene, doch sie selber war sehr traditionell, ja fast romantisch: „Ich wollte vor allem Schönheit. Ich kam hierher, um die Kunst und die Kultur zu finden, die ich in Amerika nicht finden konnte."[1] In einem ihrer *New Yorker*-Briefe trieb sie den kulturellen Vergleich zwischen Frankreich und Amerika auf die Spitze: „Man stelle sich vor: Während Amerika das Kerzenlicht entdeckte, entdeckte Paris Voltaire." Eine solche Beleidigung kann man ihr nachsehen, da sie selber aus dem Her-

Janet und Solita 1921 auf Kreta, wo Solita für
***National Geographic* Reiseberichte schrieb.**

zen Amerikas stammte. 1892 geboren, war sie ein Kind der soliden protestantischen Mittelschicht des mittleren Westens. Doch sie verachtete alles, was mit Puritanismus, Materialismus, Heuchelei und Standardisierung Amerikas zu tun hatte. Sie beschrieb mit dem für sie typischen Humor, inwiefern sich ihre Herkunft für ein Leben in Frankreich als nützlich erwies: „Die Familie meiner Mutter stammt aus einer Quäker Siedlung. Ich wurde halb als Quäker erzogen. Deshalb komme ich wahrscheinlich auch in Frankreich so gut zurecht – denn ich messe der Religion insbesondere dann große Bedeutung zu, wenn ich sie nicht praktizieren muß ...“[2]

Mit siebzehn lernte sie bei einer Europareise „die Schönheiten Europas, seine Architektur und Dichtung, Zivilisation und Bildung“[3] kennen. Aber es verging einige Zeit, bis sie wieder in die alte Welt zurückkam. Erst mit 26 Jahren kam sie einen Schritt näher: Sie zog mit ihrem Ehemann Lane Rehm von ihrer Heimat Indiana nach New York City. Kurz nach ihrer Ankunft verliebte sie sich in Solita Solano, die vier Jahre älter war als sie. Janet war von Solitas „großen, leuchtend blauen Augen"[4] hingerissen.

Als sich die beiden zum ersten Mal Ende des Ersten Weltkrieges begegneten, war Solita ihrem Mann davongelaufen und arbeitete nun als Theaterkritikerin für die *New York Tribune*. Die Gelegenheit, gemeinsam zu reisen, bot sich, als Solita von *National Geographic* einen Auftrag für Konstantinopel und Kreta erhielt; die beiden Frauen machten sich 1921 nach Südeuropa und in den Orient auf, was zur damaligen Zeit für verheiratete Amerikanerinnen aus der Mittelklasse ohne 'Geleitschutz' nicht gerade üblich war.

1922 ließen sich Janet und Solita in Paris nieder. Dort nahmen sie sich in dem räumlich sehr beengten Hotel Napoléon Bonaparte in der Rue Bonaparte zwei Zimmer im vierten Stock. Solita beschrieb den Charme des Hotels:

Nachdem wir unsere Jobs aufgegeben hatten, besaßen wir nur wenig Geld, was für uns aber einen romantischen Touch hatte ...

Janets Aquarell von ihrem Zimmer im Pariser Hotel Napoléon Bonaparte.

Das Hotel Napoléon Bonaparte war für unsere Zwecke genau richtig; es kostete nur einen Dollar am Tag und war nahe an der Seine, am Louvre und nicht weit entfernt von der nächsten Bushaltestelle. Sein Charme lag sicherlich nicht in seinen Annehmlichkeiten; die schufen wir uns viel später selber ... Das oberste Stockwerk war für uns alle wichtig, da sich neben dem Zimmer Nummer 20 das einzige Bad im Hotel befand, in dem gerade einmal eine Wanne und ein Stuhl standen ... Ein Hotel wie geschaffen für das, was uns wichtig war – keine übertriebene Häuslichkeit, genug Freiräume, um zu arbeiten und zu lesen, und alles, was unser Herz begehrte, zu Fuß erreichbar ...[5]

Hier lebten sie beinahe zwei Jahrzehnte lang, bis Frankreich in den Zweiten Weltkrieg eintrat. Die beiden Frauen blieben für den Rest ihres Lebens eng befreundet, obwohl sie oft in andere Beziehungen verstrickt waren. Janet hatte sich nicht nur wegen der Kunst und Kultur für Paris entschieden, sondern auch, um von ihrem Mann loszukommen, dem gegenüber sie sich – wie sie fand – sträflich verhalten hatte (sie hatte fast ihr ganzes Leben lang Schuldgefühle, daß sie ihn in erster Linie nur geheiratet hatte, um aus Indiana herauszukommen). Paris bot ihr nun die Möglichkeit, mit Solita so zu leben, wie sie es wollte.

Man sah das Paar bei Natalie Barneys Nachmittagstee in deren Garten, mit Djuna Barnes im Café Flore Cocktails trinken oder auch mit der Engländerin Nancy Cunard, einer reichen Erbin, in ihrem Lieblingsrestaurant, La Quatrième République, in der Rue Jacob beim Mittagessen. Solita stellte sich später vor, welchen Eindruck sie auf andere gemacht haben mußten und überlieferte uns damit ein lebhaftes Bild von Janet aus jenen Jahren:

Der Anblick des Trios muß eindrucksvoll gewesen sein: Nancys ägyptischer Kopf mit Nofretetes stolzen Augen und dem wohlgeformten, rot geschminkten Mund ... Janet ... behauptete von sich, daß es in ihren intelligenten Gesichtszügen bereits angelegt sei, daß sie eines Tages wie Voltaire aussehen würde. Von Geburt an war sie sehr redselig. Janets Hände waren zwei kleine Raritäten, die nur zwei Zwecken bewußt dienten – mit zwei Fingern Schreibmaschine zu schreiben (und mit welch rasanter

Geschwindigkeit) und in umständlicher Position die immer qualmende Zigarette zu halten. [6]

Wenn Janet nicht im Café Flore oder im La Quatrième République war, dann war sie im Café des Deux Magots. Und gerade dieses ausschweifende Caféleben und der Neid, den es in anderen hervorrief, verhalfen ihr zu der Tätigkeit beim *New Yorker*.

Ihre Freundin Jane Grant, die nach New York zurückgekehrt war, war von den geistreichen, mit Neuigkeiten gespickten Briefen, die sie von Janet erhielt, so begeistert, daß sie sie bat, einen vierzehntägig erscheinenden Brief für die Zeitschrift zu schreiben, die sie und ihr Mann Harold Ross gerade neu herausbrachten: „Du mußt wieder an die Arbeit", schrieb Jane an Janet, die „verkündet hatte, sie wolle für den Rest ihres Lebens im Deux Magots herumlungern und vielleicht ein Buch schreiben, wenn ihr der Sinn danach sei."[7]

Einmal war ihr schon der Sinn danach gewesen. *The Cubicle City*, ein Roman über New York, erschien 1925 bei G.P. Putnam's Sons. Solita war sogar noch produktiver. Als Janet 1925 ihren Job beim *New Yorker* aufnahm, hatte Solita bereits zwei Romane geschrieben, *The Uncertain Feast* (1924) und *The Happy Failure* (1925), und arbeitete an einem dritten, *This Way Up* (1926). Die positive Resonanz, mit der ihr erster Roman aufgenommen wurde, verdeutlicht auch den Konflikt, in den Schriftstellerinnen unvermeidbar gerieten, wenn sie einfach nur Schriftstellerin sein wollten – und das sogar in den 'freien' zwanziger Jahren. Die *Paris Tribune* schrieb über Solita Solanos Buch *The Uncertain Feast*:

> Obwohl von einer Frau geschrieben, weist es nicht die für Frauen übliche Geschwätzigkeit auf, mit der Schriftstellerinnen normalerweise sehr umfangreiche Bände ohne Feingefühl oder Scharfblick produzieren. Stilistisch ausgefeilte Sätze und ergreifende Gemütsschilderungen prägen die Geschichte. Sie [Solita Solano] ist „maßvoll" und besitzt analytische Fähigkeiten. Sie steht über den Gefühlsleichen und seziert sie ohne zu schaudern. Doch eines ist sicher, ihre Darstellung von Frauen und deren rätselhaften Banalitäten sind weniger gelungen als die pathologischen Einblicke in die Gedanken- und Gefühlswelt der Männer. Ihre Frauenfiguren erscheinen immer ein wenig

unwirklich, aber sobald sie Männer beschreibt, vermittelt sie
uns den unvergeßlichen Eindruck eines tiefen Verständnisses. [8]

Trotz solcher indirekten Komplimente verkauften sich Solitas Romane nicht
gut, und sie sah sich gezwungen, wieder ihre journalistische Arbeit aufzunehmen. Sie versuchte es auch mit Lyrik, von der einiges in weniger bekannten Zeitschriften oder in ihrem Band *Statue in a field* erschien, der
1934 in Paris privat gedruckt wurde.

Janets 'Brief' im *New Yorker* ersetzte nicht nur ihren eigenen Versuch, Romane zu schreiben, sondern stellte schon bald auch Solitas literarische Arbeit in den Schatten. Seitdem es „Genêt" gab, widmete sich
Solita nicht mehr nur ihrem eigenen Schreiben sondern auch ihren neuen
Funktionen als Janets persönliche Redakteurin, als ihr Stimmungsbarome-
ter und ihre literarische Assistentin, oder, wie sie sich fünfzig Jahre später
ganz bescheiden selbst beschrieb: „Genêts Freundin, Amateursekretärin
und Hüterin ihres Wortschatzes."[9] Später leistete Solita ihre unbezahlten
Dienste als Redakteurin auch für Nancy Cunard, Ernest Hemingway und
Margaret Anderson, und sie übersetzte die Gedichte anderer enger Freunde ins Englische, wie zum Beispiel die von Colettes Schützling Germaine
Beaumont.

Janet hatte größte Achtung vor der Literatur, auch wenn ihr eigenes
Werk eindeutig journalistisch war, wofür sie sich auch ihr Leben lang zu
entschuldigen schien. Als Gastsprecherin bei der Jahresversammlung des
American Institute of Arts and Letters in New York stellte sie ihr Licht
selbst in den Schatten:

> Ich muß die einzige Schriftstellerin sein, die rein handwerklich
> schreibt, und trotzdem Mitglied dieses erhabenen Institutes ist ...
> Ich gehöre der niederen Klasse der schreibenden Zunft an. Ich
> bin lediglich Reporterin. Die anderen schreibenden Mitglieder,
> sind Dichter, Romanschriftsteller, Historiker, Stückeschreiber,
> Literaturkritiker, Kommentatoren von Staatsangelegenheiten.
> Auf jeden Fall gehören sie zu jener Oberschicht, die Bücher
> schreibt. Ich schreibe nur Kolumnen ...[10]

Gegenüber diesen Kolumnen verhielt sie sich „wie eine Ente, die im Wasser
landet – zunächst zögerlich und dann mit leidenschaftlicher Hingabe."[11]

Sie hatte eine ganz eigene Art journalistische Texte zu schreiben, wobei sie die Sätze herunterhämmerte und gleichzeitig ausfeilte. Sie sprang oft im selben Satz von einem Thema zum anderen, von der Stavisky Betrugs-affäre zu den Preisvorschriften für Weizen, von der Beerdigungsfeier für einen französischen Historiker, dessen Spezialgebiet Napoléon war, zu einem Handgemenge zwischen jugendlichen Royalisten und danach zum französischen Premierminister Léon Blum. Dies gab ihren Lesern nicht nur einen faszinierenden Einblick in ihre Denkweise, sondern vermittelte ihnen auch das Gefühl, im Augenblick des Schreibens anwesend zu sein. Und obwohl ihr Stil die Leichtigkeit einer geistreichen Unterhaltung hat-te, sagte sie von sich:

> Es ist mir nicht immer leicht gefallen. Ich bin nämlich ein Pe-
> dant. Schreiben bedeutet mehr, als nur Wörter auszuspucken,
> wie es sich viele Leser vorstellen. Die Gedanken zählen genau-
> soviel. Wie auch die Informationen und der Rhythmus ... Wenn
> etwas nicht richtig läuft, fange ich wieder ganz von vorne an –
> ich verwende zwar wieder die gleichen Gedanken, aber neue
> Wörter.[12]

Sie war eine scharfe Beobachterin, jedoch in keinster Weise objektiv oder distanziert; nicht einmal im beruflichen Bereich strebte sie Objektivität und Distanz an. Ihre Persönlichkeit beeinflußte alles, was sie schrieb, und trat, je selbstbewußter sie als Journalistin wurde, immer deutlicher hervor.

> Es war eine neue Form von journalistischer Auslandskorrespon-
> denz. Ich mußte sie erst entwickeln und durchsetzen, da es kei-
> nen Vorläufer gab. Auch der New Yorker war in seinen Anfängen
> wie ein zu groß geratener Fisch, der erst einmal schwimmen
> lernen mußte. Er hatte seinen Stil noch nicht gefunden, und es
> dauerte noch eine Weile, bis ich meinen eigenen Stil, der
> instinktiv zu kritischen Kommentaren tendierte, gefunden hatte.
> Meiner Meinung nach benötigt Kritik, wenn sie wirksam sein
> soll, eine gewisse persönliche Sichtweise oder Färbung des
> Autors.[13]

LINKS Porträt „Genêt vom New Yorker".

Ihre faszinierende und manchmal ausgesprochen unkonventionelle Art, zwischen Kunst, Mode, dem täglichen Leben und der Wirtschaft eine Verbindung herzustellen, sicherte ihr eine anerkannte und dauerhafte Position bei der Zeitschrift. Jane Grant urteilte über sie: „Ihre Kritiken über Kunst, Musik und Personen aus dem öffentlichen Leben sowie ihre Berichte über Ausstellungen und wichtige Ereignisse waren so fachmännisch, daß ihre Artikel sehr bald neue Maßstäbe für die Zeitschrift setzten. Sie hatte eine neue Richtlinie vorgegeben, eine neue Form geschaffen."[14] Zu einer Zeit, als im *New Yorker* regelmäßig die Kolumne „On and Off the Avenue: Feminine Fashions" erschien, ebenso wie große Werbeanzeigen für Pariser Hutmodelle („direkt von den Pariser Modenschauen"), die in den Kaufhäusern Macy's und Bamberger erhältlich waren, ließ Flanner in ihren Kommentar über die Pariser Mode eine Randbemerkung über die Ausbeutung französischer Arbeiterinnen in der Modeindustrie einfließen. Wenn sie über ihre Erfahrungen in Frankreich schrieb, war sie darauf bedacht, auch die Perspektive der Franzosen zu berücksichtigen, denen die in ihrer Stadt lebenden Amerikaner reich erscheinen mußten, während Frankreich und das französische Volk noch immer mit den finanziellen Belastungen aus dem Ersten Weltkrieg zu kämpfen hatten.

Vielleicht war es der krasse Gegensatz zwischen amerikanischem Wohlstand und französischer Armut nach dem Krieg, der sie dazu bewog, ihre Leser auf diese Diskrepanz aufmerksam zu machen, vielleicht dachte sie aber auch nur an die Ermahnungen ihres Verlegers. Der *New Yorker* machte ihr nur eine einzige Auflage, sie sollte herausfinden, was das französische Volk dachte, und nicht, was die in Paris lebenden Ausländer dachten. Offen gesagt, Janet wußte für gewöhnlich nicht, was die Franzosen dachten, auch wenn sie die französische Presse stets verfolgte. In ihren Kolumnen und auch in anderen Artikeln glitt sie, wenn sie über Frankreich schrieb, oftmals in grobe Verallgemeinerungen ab, die beinahe an Stereotype grenzten. Aber da sie die französische Kultur liebte, waren diese Verallgemeinerungen stets harmlos und für gewöhnlich charmant:

> Die Franzosen sind in der Regel vielleicht zu zivilisiert, um sich
> an der Natur zu begeistern. Im allgemeinen halten sie alle
> Bäume für Ulmen, ob sie in Parks, auf Weiden oder am Wasser
> stehen, weil Corot sie so gemalt und damit ein Vermögen
> gemacht hat, während sich seine wesentlich besseren Kunst-

werke, seine frühen Porträts, nicht verkaufen ließen ... Und die
Franzosen sind beileibe keine Vogelliebhaber, es sei denn, es
handelt sich um eine Wachtel oder einen Fasan, der gebraten
auf einem mit Brunnenkresse garnierten Toast liegt.[15]

Manchmal gab sie es auf, nach solch weithergeholten Erklärungen zu suchen, und gab einfach zu, daß sie nicht verstand, warum die Franzosen so
unverbesserlich französisch waren.

> In jedem Land ißt man auf irgendeine Weise gut ... Aber in Paris
> ißt man besser. Und dafür gibt es keine Erklärung ... Es gibt
> keine vernünftige Erklärung, warum die Franzosen mehr als
> irgendjemand sonst während der letzten vier Jahrhunderte ...
> durchgängig großes Talent in der Malerei bewiesen haben; oder
> warum sie in diesem Zeitraum Weltliteratur geschrieben haben,
> oder zumindest große französische Werke schrieben, was
> natürlich etwas anderes ist. Diese Fälle von tradiertem Talent,
> die in manchen Nationen vorkommen, sind Mysterien ...[16]

Als Mitglied der französischen und insbesondere der ausländischen Künst-
lergemeinschaft der Left Bank, schrieb Janet regelmäßig über deren Aktivitäten und befand sich dort auf wesentlich sichererem Boden. Als Feministin interessierte sie sich besonders für die Arbeit und die Leistungen
anderer Frauen. Als die führende französische Filmemacherin Germaine
Dulac 1927 *Schemas* gründete, eine neue Zeitschrift über Film und Fotografie, fand Janet Flanner, daß sie dem amerikanischen Publikum vorgestellt werden müsse. 1929 berichtete sie über die Gründung von Nancy
Cunards *Hours Press*; 1933 kündete sie die bevorstehende Veröffentlichung von Gertrude Steins *Autobiography of Alice B. Toklas* an; 1935
machte sie in der Buchhandlung *Shakespeare and Company*, die gerade
schwere Zeiten durchmachte, Werbung für den Verkauf von Manuskripten. Ebenso schrieb sie einen Kommentar über eine neue illustrierte Werk-
ausgabe der Malerin Marie Laurencin. Sie berichtete davon, daß Teile von
Djuna Barnes' neuem Roman *Ryder* im *transition magazine* veröffentlicht
wurden, und über die Ausstellung von Marie Monniers besticktem Wand-
teppichen, die in der Buchhandlung *La Maison des Amis des Livres* ihrer
Schwester Adrienne stattfand.

PARIS IN SCHWARZ-WEISS

Im April 1927 besprach Janet Flanner eine Ausstellung der in Paris lebenden, amerikanischen Fotografin Berenice Abbott, die im Sacre du Printemps stattfand. Unter den Ausstellungsstücken befanden sich Porträts führender moderner Künstler, darunter André Gide, Sylvia Beach, James Joyce, Djuna Barnes und Jean Cocteau, über die Janet Flanner schrieb, daß sie sehr „dichterisch" seien, der Dichter selbst aber beseitigt worden wäre.

Berenice Abbott war seit zwei Jahren freiberufliche Fotografin und hatte vorher als Man Rays Assistentin und gelegentlich als Modell gearbeitet. Für die Fotografie brachte sie Kenntnisse in Design, Malerei und Bildhauerei mit sowie ihre Erfahrungen aus der Lehrzeit. Für Man Ray war sie insbesondere in der Dunkelkammer von unschätzbarem Wert gewesen, da sie „das gewisse Gespür für den Abzug" hatte. Sie sagte selbst über sich: „Ich spürte beim Abziehen genau den richtigen Zeitpunkt ... Ich besaß ein unfehlbares Gefühl dafür, Filme zu entwickeln."[17] Doch schon bald fing sie an, in der Mittagspause selber zu fotografieren; meistens Porträts ihrer Freundinnen – Thelma Wood, Marie Laurencin, Eileen Gray und Edna St. Vincent Millay. Sie lehnte es ab, den Personen, die sie fotografierte, ein Bild aufzudrängen und brachte statt dessen, ohne dabei etwas zu verschönern oder zu analysieren, das Bild zum Vorschein, das die fotografierten Personen von sich selber schufen. Auch Janet Flanner war von diesem neuen Ansatz beeindruckt.

Die *Paris Tribune* veröffentlichte eine Besprechung dieser Fotografien, in der die neuen Qualitäten weiter ausgeführt wurden:

Mit viel Können arbeitet sie in Schwarzweiß und verwendet diese beiden Extreme mit sorgfältiger

RECHTS **Berenice Abbott, fotografiert von Man Ray.**

Genauigkeit. Sie modelliert und schattiert mit der Erfahrung einer Künstlerin. Die dadurch erzeugte Wirkung könnte man als 'gezeichnete Kamerastudien' bezeichnen. Ihre Arbeit steht im extremen Gegensatz zu allen traditionellen Vorstellungen und Methoden ... ihr ist es wichtig, ihren feinfühligen Eindruck von der Person darzustellen, ohne zu analysieren oder Charakterstudien zu betreiben. Ihre Porträts zeichnen sich durch große Einfachheit und Vernachlässigung des Details aus.[18]

Dafür, daß Berenice Abbott Man Rays Studio während der Mittagspause benutzen durfte, zahlte sie ihm die Hälfte all ihrer Honorare. Aber ihr Gehalt war so gering, daß sie ihm bald mehr bezahlen mußte, als er ihr zahlte, woraufhin sie sich selbständig machte. Sie war nicht die einzige Frau, die bei Man Ray gelernt hatte; auch die Amerikanerin Lee Miller und die in Deutschland geborene Marianne Breslauer, die beide 1929 nach Paris kamen, arbeiteten in seinem Studio. Marianne Breslauer machte zahlreiche Fotos von der Stadt und viele Künstlerporträts, darunter Picasso und Vollard.

Als sich Berenice Abbotts und Man Rays Wege trennten, schenkte Bryher Berenice ihre erste Kamera. Später schrieb Bryher an Sylvia Beach, daß sie immer ihr Möglichstes versucht habe, um den wahren Künstlern und insbesondere Künstlerinnen zu helfen. Berenice Abbott wurde von Bryher noch auf andere, eher indirekte Weise unterstützt, indem Bryher nämlich Sylvia Beachs Buchhandlung *Shakespeare and Company* finanziell unter die Arme griff. Denn in der Buchhandlung wurden nicht nur Berenice' Fotos ausgestellt, sondern auch die Zeitschriften verkauft, in denen sie als Fotografin und als Dichterin veröffentlichte. Da Shakespeare and Company nicht nur die Hauptverkaufsstelle dieser Zeitschriften war, sondern auch der Treffpunkt ihrer Mitwirkenden, empfand sich Sylvia zu Recht als die 'Mutter' dieser Zeitschriften, was keine geringe Aufgabe war. Denn es war, um es mit Bryhers Worten zu sagen, „die Blütezeit der kleinen Zeitschriften."[19]

Berenice Abbotts berühmtes Porträt ihrer Freundin Janet Flanner mit dem Zylinder von Nancy Cunards Vater.

THE LITTLE REVIEW

Margaret Anderson rief *The Little Review* ins Leben, weil sie ein „intelligentes Leben" führen wollte. „Intelligent" bedeutete für sie, neuartige Ideen zu vertreten; und Kunst stand bei ihr für die Ansichten über Kunst. Margaret Anderson konnte 1912 in Indiana keine neuartigen Ideen entdecken, ebensowenig wie einige Jahre später Janet Flanner. Als ausgebildete Pianistin war Margaret Anderson für Janet Flanner „der geborene Feind von Konventionen und Disziplin – eine feministische und romantische Rebellin mit einer Vorliebe für Chopin und Bücher aller Art." Zunächst ging Margaret nach Chicago, wo sie einen Job als Angestellte in einer Buchhandlung bekam und acht Dollar in der Woche verdiente. Aus einem Impuls heraus gründete sie mit ein paar Dollar die *Little Review*. Da sie sich immer nur mit dem Besten zufrieden gab, beabsichtigte sie, die Zeitschrift zur bedeutendsten der ganzen westlichen Welt zu machen. Sie wußte nichts über das Verlagswesen, nicht einmal „daß man die Korrekturfahnen durchlesen mußte, wenn sie vom Drucker kamen", wie sie sich später erinnerte.[21]

Die erste Ausgabe erschien im März 1914 und beinhaltete unter anderem eine Kritik über die kubistische Literatur Gertrude Steins: „ … sie hat die Verben und die Satzstellung vollkommen ausgeschaltet und schleudert dem Leser eine Abfolge von bildhaften Substantiven entgegen. Man kann ihr mit Sicherheit keine 'Geziertheit' vorwerfen."

Das war noch harmlos im Gegensatz zur dritten Ausgabe, die im Mai 1914 herauskam und in Chicago einen Skandal auslöste, da in ihr die Wertvorstellungen der Anarchistin Emma Goldman gepriesen wurde, die anläßlich einer Lesung in die Stadt gekommen war.

Margaret blühte bei solchen Auseinandersetzungen auf. Sie startete eine Kampagne, mit der sie Abonnenten gewinnen wollte, um so die Mittel für die nächste Ausgabe zu beschaffen. Sie hatte kaum genug zu Essen und nicht genug Geld, um ihre Miete zu zahlen. Daher zog sie mit ihrer Schwester, deren zwei kleinen Söhnen und der unentgeltlich arbeitenden Bürogehilfin an die Ufer des Michigan Sees. Dort schlugen sie ein Zelt auf und arbeiteten an der nächsten Ausgabe, in der der erste Artikel einer Serie über Nietzsche erscheinen sollte. Später schrieb Margaret: „Da wir eine revolutionäre Zeitschrift waren, war Nietzsche natürlich unser Prophet."[22] Eine Gruppe „revolutionärer Nietzscher Strandarbeiter" gab ei-

nen guten Stoff ab für die *Chicago Tribune*, und die daraus resultierende
Publicity brachte genug Abonnenten ein, um sie – kurz bevor der strenge
Chicagoer Winter einsetzte – von ihrem Zeltleben zu erlösen.

Margaret Anderson war für die unterschiedlichsten Eindrücke empfänglich, und sie war rastlos, sowohl physisch als auch intellektuell; sie
interessierte sich abwechselnd für den Anarchismus, den Feminismus, die
Psychoanalyse und für Kunst. Die Zeitschrift erhielt ein einheitlicheres
Erscheinungsbild, als Margaret Anderson Jane Heap zu ihrer Verlagsassi-
stentin machte. Sofort brachten sie eine Ausgabe mit 64 Blankoseiten heraus und verkündeten, daß keiner der Beiträge ihren Ansprüchen genügt
hätte. Sie waren nicht bereit, Zugeständnisse an das Publikum zu machen, weswegen ihre Zeitschrift den Untertitel trug „Eine Kunstzeitschrift
ohne Zugeständnisse an den öffentlichen Geschmack". Ebenso wenig
wollten sie sich mit mittelmäßigen Autoren abfinden.

Jane Heap war eine Frau von außerordentlicher Intelligenz und mit
einer außergewöhnlichen Vergangenheit. Ihr Vater leitete eine psychiatri-
sche Anstalt im mittleren Westen, und Jane, die unter den Patienten auf-
gewachsen war, war von der Art und Weise, wie deren Verstand arbeitete,
sehr fasziniert.

In den zwanziger Jahren fanden die in Paris lebenden Künstler – und
dazu gehörten auch Ezra Pound und Robert McAlmon – Janes Art, ihre
Homosexualität und ihren Transvestismus offen auszuleben, für anstößig.
Margaret und Jane müssen ein auffällig gegensätzliches Paar abgegeben
haben, denn Janet Flanner beschrieb Margaret Anderson als ein „so hüb-
sches und feminines Wesen". Die beiden Frauen fanden jedoch, daß sich
ihre Persönlichkeiten ergänzten – Jane Heap drückte es metaphorisch aus:
Margaret war das Summen und Jane der Stachel.

Margaret und Jane hatten sich nach einem kurzen Aufenthalt in
Kalifornien mit ihrer Zeitschrift in New York niedergelassen. Ezra Pound
wurde zum Herausgeber für Europa ernannt, eine – wie es scheint – nicht
ganz glückliche Entscheidung. Pound brachte ein wenig Geld mit und
viele Manuskripte von Yeats, T.S. Eliot, Wyndham Lewis, James Joyce und
sich selbst. Er verband mit der Zeitschrift jedoch konkrete Absichten: „Ich
will ein 'offizielles Organ' (ein häßliches Schlagwort). Ich meine, ich will
einen Ort, an dem ich und T.S. Eliot einmal im Monat erscheinen können
... und wo Joyce erscheinen kann, wenn er es möchte ..."[23]

Die *Paris Tribune* unterstellte den Herausgeberinnen Margaret Anderson und Jane Heap, daß sie kein Konzept besessen und es ihnen an ästhetischem Urteilsvermögen gemangelt hätte, bis Ezra Pound „als europäischer Herausgeber einsprang und *The Little Review* scheinbar unter seinem Einfluß eine bestimmte Ausrichtung bekam ...“[24] Solche Äußerungen waren es, die dazu geführt haben, daß der Beitrag, den die Frauen der Moderne geleistet haben, nicht gewürdigt und folglich verdrängt wurde. In ihrem literarischen Beiheft konnte es sich die *New York Times* 1968 tatsächlich ungestraft erlauben, in einer Besprechung zur Neuauflage von *The Little Review* folgende Behauptung aufzustellen: „Pound war bei der *Little Review* der einzige, der wußte, was er tat, und der die Macht hatte, es zu tun.“

Es war nicht die erste von Frauen geführte Zeitschrift, die Ezra Pound zu ‘beeinflussen’ versuchte. Er war außerdem Auslandskorrespondent für Harriet Monroes *Poetry Magazine*, in dem er seine Lehre über den ‘Imagismus’ veröffentlichte und die Dichterin H.D. ‘vorstellte’. Anschließend übernahm er die englische Zeitschrift *New Freewoman*, die innerhalb von sechs Monaten, als Pound ihr Redakteur für Literatur wurde, ihren feministischen Schwerpunkt verlor und sich in *The Egoist* umbenannte.

Auch wenn Pound interessante Schriftsteller für die *Little Review* anzog, so bewirkte seine Beteiligung auch, daß sich andere von der Zeitschrift abwandten. Die Dichterin Amy Lowell hatte das Gefühl, daß „Margaret Anderson mit Leib und Seele zu Ezra übergelaufen war“, ein Vorwurf, den Margaret immer abstritt. H.D. fand, daß Pounds Verhalten Grund genug sei, „um sich von seinen Jagdgründen fernzuhalten“. Sie war von Margaret Anderson aufgefordert worden, einen regelmäßigen Beitrag zu leisten, entschied sich jedoch wegen Pound dagegen: „Ich denke, ich halte mich im Moment besser ganz ’raus.“[25]

James Joyce dagegen wollte dabei sein, und sein *Ulysses* erschien in *The Little Review* zwischen 1918 und 1920 in 23 monatlichen Fortsetzungen. Das U.S. Post Office verbrannte drei dieser Ausgaben, da es sie für obszön hielt. Für Margaret war dies

> wie ein Verbrennen auf dem Scheiterhaufen, zumindest was
> mich betraf. Die Sorgfalt, die wir aufgebracht hatten, um Joyce’
> Text vollständig zu bewahren; die Sorge über die sich häufenden

Rechnungen, als wir keinen Vorschuß bekamen; die Methode, die ich bei Druckern, Buchbindern, Papierherstellern einsetzte – Tränen, Gebete, hysterische Anfälle oder Wutausbrüche –, um sie ohne finanzielle Garantien zum Weitermachen zu bringen; das Adressieren, Eintüten, Frankieren, Abschicken; das Gespanntsein darauf, wie wohl die Weltöffentlichkeit auf das literarische Meisterwerk unserer Generation reagieren würde ... und dann eine Benachrichtigung vom Post Office: „Verbrannt".[26]

Doch damit war die Geschichte noch nicht beendet. Das 'Committee for the Suppression of Vice' [Kommittee für die Unterdrückung von Lastern], dem ein Mr. Sumner vorstand, ordnete wegen des Vorwurfs der Verbreitung obszönen Gedankenguts eine einstweilige Verfügung gegen die Zeitschrift an und brachte die beiden Frauen vor Gericht. Ihr Rechtsanwalt und kurzzeitiger Wohltäter, John Quinn, verteidigte sie in der bereits verlorenen Sache. Oder um es genauer zu sagen, er verteidigte James Joyce und dessen literarische Verdienste – obwohl sie sich gar nicht vor Gericht zu verantworten hatten – , weil er fand, daß die beiden Frauen „verdammt blöd" waren und kein „Fünkchen Verstand" hatten, weil sie tatsächlich *Ulysses* veröffentlichen wollten. Janet Flanner erinnerte sich später, daß keine einzige Zeitung etwas zur Verteidigung von James Joyce und seinen unvernünftigen Herausgeberinnen veröffentlichte, aus Angst mit dem Skandal in Verbindung gebracht zu werden. Die *Paris Tribune* bezweifelte, daß Margaret Anderson und Jane Heap *Ulysses* „jemals wirklich verstanden" hätten, trotz der schweren Prüfungen, die ihnen die Veröffentlichung auferlegte. Ein Höhepunkt des Verfahrens war wohl erreicht, als einer der drei älteren Richter eine ritterliche, schützende Haltung Margaret gegenüber einnahm und nicht zulassen wollte, daß die anstößigen Passagen des Romans in ihrer Gegenwart laut vorgelesen wurden – als ob sie sie nie selber gelesen hätte.

Von Jane Heap und Margaret Anderson wurden die Fingerabdrücke genommen, und sie mußten eine Geldstrafe von 100 Dollar zahlen. Möglicherweise wäre es ihnen besser ergangen, wenn Jane Margaret und sich selber verteidigt hätte, denn sie verstand es, mit Worten zu überzeugen. Über den Leiter des Kommittees, Mr. Sumner, und seine Anschuldigung schrieb sie: „Es war der Dichter, der Künstler, der die Liebe entdeckte, den

Während eines Pariser Aufenthalts treffen Margaret Anderson und Jane Heap
(Mitte, stehend) zum ersten Mal ihren Auslandskorrespondenten Ezra Pound
(ganz rechts, stehend) sowie Man Ray (mit Kamera), sein Model Kiki (hinter ihm
stehend), die Dichterin Mina Loy (knieend) und den Filmemacher und Dichter
Jean Cocteau (mit Spazierstock).

Liebhaber schuf, die Sexualität jeglicher Funktion enthob. Und es sind die Mr. Sumners, die daraus eine Obszönität gemacht haben."

Das hartnäckige Team gab sich nicht geschlagen und zog 1923 in die weniger puritanische Stadt Paris, wo es seine Arbeit fortsetzte. Der Künstler Francis Picabia war im Vorjahr ihr französischer Redakteur geworden, was jedoch keinen Konflikt nach sich zog, denn, so Margaret: „Wir haben von ihm nie irgendetwas gehabt, außer einer Picabia-Ausgabe."[27] Margaret und Jane hatten bisher auch ohne Picabias Hilfe führende französische Schriftsteller der Avantgarde veröffentlicht und glaubten, dies fortführen zu können.

Ezra Pound war nicht mehr der Herausgeber für das Ausland; den meisten Berichten zufolge wurde nun, da der Hauptsitz in Paris war, kein europäischer Herausgeber mehr benötigt. Doch vielleicht beschleunigten die Herausgeberinnen auch sein Ausscheiden, nachdem sie ihn schließlich persönlich kennengelernt hatten. Nach ihrem ersten Treffen – er war 38 Jahre alt – bemerkte Margaret: „Es wird interessanter sein, ihn näher kennenzulernen, wenn er erst einmal erwachsen geworden ist."[28]

Margaret Anderson verließ ebenfalls bald die *Little Review*, ohne jedoch ihren Namen aus dem Impressum herauszunehmen. Es waren weder das Gerichtsverfahren noch das Bußgeld, noch die negativen Reaktionen in der Öffentlichkeit, noch die obszönen Haßbriefe, die sie erhielt, noch die ärmlichen Verhältnisse, die sie schließlich veranlaßten, die Zeitschrift aufzugeben. Sie hatte einfach nur etwas Neues gefunden, das nun ihre volle Aufmerksamkeit beanspruchte: die Schauspielerin und Sängerin Georgette LeBlanc, die dreißig Jahre lang die ‚führende Dame' – sowohl auf der Bühne als auch hinter den Kulissen – des belgischen Dichters und Dramatikers Maurice Maeterlinck gewesen war.

Janet Flanner erinnerte sich: „Von Anfang an gingen die beiden Frauen eine Verbindung ein, die alle Anzeichen von Dauerhaftigkeit aufwies."[29] So war es auch: die beiden waren zwanzig Jahre lang unzertrennlich, bis Georgette nach langem Leiden schließlich an Krebs starb. In ihrem Nachruf in der *Herald Tribune* im Jahr 1941 wurde darauf hingewiesen, daß sie Maeterlincks Schaffen maßgeblich beeinflußt hatte:

Ihr Einfluß auf das Leben und Werk des belgischen Dichters war zugegebenermaßen sehr bedeutend. Seitdem Maeterlincks Feder in den letzten Jahren ruht, hat es Mutmaßungen darüber gegeben, ob der Bruch mit Mme LeBlanc dafür verantwortlich war, daß dieses Talent, dessen Flamme dreißig Jahre lang brannte, erloschen ist.

Offensichtlich erloschen Georgette LeBlancs eigene Talente nach dem Bruch mit Maeterlinck nicht. In New York und Paris gab sie weiterhin Konzerte und trug ihre Dichtung vor, wobei sie laut Janet Flanner „ihre Zuhörer buchstäblich zu Tränen rührte." Für Janet, die Georgettes Musik nicht mochte, mögen es Tränen des Elends gewesen sein, aber sie setzte sich über ihre persönliche Abneigung hinweg und bezeichnete die sentimentale Reaktion von Georgettes hingebungsvollem Publikum pflichtgemäß als: „Tränen der Freude, Tränen der Zärtlichkeit." Margaret, die auf ihre frühere professionelle Musikausbildung zurückgriff, begleitete Georgette am Klavier.

Ob Georgette LeBlanc und die sie begleitende Pianistin nun für diese Vorträge bezahlt wurden oder nicht, ist aus Janets Berichten nicht zu erfahren, auf jeden Fall ging es den beiden finanziell nicht besser, als zu der Zeit, als Margaret die finanziellen Verpflichtungen von The Little Review zu tragen hatte. Erstaunlicherweise schien ihre Armut ihren Lebensstil nicht zu beeinträchtigen. Als Margaret ihre Memoiren schrieb, wobei sie ihrer engen Freundschaft mit Georgette LeBlanc einen ganzen Band widmete, erinnerte sie sich: „Zu dieser Zeit hatten wir weniger Geld als irgend jemand sonst auf der Welt (jene eingeschlossen, die überhaupt keines besitzen), aber wir verbrachten zwanzig Jahre in fünf der himmlischsten französischen Schlösser."

Das erste dieser Schlösser gehörte Georgette LeBlancs Schwester und ihrem Mann. Und die Geschichten, die Margaret Anderson über ihr Leben mit Georgette erzählte – beide wurden als mittellose Kostgänger betrachtet, die nur geduldet waren – hätten jeden vernünftigen Menschen dazu veranlaßt, sich eine Arbeit zu suchen und so schnell wie möglich in ein bescheideneres Quartier umzusiedeln. Statt dessen schrieb Georgette Gedichte und beide wurden Anhängerinnen – und schließlich Konvertitinnen – des russisch-griechischen Mystikers Georges Gurdjieff, den sie in

den frühen zwanziger Jahren kennengelernt hatten. Margaret und Georgette lebten mit Unterbrechungen mehrere Jahre in Gurdjieffs Schloß, in
das er sich zurückgezogen hatte. Für sie war es neben all den anderen
Schlössern ein weiteres himmlisches Heim. Jane Heap und Solita Solano
gehörten zu jenen, die sie erfolgreich zu ihrer Doktrin bekehren konnten.
Doch die stets zynische Janet Flanner war für so etwas nie empfänglich.

Unterdessen arbeitete Jane Heap bis 1929 als alleinige Herausgeberin von *The Little Review* weiter. Da die Zeitschrift nun nicht mehr Pounds
„offizielles Organ" war, erweiterte sich ihr Spektrum. Ohne sich in eine
der verschiedenen zerstrittenen Splitterparteien, die es in der Welt der
Kunst gab, einzureihen, gelang es Jane Heap, einer ganzen Reihe von
ihnen Gehör zu verschaffen. Für Margaret Anderson war es eine Erleich-
terung, zu wissen, daß sich die Zeitschrift in Jane Heaps Händen befand.
Jane war für sie „das Interessanteste, was der *Little Review* zugestoßen
war. Für mich war kamen ihr Ausdruck und ihre Art, ihre Gedanken zu
formulieren, einem Genie gleich."[30]

Jane Heap nutzte ihre Position, um Schriftstellern zu helfen, an die
sie glaubte, und um ihre Arbeit Verlegern und Herausgebern vorzustellen.
Insbesondere für Gertrude Stein übernahm sie die die Rolle einer selbster-
nannten Literaturagentin. 1924 machte sie T.S. Eliot, der damals bei der
vierteljährlich erscheinenden englischen Zeitschrift *The Criterion* arbeitete, auf Gertrudes schriftstellerisches Werk aufmerksam. Er, der trotz Gertrudes enormer Produktivität in den letzten fünfzehn Jahren keines ihrer
Werke gelesen hatte, war Jane dafür dankbar, daß schließlich eines der
Manuskripte auf seinem Schreibtisch landete. Innerhalb eines Jahres stimmte T.S. Eliot einer Veröffentlichung zu und schrieb an Gertrude: „Ich inter-
essiere mich außerordentlich für alles, was sie schreiben."[31]

Zwischen 1923 und 1928 fand ein reger Briefwechsel zwischen Jane
Heap und Gertrude Stein statt, in dem sich Privates und Freundschaftli-
ches mit geschäftlichen und beruflichen Angelegenheiten vermischten.
1925 beschäftigte sich Jane Heap intensiv damit, Gertrudes Prosawerk,
The Making of Americans, an einen amerikanischen Verleger zu verkaufen. Zunächst versuchte sie jedoch das Original und die Rechte von Robert McAlmon für 1000 Dollar, die sie gar nicht besaß und die er, davon
war sie überzeugt, nicht benötigte, zurückzukaufen. Jane schrieb an Gertrude: „Ich werde ebenfalls *Three Lives* neu auflegen ... Gott – welcher

**Jane Heap, eine außerordentliche Persönlichkeit, die
die *Little Review* herausgab.**

Organisation und Arbeit es bedurfte – ich hoffe, daß nun auch alles funktionieren wird."

Aber es ging nicht gut, hauptsächlich weil McAlmon immer paranoider wurde. Jane berichtete Gertrude ein Jahr später, woran es gescheitert war: „Ich habe Bob mehrere Male getroffen. Er war immer betrunken. Wenn ich auf das Buch zu sprechen kam, fluchte er und sagte, er wisse nichts davon – ... Ich habe mich kurz mit Sylvia unterhalten – Bob hat ihr erzählt, Du würdest ihn betrügen oder versuchen, ihn zu betrügen."

Für ihre Mühen wurde Jane mit „J.H. Jane Heap" belohnt, das Gertrude schrieb:

Jane was her name and Jane her station and Jane her nation and
Jane her situation. Thank you for thinking of how do you do
how do you like your two percent. Thank you for thinking how
do you do thank you Jane thank you too thank you for thinking
thank you for thank you. Thank you how do you. Thank you
Jane thank you how do you do. An appreciation of Jane.

Gertrude wollte 1929 eine weitere Huldigung Jane Heaps für die letzte Ausgabe der *Little Review* schreiben, aber Jane und Margaret (die als Zweitherausgeberin für das große Finale zurückkehrte) baten sie statt dessen, den Fragebogen auszufüllen, den sie all ihren früheren Autoren geschickt hatten. Die Zeitschrift wurde 1929 unter anderem deshalb eingestellt, weil man das Gefühl hatte, daß ihr anfängliches Ziel erreicht worden war: nämlich ein Sprachrohr für die Renaissance der Künste zu sein, die vor dem Ersten Weltkrieg eingesetzt hatte.

Aber statt ihren Erfolg richtig zu feiern, hörten die Herausgeberinnen nicht ohne Enttäuschung auf. Weniger an der Kunst selber als an den Theorien über Kunst interessiert, war Margaret Anderson der Meinung: „Selbst der Künstler weiß nicht, wovon er spricht. Und ich kann nicht weiterhin eine Zeitschrift herausgeben, in der im Grunde niemand weiß, wovon er spricht. Daran habe ich kein Interesse." Vielmehr als die Künstler, die man nicht verantwortlich machen konnte, verurteilte Jane Heap die Kunst selbst und die Epoche, in der sie lebten: „Zweifellos hofften alle sogenannten Denkenden auf eine Neuordnung nach dem Krieg. Diese Hoffnung war an den Trugschluß geknüpft, daß die Menschen durch Erfahrungen lernen. Die Fakten beweisen jedoch, daß wir aus Erfahrungen nicht mehr lernen als aus unseren Träumen." Ihre bitteren Kommentare über die menschliche Natur werden von einer ebenso bitteren Beurteilung der Zeitschrift ergänzt: „In *The Little Review* haben wir 23 neue Kunstrichtungen aus 19 Ländern vorgestellt (davon sind beinahe alle verschwunden). Aber es ist uns nicht gelungen, irgendetwas zu entdecken und zu fördern, was einem Meisterwerk nahekommt ..."

Mehr noch als gegenüber den Künstlern oder der Zeit, in der sie lebten, waren Jane und Margaret ihrer eigenen Arbeit gegenüber kritisch eingestellt.

Fünfzehn Jahre lang hatten sie alle finanziellen, rechtlichen und künstlerischen Hindernisse überwunden, um die Arbeiten unbekannter Schriftsteller und Künstler zu veröffentlichen, von denen viele später Weltruhm erlangten. Janet Flanner erinnerte die Leser in ihrer New Yorker Kolumne, die von einem viel breiteren Publikum gelesen wurde, regelmäßig daran, daß die Werke von Max Ernst und vielen anderen, die nun 'eine Meldung' wert waren, in New York erstmals in der *Little Review* zu lesen gewesen waren.

Jane Heap war es jedoch egal, welches Werk später berühmt wurde; ihr war lediglich wichtig, ob es ein Meisterwerk war, und diese Frage beantwortete sie immer zu negativ. Selbst *Ulysses*, dem es die Zeitschrift zu verdanken hat, daß man sich (falls überhaupt) noch an sie erinnert, fand Jane „zu persönlich, zu gequält, zu speziell, als daß es ein Meisterwerk im wahren Sinne des Wortes sein könnte."

Vielleicht wies *Ulysses* tatsächlich diese Mängel auf, aber schließlich wurde das Werk zu einem Klassiker. Anfänglich war es bei den Lesern der *Little Review* auf Gleichgültigkeit, wenn nicht sogar Feindseligkeit gestoßen. Erst Jahre später, nachdem Sylvia Beach *Ulysses* in Buchform veröffentlicht hatte, begannen die Amerikaner neben verbotenen alkoholischen Getränken auch ein Exemplar von *Ulysses* nach Amerika einzuschmuggeln, wenn sie aus Paris zurückkehrten. „Der einzige Grund war zunächst nur der Kitzel, etwas Seltenes und Illegales zu besitzen", erinnerte sich Janet, und erst später „wuchs das Bewußtsein für die Bedeutung, die *Ulysses* als literarisches Werk besaß."[32]

Die vielen Werke von Frauen, die in der *Little Review* und anderen kleinen Zeitschriften erschienen, besaßen nicht den Bekanntheitsgrad von *Ulysses* und waren deshalb nicht lange genug in gedruckter Form vorrätig, um 'als literarisches Werk' entdeckt werden zu können. Solita Solano, Mina Loy, Bryher, Djuna Barnes und viele andere Frauen, die regelmäßig in Zeitschriften und Zeitungen veröffentlichten, sind heute vergessen, wie es auch Joyce' *Ulysses* leicht hätte passieren können, wenn er nicht aus anderen Gründen Aufmerksamkeit erregt hätte. Solita Solanos Prosa, die schon lange in Vergessenheit geraten ist, erhielt damals positive Kritiken, wobei ein Vergleich mit James Joyce wohl unvermeidbar war: „Miss Solano ist die Dichterin emotionaler Krisen. Über ihrem Buch schwebt das Phänomen von *Ulysses*. Doch sie hat ihren eigenen Stil geschaffen ... kinetisch ... New York sehr stark evozierend ... die Vorstellung einer dahinjagenden Untergrundbahn ist in jedem ihrer Helden und Heldinnen angelegt."[33]

Dreißig Jahre, nachdem die *Little Review* abgesetzt worden war, stöberte Bryher mehrere Ausgaben mit bereits verblaßten Titelblättern durch und fand, daß sie immer noch „vor Vitalität strotzten". Sie bemerkte, daß dort mittlerweile „berühmte Schriftsteller neben solchen standen, von denen man nichts mehr hörte", ohne dabei jedoch das Auffälligste zu erwähnen: Mit Ausnahme von Gertrude Stein waren es die männlichen Autoren, die berühmt geworden waren.[34] Mina Loy war zum Beispiel eine bedeutende Dichterin des Modernismus, die völlig in Vergessenheit geraten ist. Vielleicht weil sie ein feministisches Manifest verfaßt hatte, in dem sie die Frauen dazu aufforderte: „... hört auf, euch die Männer anzusehen, um herauzufinden, was ihr nicht seid – sucht in euch selber, um herauszufinden, was ihr seid." In Memoiren und Chroniken jener Jahre wird sie selten erwähnt, außer es geht um ihre außergewöhnliche Schönheit oder die ihrer Töchter. Doch e. e. cummings, der ihrem innovativen Gebrauch von Zeilenabständen und unterbrochenen Zeilen nacheiferte, um diese Mittel stilistisch einzusetzen, wenn er engstirnige und oberflächliche Damen verspotten oder seine Begegnungen mit Prostituierten beschreiben wollte, wird heute überall von Studenten gelesen. Obwohl die Literaturgeschichte die Werke von Frauen größtenteils unerwähnt läßt, waren sie zu ihrer Zeit ebenso bedeutend wie die Werke von Ernest Hemingway, James Joyce, Ezra Pound und e.e. cummings – sie alle waren nur einem kleinen Kreis erklärter Anhänger des Modernismus bekannt und waren nur auf den Seiten innovativer, avantgardistischer kleiner Zeitschriften zu finden.

CLOSE-UP AUS DER FERNE

Nicht alle kleinen Zeitschriften hatten ihren Hauptsitz in Paris, und nicht alle wurden von Frauen herausgegeben, aber Frauen spielten sowohl als Autorinnen als auch als Herausgeberinnen eine bedeutende Rolle für die Existenz dieser kleinen Zeitschriften und Verlage. Da Pound nicht mehr für die *Little Review* arbeitete, unternahm er den Versuch, zusammen mit Ford Madox Ford und Ernest Hemingway, die kurzlebige *Transatlantic Review* herauszugeben, die noch nicht einmal das erste Jahr überlebte. Eugene Jolas und Elliot Paul, und später dann Jolas und seine Frau Maria, gaben das wesentlich erfolgreichere *transition magazine* heraus, in dem die Werke vieler Schriftstellerinnen veröffentlicht wurden. Die *Black Sun Press* wurde 1924 von dem der Bostoner Oberschicht entstammenden Harry Crosby und seiner Frau Polly Jacob, die sich Caresse nannte, ins Leben gerufen. Im Jahr 1929 erschoß sich Harry. (Wie es hieß, hatte er mit einer anderen Frau den Plan eines gemeinsamen Selbstmordes gefaßt.) Caresse machte mit dem kleinen Verlag alleine weiter und druckte schöne Ausgaben von Hemingway, William Faulkner, Kay Boyle, Max Ernst, Carl Jung, George Grosz und Dorothy Parker.

Bryher und H.D. brachten jede eine kleine Zeitschrift außerhalb von Paris heraus. H.D. war 1916 von London aus als Co-Redakteurin für *The Egoist* tätig, und ein Jahrzehnt später begann Bryher mit *Close-Up*, die sie von ihrer Schweizer Heimat aus leitete. Beide Zeitschriften sind jedoch wegen ihrer ausgeprägten Verbindung nach Paris mit der literarischen Gemeinschaft des linken Seineufers eng verbunden.

Die Arbeit an der Zeitschrift *Close-Up: An International Magazine Devoted to Film Art,* die Bryher zusammen mit Kenneth Macpherson herausgab, war der Beginn für viele ihrer engsten Freundschaften in Paris. Der Untertitel der Zeitschrift wurde großzügig interpretiert, und es gab immer einen Platz für H.D.s Gedichte oder Geschichten von Gertrude Stein. Ihre ersten Briefe an Gertrude waren eher formell:

Seit ich *Three Lives* gelesen und Sie persönlich kennengelernt habe, ist mir Ihre Meinung immer besonders wichtig gewesen. Und ich freue mich darauf, Sie im Herbst wiederzusehen.

Ihr Manuskript ist heute morgen eingetroffen und hat uns beide begeistert. Mein Gefühl sagt mir, daß es einer der besten Texte ist, den Sie jemals geschrieben haben. Er besitzt Tiefgründigkeit und Zusammenhang wie ein kurzer und dennoch vollkommener Roman.

Gertrude war von den beiden ersten Ausgaben von *Close-Up* beeindruckt und daher froh, mitwirken zu können. In den folgenden Jahren luden Gertrude und Alice H.D. und Bryher häufiger in ihr Landhaus nach Bilignin ein oder forderten sie dazu auf, sie „jederzeit" in Paris zu besuchen. Obwohl Gertrude und H.D. sehr unterschiedlichen literarischen Strömungen zugeneigt waren, tauschten sie Bücher aus, und Gertrude äußerte sich in Briefen an Bryher positiv über die schriftstellerischen Werke H.D.s. Bryhers engste Freundin in Paris war Sylvia Beach, die natürlich die wichtigste und vielleicht sogar die einzige Anbieterin von *Close-Up* in Paris war. Aber das war mit Sicherheit nicht der Grund für ihre Freundschaft. Bryher kam nie nach Paris, ohne Sylvia und Adrienne zu besuchen. In Bryhers persönlichen Briefen an Sylvia erfährt man, warum sie und H.D. sich so oft von Paris fernhielten.

H.D. und Bryher hatten beide Affären mit Männern gehabt, die innerhalb der ausländischen Gemeinschaft der Left Bank sehr bekannt und recht einflußreich waren. Ezra Pound hatte H.D. 1901 im Alter von 16 Jahren kennengelernt; sie hatten sich verlobt und waren danach in ein schmerzvolles Dreiecksverhältnis geraten. Pound betrachtete H.D. als seinen Schützling, dessen Gedichte er im Café des British Museum 'korrigierte'. Er nannte sie „H.D. Imagiste", was er auch unter ihre Arbeit schrieb. Die lange und komplizierte Beziehung zu Pound endete erst, als H.D. 1913 Richard Aldington heiratete. Bis zu H.D.s Tod hielten sie dennoch engen Kontakt. Es ist nicht sicher, ob sie Pound je ihre wahren Empfindungen für Bryher, die er nie mochte, gestand, denn H.D. stritt ihm gegenüber eine Liebesbeziehung mit ihr immer ab. In einem Brief an ihn deutete sie an, ihre Beziehung zu Bryher sei bloß eine Art Wiedergutmachung, weil Bryher sich um ihr Kind gekümmert habe: „Br. paßte auf Perdita [H.D.s Tochter] auf, und da sie das mir einzig Wichtige war ... paßte ich auf Br. auf. All das mag eine dürftige Erklärung sein ... aber ich bin es leid, die Sache zu beschönigen und 'so zu tun als ob'."[35] Es ist durchaus denkbar, daß H.D. gegenüber Bryher ihre Gefühle für Pound ähnlich herunterspielte.

Bryher wollte sich von Robert McAlmon, der unter Paris' Schriftstellern und Barkeepern sehr bekannt, vielleicht sogar beliebt war, scheiden lassen. Obwohl er selber als Schriftsteller gescheitert war, besaß er ein recht hohes Ansehen. Er war nicht nur der einzige Verleger, der sich keine Sorgen um finanzielle Risiken zu machen brauchte, sondern er war auch der einzige Mensch,

auf den sich James Joyce immer verlassen konnte, wenn es darum ging, seine Bierdeckel zu zahlen. H.D. und auch Bryher störte es, daß im Kreis von Bob McAlmon und „the Bunch", wie ihre Freunde in Paris genannt wurden, so viel Alkohol getrunken wurde. Aus diesem Grund mieden sie die Stadt am liebsten ganz. Im Gegenzug nannte McAlmon Bryher immer „einen Angsthasen", der nicht stark genug sei, „Paris zu ertragen", was Bryher jedoch abstritt. H.D. fühlte sich bei den eleganten Pariser Veranstaltungen immer fehl am Platz. In einem Brief erklärte sie, warum sie Bryher nur ungern in Paris treffen wollte:

(28. April 1924) Nun, mein liebes Kind, mach' Dir keine Gedanken. Du weißt, daß ich Dich liebe, und wenn ich sagte, daß Du mit der französischen Horde alleine ausgehen sollst, dann nur, weil Du jung und hübsch bist und ich mich für nicht elegant und modisch genug halte! Aber ich will nicht albern sein. Ich fühle mich unter eleganten Menschen einfach so, als sei ich aus der Mode gekommen.

Bryher (LINKS) war H.D. (OBEN) völlig ergeben.

Als H.D. ein paar Jahre später ohne Bryher nach Paris kam, genoß sie es, im Zentrum der literarischen Szene zu stehen, in die sie Sylvia Beach und Ezra Pound eingeführt hatten. Sie schrieb Bryher in die Schweiz: „Ich vermisse Dich wirklich sehr, aber ich hätte nie gedacht, daß ich Paris so genießen könnte." Auf dieser Reise fand sie besonders an der Dichterin und Verlegerin Nancy Cunard Gefallen, die sie vorher nicht sehr gemocht hatte. Sie beschrieb Bryher, die sie mit „Darlingest Fido" anredete, einen typischen Tag in Paris:

> Ich ging aus ... und nahm ein wirklich gutes Mittagessen in einem neuen Restaurant ein, das ich unter freiem Himmel gegenüber dem Medici Springbrunnen im Jardin du Luxembourg entdeckt habe. Es ist schön ... ich meine diese Orte ausfindig zu machen, wo man wirklich sicher sein kann, daß Fido mit dem Essen und allem anderen zufrieden wäre. Ich hatte eine Viertelflasche ganz hervorragenden Weines, von dem ich auch Dog etwas geben werde, wenn er kommt ... schrieb ungefähr 20 Karten, trank Kaffee und rauchte, während Studenten der Sorbonne und auch Kunststudenten vorbeizogen und ein Junge Geige spielte ...
>
> Es sieht so aus, als seien die Besseren von Paris nun pro Hilda Aldington [H.D.] eingestellt, und ich nehme an, daß die Unterwelt pro Arabella [Richard Aldingtons neue Frau] ist, aber jedenfalls ist es lustig, wieder „mittendrin" zu sein ...

Ihre Ehemänner machten H.D. und Bryher manchmal das Leben sehr schwer, und eine Scheidung war aufgrund des englischen Rechts schwierig. Bryher erklärte Sylvia Beach:

> H.D. hätte sich schon vor langer Zeit von Aldington scheiden lassen, wenn das Verfahren nur halbwegs anständig oder überhaupt möglich wäre... Ich könnte meine Ehe [mit Robert McAlmon] aufgrund physischer Jungfräulichkeit annullieren lassen. Ich möchte aber eigentlich keine detaillierten Unterlagen über ärztliche Untersuchungen vorlegen. Dazu werde ich jedoch gezwungen sein, falls R., dem gegenüber ich mich stets anständig verhalten habe, nicht seinen Teil dazu tut, damit ich mit der Sache durchkomme.

Als die Scheidung endlich durch war – aufgrund böswilligen Verlassens – meinte Bryher, sie könne sich nicht oft in Paris sehen lassen. Sylvia schrieb sie am 27. März 1927: „Da ich R. 'böswillig verlasse', halte ich es für besser, mich nicht zu oft blicken zu lassen ..." Im gleichen Jahr, vertraute sie Sylvia an, daß er finanziell entschädigt würde:

> Mein Vater kauft ihm die auf seinen Namen ausgestellten Wert-
> papiere ab, womit er ein Vermögen von ungefähr fünfzehntau-
> send Dollar erhält, und bis zum Ende des Jahres wird ihm eine
> Aufwandsentschädigung bewilligt ... Das ist natürlich vertrau-
> lich. Ich habe in letzter Zeit nichts von ihm oder über ihn
> gehört, außer einem kurzen Geschäftsbrief.

Bryher hatte McAlmon geheiratet, um von ihrer außerordentlich wohlha-benden Familie in Ruhe gelassen zu werden und um ungehindert mit H.D. reisen zu können. Als die Scheidung durch war, traf sie eine wesentlich vernünftigere – wenn auch anfänglich ebenso komplizierte – Wahl für ihre zweite Ehe: sie heiratete ihren guten Freund und H.D.s Geliebten, den schottischen Herausgeber und Filmemacher Kenneth MacPherson. Diese Ehe besänftigte nicht nur Bryhers Familie, sondern verdeckte auch die Affäre zwischen H.D. und McPherson vor H.D.s Mann Richard Aldington. Durch Bryher und H.D. lernte MacPherson den Schriftsteller Norman Douglas kennen, mit dem er später viele Jahre lang auf Capri lebte.

Nachdem Bryher aus steuerlichen Gründen nach Territet gezogen war, einem kleinen Dorf in der Schweiz, gründeten Bryher und Kenneth MacPherson *Close-Up.* 1930 bauten sie eine Bauhaus-Villa am Ufer des Genfer Sees, wo Bryher während der folgenden zehn Jahre gelegentlich mit MacPherson und zeitweilig mit H.D. wohnte.

Die Zeitschrift war die erste, die jemals der Filmkunst gewidmet worden war, wobei MacPherson betonte, daß der Film tatsächlich eine Kunstform war: „Die Leute sind immer noch geneigt, höhnische Bemer-kungen zu machen, wenn man sagt, Filme seien Kunst ... Bis jetzt war es eine Filmindustrie, Filmindustrie ... Aber wir werden solange über Film-kunst reden, bis das richtige Gleichgewicht hergestellt ist." Offensichtlich waren die Leute auch bereit zuzuhören, denn der erste Druck von 500 Exemplaren war schnell ausverkauft und mußte auf 5 000 erhöht werden,

Nancy Cunard bei der Arbeit in ihrer *Hours Press*.

und das zu einer Zeit, als andere kleine Zeitschriften nicht mehr als eine kleine, wenn auch loyale Anhängerschaft vorweisen konnten.

MacPherson weckte Bryhers und H.D.s Interesse für Filmästhetik und das Filmemachen. Gemeinsam produzierten sie mehrere Kurzfilme und eine Art Underground-Film, der *Borderline* hieß und in dem H.D., Bryher und Paul Robeson mitspielten. Doch Bryher kam zu dem Schluß, daß die visuelle Macht des Films mit ihren eigenen kreativen Möglichkeiten konkurrierte. Insbesondere mit dem zunehmenden Aufkommen des Tonfilms in den dreißiger Jahren, der ihrer Meinung nach die Weiterentwicklung des Kinos zunichte machte und es in eine sterbende Kunst verwandelte, verlor sie das Interesse. Schließlich stellten sie die Veröffentlichung von *Close-Up* 1933 hauptsächlich deshalb ein, weil der Tonfilm eingeführt worden war.

Bryher nutzte ihr geerbtes Vermögen, um auch anderen weniger etablierten künstlerischen und literarischen Projekten finanzielle Hilfestellung zu leisten. So unterstützte sie die Buchhandlung *Shakespeare and Company*. Nach deren Schließung sandte sie die Schecks an Sylvia persönlich. Obwohl sie selber eine Reihe von Büchern geschrieben hatte, dabei handelte es sich hauptsächlich um historische Romane und Werke über Pädagogik, widmete sie sich ihr Leben lang der Unterstützung und Förderung von H.D.s kreativem Schaffen. Was Alice für Gertrude und Solita für Janet taten, das tat auch Bryher für H.D. – sie scheute keine Kosten und keine persönlichen Opfer, um sicherzustellen, daß H.D. immer uneingeschränkt schreiben konnte.

Eine andere Engländerin, die den großen Wohlstand ihrer Familie ebenfalls dazu nutzte, um sich für literarische Werke einzusetzen, war Nancy Cunard. Ohne die geringste Ahnung vom Drucken richtete sie in ihrem Landhaus in der Normandie im Frühjahr 1928 *The Hours Press* ein, ein Ereignis, das Janet Flanner im *New Yorker* als „höchst bedeutsam für die New Yorker Bibliophilen" bekanntgab. Auch die *Paris Tribune* hielt Nancys Aktivitäten für erwähnenswert und veröffentlichte einen langen Artikel mit einem vergleichbar langen Titel: „Nancy, die letzte der berühmten Cunards, steuert ihre Handpresse in die stürmische literarische See der Montparnasser Surrealisten."

Das erste Verlagsprogramm beinhaltete *Canto* von Ezra Pound, *A Plaquette of Poems* von Iris Tree, *The Eaten Heart* von Richard Aldington und eine französische Übersetzung von Lewis Carrolls *The Hunting of the Snark*, die Louis Aragon besorgte – alle in limitierter Auflage und signiert. Nancy benutzte eine belgische Handpresse mit Drucktypen aus dem 18. Jahrhundert. Sie liebte den Geruch der Druckfarbe, die Art, wie sich die unterschiedlichen Papiersorten anfühlten, und die körperliche und ästhetische Arbeit, die anfiel, wenn man schöne Bücher herstellte. In der *Paris Tribune* war zu lesen:

> Miss Cunard war zu der Überzeugung gekommen, daß sich
> bestimmte literarische Werke der Modernisten in Büchern besser
> machen als in Manuskripten. Also kaufte sie eine Druckerpresse
> und ging an die Arbeit ... Sie wußte über das Drucken, über
> Typen, Größe und Form genau Bescheid. Niemand scheint je-
> doch zu wissen, woher sie dieses Wissen hatte. Wahrscheinlich
> kam es einfach von selbst, so wie sie auch zu einer Druckerei
> gekommen war.[36]

In ihrem Pariser Freundinnenkreis war Nancy eine der wenigen heterosexuellen Frauen. Bryher erinnerte sich, daß sie so atemberaubend war, daß alle aufsahen, wenn sie den Raum betrat. Sogar die *Paris Tribune* berichtete, daß der Puls des Montparnasser Kreises viel schneller schlage, seitdem Nancy Cunard ihr Landhaus in der Normandie verlassen und an das linke Seineufer zurückgekehrt war.

Ihren Männerbeziehungen ist es zu verdanken, daß sie mit den unterschiedlichsten Kreisen in Berührung kam. Durch ihre Affäre mit dem französischen Dichter Louis Aragon kam sie für kurze Zeit in die ansonsten überwiegend von Männern beherrschte surrealistische Literaturszene. Ihre Beziehung mit Henry Crowder, einem in Paris lebenden schwarz-amerikanischen Jazzmusiker, die trotz vieler Auf und Abs sieben Jahre lang anhielt, schockierte nicht nur ihre Familie, sondern machte sie auch mit dem „Anliegen der Afro-Amerikaner" bekannt, wodurch sich ihr Leben sehr veränderte. Von nun an huldigte sie dem politischen Aktivismus, der zwar oft mißgeleitet war, dem sie aber immer voller Leidenschaft folgte.

Nancys größte literarische Leistung war das Zusammenstellen, Redigieren und Gestalten der bis dahin beispiellosen Anthologie *Negro*, die 1934 erschien, 885 Seiten und 550 Illustrationen beinhaltete und für die ungefähr 150 Mitwirkende aus drei Kontinenten ihre Arbeiten beigesteu-

Solita, Janet und Nancy galten als „festes Dreieck", worauf Nancy mit ihrer Widmung anspielt.

ert hatten, von denen zwei Drittel Schwarze waren. Ihre größte Niederlage war der spanische Bürgerkrieg, dem sie sich mit Leib und Seele verschrieben hatte. Tatsächlich konnte sie nie vollends akzeptieren, daß der Krieg verloren war. Zweifellos trug das zu ihrer späteren Geisteskrankheit bei.

Janet stellte Nancy in einem ihrer Pariser Briefe als „eine der besten unter den wenigen Dichterinnen Englands" vor – das war zu einem Zeitpunkt, als Nancy noch nicht dem Alkohol verfallen und geisteskrank war.

Miss Cunard ist lange Zeit ein fester Angelpunkt für moderne literarische Interessen gewesen, sie besitzt eine kleine, ernstzunehmende Auswahl bedeutender moderner Gemälde und eine sehr große Sammlung afrikanischer Kunst, sie ist immer noch eine schöne Frau, eine unermüdliche Reisende und eine bemerkenswerte Briefschreiberin.

FREUNDSCHAFTEN UND FEINDSCHAFTEN

Unter den amerikanischen, englischen, deutschen und französischen Frauen der Left Bank hatte es zwangsläufig enge Freundschaften gegeben – aber ebenso leidenschaftliche Feindseligkeiten. Nancy Cunard, Solita Solano und Janet Flanner bildeten eine Familie, die außergewöhnlich eng miteinander verbunden war und die den drei Frauen für den Rest ihres Lebens die eigentliche Familie ersetzte. Solita beschrieb sie als „ein festes Dreieck", das „alle kleinen Streitereien, aber auch die großen Wechselbäder einer zweiundvierzig Jahre andauernden Frauenfreundschaft überlebte ..."[37] Margaret Anderson und Gertrude Stein hingegen stritten sich immer, da sie sich gegenseitig nicht nur nicht schätzten, sondern sogar verachteten. In *The Autobiography of Alice B. Toklas* gab Gertrude zu, daß „Gertrude Stein Jane Heap schon immer sehr gemocht hatte, sie Margaret Anderson aber viel weniger interessierte." Auch Djuna Barnes konnte Margaret Anderson deshalb nicht besonders gut leiden, weil sie „immer im Mittelpunkt stehen mußte. Dieses monströse Ego."[38] In buchstäblich jeder Gruppe, egal, wie sie sich zusammensetzte, schien sich Janet Flanner mit allen gut zu verstehen, und ihr weites Netzwerk von

Freundinnen diente dazu, kleine Frauengruppen zu einer „Gemeinschaft" zu verknüpfen. Selbst Djuna Barnes, die eine sehr spitze Zunge haben konnte, schrieb liebevoll an ihre „liebste Jannie".

Margaret Anderson versuchte stets, ihre große Abneigung gegenüber Gertrude Stein vor Janet zu verbergen, da sie wußte, wie eng die beiden befreundet waren. Den folgenden Brief an Janet, in dem sie sich offensichtlich ihren Ärger über Gertrude von der Seele zu schreiben versuchte, schickte sie allerdings nie ab:

> Gertrude und ich haben uns nie gesagt, was wir voneinander hielten ... ich wußte, wir könnten nie Freunde sein. Sie hatte etwas sehr Herzliches, aber dieser Herzlichkeit war sehr viel Autorität beigemischt. Sie und Jane Heap verstanden sich ausgezeichnet, allerdings konnte Jane auch herzlich sein, wenn es darauf ankam. Ich kann das nicht, und mir fällt niemand ein, dessen Herzlichkeit mit einer derart ausgeprägten Eigenliebe kombiniert war und mich so sehr abstieß wie Gertrudes ... Ich reagierte auf sie wie auf eine bestimmte Musik – „Bitte, spielen Sie sie nicht, wenn ich anwesend bin. Ich ertrage es nicht."

Margaret hatte damit eine interessante Metapher gewählt, denn der Gesang ihrer geliebten Georgette hatte die gleiche Wirkung auf Janet, die deswegen in die Seine springen wollte.[39]

Aber den Brief zu verbergen, bedeutete wohl nicht, daß auch sein Inhalt verborgen blieb, besonders nicht vor einer so scharfsichtigen Frau wie Janet Flanner. Janet hatte ihre eigenen Vorbehalte, sowohl gegenüber Margaret (ihr „Mystizismus" und Mangel an gesundem Menschenverstand) als auch gegenüber Gertrude (ihre Schriften, von denen sie oft behauptete, sie nicht zu verstehen), aber es gelang ihr zu vermeiden, daß solche Differenzen ihre aufrichtige Verehrung füreinander überschatteten. Nachdem beide tot waren, schrieb sie sogar in ihrer *New Yorker* Kolumne über die Feindseligkeit zwischen Margaret und Gertrude, sie selber hielt sich dabei jedoch heraus:

> Wahrscheinlich war es unvermeidbar, daß sich Gertrude und Margaret nicht gut verstanden, denn beide waren ausgesprochen geltungsbedürftig. Die beiden begegneten sich ziemlich oft in einem Landhaus in Orgeval außerhalb von Paris, wohin sie

von einer gemeinsamen Freundin zum sonntäglichen Mittagessen eingeladen wurden. Bei solchen Treffen dominierte Gertrude, die allerdings nur sprach, wenn sie auch etwas Interessantes
zu sagen hatte – interessant für sie selbst und somit auch für ihre
Zuhörer, denn sie war eine kluge und hervorragende Rednerin.
Sie war von Natur aus so derb, daß sie Margaret auf die beiden
Extreme reduzierte, die auch einen Großteil ihrer eigenen Persönlichkeit ausmachten – heftige Zustimmung und heftiger Wi-
derspruch ... Diese gemeinsamen Mittagessen in Orgeval hatten
sich meistens bis zur zweiten Tasse Kaffee, die das Beisammen-
sein beendete, zu Wortgefechten entwickelt, die für Margaret
ein besonderes Vergnügen darstellten. Und wenn sie, während
sie sich ihren Mantel überzog, um nach Hause zu gehen, sagen
konnte, sie habe sich noch nie besser unterhalten, dann war das
ihre Art zuzugeben, daß sie mit fast jedem am Tisch in einen
Kampf verwickelt gewesen war und das Gefühl hatte, die meisten davon gewonnen zu haben.

Die Treffen in Orgeval fanden im Haus von Noel Murphy statt, einer Amerikanerin, die es ebenfalls nach Frankreich gezogen hatte. Noel war eine
Sängerin, in die sich Janet leidenschaftlich verliebte, eine Affäre, die jedoch ihr häusliches Leben – das allerdings auch nicht besonders häuslich
war – mit Solita Solano nicht tangierte. Janet teilte mit Solita immer noch
die zwei Hotelzimmer in Paris, und sie und Solita zogen sich getrennt
aufs Land nach Orgeval zurück – Janet zu Noel Murphy und Solita zu
Libby Jenks Clark. Janets und Solitas Beziehung, an der beide weiterhin
festhielten, ließ für neue Liebesverhältnisse genügend Spielraum.

Janet begann, genausoviel Zeit in Orgeval wie in Paris zu verbringen
(Solita sagte 1932 im Scherz: „Janet lebt mit mir zusammen, insofern sie
sich daran erinnert."[40]), um bei Noel sein zu können, aber auch, weil sie
zunehmend ihrem Arbeitsdruck entfliehen wollte. In der idyllischen Umgebung von Orgeval konnte sie nachdenken, und sie hatte Zeit zu schreiben. Ihre Arbeit blieb die gleiche; geändert hatte sich nur, daß die dreißiger
Jahre die zwanziger ablösten.

Während die große Mehrheit der männlichen Mitglieder der ausländischen Gemeinschaft in Frankreich ihre Sachen packten und so schnell

wieder in ihre Heimatländer zurückkehrten, wie das Pfund oder der Dollar gegenüber dem Franc fielen, blieben Gertrude Stein, Janet Flanner, Margaret Anderson, Nancy Cunard, Eileen Gray, Sylvia Beach, Djuna Barnes, Natalie Barney und die meisten anderen ausländischen Frauen in Frankreich. Sie hatten nicht das Bedürfnis zu gehen und keinen anderen Ort als Paris, den sie ihre Heimat hätten nennen können. Die Fotografin Berenice Abbott war eine der wenigen, die ging; sie kehrte nach New York zurück und dokumentierte seinen Verfall in den schlimmsten Jahren der Depression.

Aber für jene, die in Frankreich blieben, wurden die gemeinsamen Gespräche beim gemütlichen Mittagessen im Garten in Orgeval bald ein Luxus, der nicht länger aufrechtzuerhalten war. Statt dessen trafen sie sich, noch bevor das Jahrzehnt zu Ende ging, um sich gemeinsam vor ein Radio zu hocken und die neuesten Nachrichten zu hören, und um sich zu fragen, was passieren würde, was zu tun sei und wohin man gehen solle.

Während Gertrude und Janet und andere Freunde immer noch im Garten zu Mittag aßen, hatte Bryher bereits damit begonnen, ihren Schweizer Wohnsitz und die enormen Gelder ihrer Familie zu nutzen, um jüdischen und antifaschistischen Flüchtlingen dabei zu helfen, aus Deutschland zu fliehen. Die ersten Flüchtlinge kamen 1933, aber bis 1934 hatte der Exodus drastisch zugenommen. Bryher war 1932 in Berlin gewesen und über die gespannte Atmosphäre und die Gewalt, mit der die Nazis an die Macht kamen, entsetzt. Sie glaubte den Geschichten, die ihr die vielen Flüchtlinge, die über die Grenze kamen, aus erster Hand erzählten, Erzählungen, die wesentlich düsterer waren als das, was man in den Zeitungen las. Sie versuchte, Journalisten und Politiker anderer europäischer Länder zu warnen, stieß bei ihnen jedoch nur auf Verachtung und Spott.

Auch Nancy Cunard engagierte sich im Kampf gegen den Faschismus, allerdings mehr an der westlichen Grenze von Frankreich als an der östlichen. Von Spanien aus schrieb sie für verschiedene Zeitungen und Zeitschriften, von denen die angesehenste der *Manchester Guardian* war. Sie warf der britischen und der französischen Regierung vor, daß sie die spanische Republik nicht hinreichend unterstützten, berichtete mit großem Engagement über die Notlage der Flüchtlinge, rief in England eine Kampagne ins Leben, um Spenden zu sammeln, und stiftete ihr eigenes Geld, um Flüchtlingen bei ihrer Flucht aus Frankreich zu helfen.

Auch Janet verlagerte in den dreißiger Jahren ihren Schwerpunkt von der Literatur und Kunst auf die Politik. Sie war keine Korrespondentin an der Front; ihre Stärken lagen eher im Kommentieren als im Berichten. Sie fuhr jedoch später auch an die spanische Grenze, als Flüchtlinge massenweise dorthin flohen, und – seltsamerweise für einen Urlaub – in das von den Nazis beherrschte Österreich. Dennoch hinterließ die Geschichte, aus der Nähe betrachtet, für sie einen merkwürdigen Eindruck. Für sie war es angenehmer, europäische Nachrichten zu lesen, sie zu selektieren und für das amerikanische Publikum eine Synthese und Analyse vorzunehmen, obwohl es sie deprimierte, daß ihre Nachrichten, während sich die Ereignisse nur so überschlugen, oft schon Geschichte waren, wenn sie ihre Leser erreichten.

Janet kommentierte die Nachricht über den Börsenkrach im Jahr 1929 mit dem für sie typischen Sarkasmus – „im Ritz müssen die hübschen Damen an der Bar ihre Cocktails nun selber bezahlen." Aber im Zuge der Abreise der amerikanischen Touristen, die immer als gute Zielscheibe gedient hatten, und der alarmierenden politischen Ereignisse der frühen dreißiger Jahre wurde Janets Stil weniger sarkastisch, dafür um so ernster und eindringlicher. Dazu Jane Grant: „1930 schrieb sie gelegentlich einen Absatz über Politik. Von Ross, dem Verleger des *New Yorker,* kam weder ein Kommentar noch eine Kritik, so daß sie mutiger wurde und die komplexe politische Szene in Frankreich vor dem Zweiten Weltkrieg einer scharfsinnigen Analyse zu unterziehen begann."[41]

In „All Gaul is Divided", einem ausgezeichneten Essay, den sie im September 1939 in Noels Haus in Orgeval geschrieben hatte, erklärte Janet, warum sie ihr Interesse von Kunst auf Politik verlagert hatte und warum sie es für unangebracht hielt, über Kunst zu schreiben, während sich die Welt in einer solchen Krise befand:

Die Künste sind Produkte des Friedens. In Paris herrschte Frieden in den zwanziger Jahren, und seine Künste blühten ... Und wenn Männer Angst davor haben, im Krieg in Stücke gerissen zu werden, und sie direkt auf die Kanonen zulaufen, dann ist es sicherlich nicht der richtige Augenblick, um sie zu fragen:

RECHTS **Die schöne amerikanische Sängerin Noel Murphy, von der Janet Flanner bezaubert war.**

1930 zog sich Janet in Noels Haus in Orgeval zurück, um dort zu schreiben
und zu entspannen.

„Sind sie von Picassos blauer Periode immer noch so begeistert?" Oder: „Halten sie Prousts Werk für derart *bourgeois,*
daß es keine Chance hat zu überleben?"

Janet war nicht von Natur aus radikal, und anfänglich vertrat sie auch
keine ausgeprägten politischen Ansichten, die über das hinausgingen, was
ihr Gerechtigkeitssinn ihr vorschrieb. Doch sie legte sich tüchtig ins Zeug,
um eine Autorität auf dem Gebiet der europäischen Politik zu werden,
deren gefährliche wirtschaftliche und politische Mächte sich ihren Weg
durch die dreißiger Jahre bahnten. Erst mit diesem Prozeß wurde Janet
radikal. Obwohl sie selber an ihrer eigenen Ignoranz verzweifelte, machten der Umfang ihres Wissens, der ihr erlaubte, Bezüge herzustellen, und
ihr scharfer Verstand, mit dessen Hilfe sie Zusammenhänge erkannte, aus
Janet Flanner mehr als 'bloß' eine Journalistin. Sie war vielmehr die selbst-
bewußte und kluge Stimme ihrer Generation.

Doch wie dem Rest dieser Generation wurde auch ihr nur langsam
bewußt, in welchem Maße sich die Nazis zu einer ernsthaften Bedrohung
für die westliche Welt entwickelten. In ihrem Hitler-Porträt aus dem Jahr
1936 kommentierte sie seine Neigung für Musik und Picknicks, seine nicht
fotogene Erscheinung und die körperliche Akrobatik, die man für den 'Heil
Hitler'-Gruß aufbringen mußte. In politisch neutralem Ton stellte sie Hitler eher als bemitleidenswert und lächerlich dar denn als gefährlich.

Als sich Berlin für die Olympischen Spiele im Jahr 1936 von seiner
besten Seite zeigte, fuhr Janet mit Noel Murphy dorthin, um im *New Yorker* darüber zu berichten. Die massive Propaganda für die Olympischen
Spiele war erfolgreich gewesen, und Janet war wie viele andere ausländische Besucher von dem schwindelerregenden Prunk und dem deutschen
Organisationstalent beeindruckt. Sie berichtete über bevorstehende Ver-
änderungen in Deutschland, dazu zählte eine Maßnahme, die sie nicht
für unvernünftig hielt: „Eine Umverteilung von Grundstücken, die seit der
Inflation zum ersten Mal einen Wert darstellten und die insbesondere in
Berlin immer noch Personen gehörten, die keine Arier waren." Sie fand,
daß das Naziregime den Kinderschuhen entwachsen war. Dabei entging
ihr scheinbar die verhängnisvolle Bedeutung ihrer eigenen Worte: „Nur
einem Besucher, der – egal welchen Fleck er in diesem Land bereist – fest
dazu entschlossen ist, taub und blind zu sein, könnte es gelingen, den

Anblick und den Klang vom Vormarsch Deutschlands nicht zu sehen und nicht zu hören."

Aber die große Mehrheit der Welt sah und hörte nichts. Über Beweise, die Bryher der Regierung und der Presse in England vorlegte, ging man mit Ausnahme vom *Manchester Guardian* stets hinweg, da sie zu kontrovers waren oder gegen die damalige Politik gegenüber Deutschland verstießen. Oftmals verwendete sie sogar Exemplare der *Times*, um darin Dokumente zu verstecken, die sie für Flüchtlingsvisa nach Deutschland schmuggelte, denn die Zeitung war so nationalsozialistisch orientiert, daß es die Beamten selten störte, wenn sie jemand ins Land brachte. Bryher war sich sicher, daß das Naziregime schon in seinen Anfängen zusammengebrochen wäre, hätte Europa rasch und durchgreifend auf die Judenverfolgung reagiert. Sie schämte sich für ihr Heimatland und dafür, daß niemand etwas unternommen hatte.

Als hätte sie sich für die eigene mangelnde Voraussicht rechtfertigen wollen, suchte Janet Flanner rückblickend nach Erklärungen, wie diese grausame Situation unter den Augen aller hatte entstehen können:

Die Situation wurde erst Mitte der dreißiger Jahre bedenklich.
Die Machenschaften, die den Übergang einleiteten und schließlich zu der Veränderung führten, waren sehr verschiedenartig, schleichend, unmerklich, unglaublich, und in keinem einzigen Augenblick hätte jemand, abgesehen von einem Hellseher, ihr letztendlich schnelles und dramatisches Ausbrechen vorhersagen können. Tatsächlich wirkt vieles von dem, was in Europa in den letzten fünf Jahren passiert ist, wie von Kassandra in einer Glaskugel vorausgesehen.

Wenn Janet auch keine Wahrsagerin war, so sah sie zumindest die Gegenwart ebenso deutlich wie fast jeder andere, und in den meisten Fällen trafen ihre Interpretationen zu. Sie mag zwar die Bedrohung der Nazis erst spät erkannt haben, doch dann war sie sich ihrer sehr bewußt. Shari Benstock meinte:

Daß ihre Wahrnehmung der damaligen Zeit immer noch mit der geschichtlichen Einschätzung dieser Ära übereinstimmt, erinnert an ein Déjà-vu-Erlebnis, als ob sie ihre Kommentare aus einer zeitlich späteren Perspektive geschrieben hätte. Nur selten stell-

ten sich ihre Analysen künstlerischer Strömungen oder politischer Entwicklungen in der Geschichtsschreibung als falsch heraus.[42]

Die politischen Entwicklungen, die sie durchlebte und über die sie so
leidenschaftlich und geistreich schrieb, gerieten im weiteren Verlauf des
Jahrzehnts auf so seltsame Abwege, daß sie das Gefühl hatte, sie sei, was
ihr Schreiben betraf, im Kreis gegangen und nun wieder am Anfang angelangt: bei literarischer Fiktion. Rückblickend schrieb sie:

> Mit Anfang zwanzig hatte ich geglaubt, eine hervorragende
> junge Romanschriftstellerin zu sein. Ich schrieb tatsächlich ei-
> nen Roman, bevor ich damit anfing, für Ross zu schreiben. Virgil
> Thomson, der damals in Paris lebte, bat mich schließlich darum,
> ihn den Roman lesen zu lassen ... er sagte, mein Talent für
> Fiktion schiene geringer zu sein, als mein Wunsch zu schreiben
> ... Jedenfalls hatte die europäische und die französische Politik
> die erschreckende Fähigkeit entwicket, sich wie Fiktion, wie ein
> furchtbarer Thriller anzuhören ... Ich, der es nicht gelungen war,
> Romane zu schreiben – mir fehlte die kreative, jungfräuliche
> Gabe, um mir Fiktion vorstellen zu können ... –, besaß als Jour-
> nalistin genügend Stoff: all die Dinge, die Millionen widerfuh-
> ren, die den Lauf der Geschichte nicht zu ändern vermochten ...
> Ich hatte in diesen letzten sieben oder acht Jahren viele Male,
> wenn ich meinen „Letter from Paris" für den *New Yorker*
> schrieb, das Gefühl, tatsächlich Fiktion zu schreiben. Das war
> eine ausreichende Entschädigung.

EPILOG

Für die ausländische Frauengemeinschaft der Left Bank bedeutete die Besetzung von Paris durch die deutsche Armee im Juni 1940 das Ende. All jene, die sich ein erfülltes, unabhängiges Leben in Paris aufgebaut hatten, zögerten, Paris zu verlassen. Letztendlich wurden sie jedoch gezwungen, fortzugehen und zerstreuten sich in alle Winde. Paris war nicht länger mehr eine Frau und besaß daher kaum noch irgendwelche menschlichen Qualitäten. Die Seele der Stadt stand nach Janet Flanner „gegen deutsches Bargeld zum Verkauf."

Vielleicht war es gut, daß viele von ihnen, da sie wieder in ihre Heimatländer zurückgekehrt waren, ihre geliebte Stadt nicht in diesem traurigen Zustand sehen mußten. Janet Flanner empfand: „Jeder, der Paris liebt und sich über dessen Misere grämt, kann von Glück sagen, es jetzt nicht zu sehen, denn Paris würde ihm verabscheuungswürdig erscheinen."[1] Einige flüchteten in noch nicht besetzte Regionen des Landes; andere flohen so schnell wie möglich ganz aus Frankreich. Eines späten Nachmittags im Juni 1940 erhielt Gisèle Freund von Freunden den dringenden Rat, Paris sofort zu verlassen; und schon am nächsten Morgen wurde sie zum zweiten Mal ein Flüchtling. Sie hatte nur ihr Fahrrad dabei, als sie einen Zug nach Südfrankreich nahm, wo sie ein paar Monate bleiben wollte. Später ging sie nach Argentinien und kehrte erst nach der Befreiung nach Frankreich zurück. Adrienne notierte die Uhrzeiten in ihrem „Occupation Journal", wobei sie ihre Gefühle hinter eisigem Schweigen verbarg: „Morgens um 7.40 Abfahrt Gisèle Gare d'Austerlitz. Aufgestanden um 5.00, Bombenalarm um 5.10. Kam vom Bahnhof zu Fuß zurück, ging an Saint-Geneviève vorbei."[2]

Von den französischen Frauen blieben die meisten in Paris, und es gelang ihnen auch, sich durchzuschlagen. Colette schrieb im *Paris-Soir* „An jene, die in Paris bleiben" und erklärte: „Jedes Mal, wenn Krieg ist,

**„Jeder, der Paris liebt …, kann von Glück sagen, es jetzt nicht zu sehen."
Sylvia und Adrienne konnten nicht glauben, daß ihr geliebtes
Arrondissement so aussah.**

verbringe ich ihn in Paris. Zuerst muß man sich mit Kohlen eindecken,
und vergessen Sie nicht die Kartoffeln … Sie brauchen viele Wollpullover,
die Sie während des Bombenalarms im Keller tragen sollten."[3] Ihre Freundin Adrienne Monnier hielt ihre Buchhandlung den ganzen Krieg über
geöffnet, da sie keine andere Einkommensquelle besaß. Trotz des Drucks,
den ihre Familie, ihre Freunde und die amerikanische Regierung auf sie
ausübten, kam es für Sylvia Beach nicht in Frage, Adrienne alleine zu-
rückzulassen. Ein paar Tage bevor die Deutschen in Paris einmarschierten, schrieb Sylvia an Bryher:

Eine ganze Reihe von Leuten sind fortgegangen in Länder, von

Gisèle Freunds Selbstporträt, nach dem Krieg in Mexiko aufgenommen.

denen sie hoffen, daß sie vor Bomben sicher sind. Meine Freundin in Jersey möchte, daß ich die restliche Kriegszeit bei ihr verbringe. Mein Vater legt mir nahe, in die USA zurückzukehren. Aber ich finde, daß ich hierher gehöre und anderswo nur unglücklich wäre ... [Adrienne] ringt nun mit der neuen Nummer der Gazette, deren Erscheinen unmittelbar bevorsteht ... und ich bin sicher, daß die Leser froh darüber sein werden, daß sie sie zu lesen bekommen, ob Krieg herrscht oder nicht, und ich glaube, es wird sie beruhigen, wenn sie sehen, daß solche Dinge inmitten aller Wirren weiterlaufen.

Zu den Dingen, die weiterliefen, gehörte jedoch nicht Sylvias Buchhandlung, die sie von einem Tag auf den anderen zumachte, nachdem sie von einem deutschen Offizier bedroht worden war. Es gelang ihr, das tägliche Leben im besetzten Paris zu überstehen, bis 1942 ein deutscher Lastwagen kam, um sie abzuholen und in ein Internierungslager im Osten Frankreichs zu bringen. Dort blieb sie über sechs Monate zusammen mit anderen Amerikanerinnen und Britinnen, die sich den Aufforderungen ihrer eigenen Regierungen, das Land zu verlassen, bisher widersetzt hatten.

Obwohl alle Frauen, die zur Moderne zählten, die Loyalität gegenüber Paris und die tiefe Traurigkeit über dessen Zustand verband, waren sie in ihren Ansichten über den Krieg geteilt. Einige waren engagierte Antifaschisten und arbeiteten für die Résistance; für andere waren der Faschismus und der Kommunismus identisch mit patriarchalisch und autoritär; und ein paar von ihnen sympathisierten sogar mit der faschistischen Ideologie. Colette behauptete, daß sie ihre „bescheidene Stellung unter jenen [einnahm], die nichts taten, als warten."[4] Doch tatsächlich bat sie alle, die ihr nur zuhörten – darunter zahlreiche Nazis und französische Kollaborateure – um Hilfe, als sie versuchte ihren jüdischen Ehemann Maurice Goudeker, der 1941 festgenommen worden war, zu finden und seine Entlassung zu bewirken. Gertrude Stein, die im Ersten Weltkrieg als Fahrerin eines Sanitätswagens gedient hatte, schrieb an Janet Flanner: „ Weder wir noch Noel [Murphy] werden in den Kriegsdienst treten. England und Frankreich können tun, was sie wollen."

Als die Deutschen in Frankreich einmarschierten, ließen Janet Flanner und Solita Solano Noel Murphy in ihrem Bauernhaus in Orgeval zurück und fuhren mit dem Schiff nach New York. Noel überlebte dank ihres Gemüsegartens und eines gefälschten Personalausweises, der ihr zwar einen irischen Namen, aber auch die französische Staatsangehörigkeit verlieh. Einige Leute beschuldigten sie der Kollaboration. Doch Janet weigerte sich, das zu glauben. Noel wurde fünf Monate in dem gleichen Internierungslager wie Sylvia Beach festgehalten.

Kurz nachdem Deutschland Paris übergegeben hatte, kam Hemingway mit einer Truppe des BBC zurück, um seine Lieblingsstraße, die Rue de l'Odéon, 'zu befreien'. Er besaß die Unverfrorenheit, Adrienne Monnier, die gutes Essen liebte, zu fragen, wie es ihr gelungen sei zu überleben, ohne auf irgendeine Weise mit den Nazis zu kollaborieren. Anstatt darauf zu antworten, erwiderte sie, daß es viele Arten gebe, Sabotage zu begehen.

Janet Flanner, Bryher und Nancy Cunard waren ebenfalls Antifaschistinnen, und da sie keine Französinnen waren, konnten sie es sich erlauben, offener darüber zu sprechen als Adrienne Monnier. Nancy Cunard hatte sich bei Kriegsausbruch zunächst nach Santiago und Mexico City zurückgezogen, aber als die Deutschen Frankreich besetzten, kam sie sofort nach Europa zurück (zu der damaligen Zeit war das leichter gesagt als getan), um alles zu tun, was in ihrer Macht stand. Für sie war dieser Krieg auch ihr Krieg: „Insofern er (wenn auch nur zum Teil) gegen den Faschismus ist."[5] Von London aus arbeitete sie für französische Befreiungsorganisationen, übersetzte ein Buch über die Résistance und stellte eine Anthologie mit Gedichten zusammen, *Poems for France*, die 1944 veröffentlicht wurde.

Wie bereits erwähnt, unterstützte Bryher die Résistance nicht nur mit ihrem Familienvermögen, sondern auch durch ihren persönlichen Einsatz, deutschen Juden und politischen Flüchtlingen bei der Flucht in die Schweiz zu helfen.

Obwohl sie mehr als hundert Menschenleben rettete, bevor sie schließlich selber flüchten mußte, glaubte sie, nicht mehr zu tun, als jeder andere auch tun würde, der moralische Grundsätze habe. Von all den Personen, denen sie geholfen hat, schafften es nur zwei nicht, sich in Sicherheit zu bringen; einer von ihnen war der Schriftsteller und Philosoph Walter Benjamin, dessen Flucht an der spanischen Grenze endete und der sich das Leben nahm. Bryher floh 1940 inmitten der schweren Luftangriffe über die Schweiz nach London. Dort lebte sie für den Rest des Krieges mit H.D. und ihrer Tochter Perdita.

Janet Flanner und Ernest Hemingway als Kriegsberichterstatter im Café des Deux Magots.

Janet Flanner wußte, daß es Zeit war zu gehen, als im Oktober 1939 ihr „Letter from Paris" zensiert wurde. Laut Shari Benstock markierte ihre Flucht aus Paris das Ende der Ära:

> Janet Flanner war eine von den letzten, die gingen, und als sie am Nachmittag des 4. Oktobers 1939 floh, rannte sie fort vor der sich ausbreitenden Finsternis, die durch die Geräusche der Militärflugzeuge und marschierender Armeen angekündigt wurde. Die Tür zur kulturellen Szene der Left Bank, die sie mit aufgebaut hatte, schloß sich hinter ihr.[6]

New York, London, Territet in der Schweiz, Fiesole in Italien, Bilignin in Frankreich, Santiago, Buenos Aires, Mexico City – von diesen und anderen Orten aus blieben die Freundschaften auch über die Entfernung hinweg bestehen. Briefe kamen nur selten durch, und wenn doch, wie etwa die Briefe von Natalie Barney an Gertrude und Alice, dann verhinderte die Zensur, daß viel gesagt oder gelesen werden konnte. Häufiger verließen sich Freunde auf das, was sie mündlich erfuhren, und da es oft keine Nachrichten gab, vertrauten sie einander blind. Bryher schrieb später:

> ... die Freude, die H.D. und ich empfanden, als uns ein Brief von [Sylvia Beach] nach fünfjährigem Schweigen in London erreichte. Es erschien uns unmöglich, daß er so einfach auf den Boden fallen konnte, mit einer Zeitung, einer Rechnung und ein paar Belanglosigkeiten, und mit Deiner persönlichen Handschrift auf dem Umschlag.[7]

Es erscheint ebenso unmöglich, daß Janet Flanner als Kriegsberichterstatterin die Zeit fand, Gertrude Steins *Paris Frankreich* zu lesen, doch es war für sie von so großer Bedeutung, daß sie es sogar schaffte, ein paar ermutigende Worte an Gertrude zu schreiben und es im *New Yorker* zu besprechen.

> Liebe Gertrude,
> es ist ein großartiges Buch, gefüllt mit dem Gespür, das Du für Dinge hast, aus denen andere nur Unsinn machen – ich habe es mit sehr großem Vergnügen gelesen ... und es sehr bereichernd gefunden, es hat mir in viele Dinge neue Einsichten vermittelt ...

Gertrude und Alice flohen in ihr Sommerhaus nach Bilignin und boten als amerikanische Jüdinnen den Nazi-Besatzern die Stirn. Sie erhielten von Janet Flanner einen Brief, in dem folgende Anweisungen standen:

> Ihr müßt beide dort so lange wie möglich mit frischen Eiern und frischer Luft und Basket bleiben – Alles Liebe Euch beiden, das heißt Euch dreien (obwohl ich Basket nur flüchtig kenne –) Und ganz herzlichen Dank – Viele Grüße Janet

Während Janet glaubte, Gertrude und Alice und ihr neuer Pudel (der, wie der erste, Basket hieß) befänden sich an einem idyllischen Zufluchtsort weit ab vom Krieg, hatten Gertrude und Alice ihrerseits das Gefühl, daß sie die schlimmsten Tage des Krieges miterlebten und Janet diejenige war, die sich an einem sicheren Ort befand. Nachdem Gertrude Janets Buchbesprechung erhalten hatte, schrieb sie ihr nach New York:

> Mir hat gerade jemand Deine Kritik über *Paris Frankreich* geschickt, es ist eine wunderbare Besprechung, über die ich mich sehr gefreut habe; danke, danke vielmals, weißt Du Janet, selbst in den schlimmsten Tagen sprachen wir von Dir, ich sagte immer, und erst vor drei Tagen sagte ich es wieder, es tue mir so leid, daß Janet bei allem, was passiert, nicht in Frankreich ist, es hätte ihr gefallen, hier zu sein, und Alice erwiderte immer, vielleicht hätte es ihr überhaupt nicht gefallen, und dann stritten wir darüber, wie die Antwort lautet. Oh Janet, eines nicht allzu fernen Tages werden Du und Noel herkommen, um wie versprochen eine Woche bei uns zu verbringen, und wir haben Euch so viel zu erzählen. Wann kommst Du zurück, nun, bis Du wirklich zurückkommst, werden Alice und ich weiterhin darüber streiten, ob es Dir hier gefallen hätte, alles Gute, kehre bald zu uns zurück und danke und nochmal danke für die ausgezeichnete Kritik, alles Liebe von uns beiden, Deine Gtde.

„Komm' bald zu uns zurück", so heißt es immer wieder in den Briefen, die unter den Frauen, die der Krieg getrennt hatte, geschrieben wurden. Nachdem Natalie Barney und Romaine Brooks aus Italien zurückgekehrt waren, wo die beiden mit Mussolini sympathisiert, antisemitische Ansichten vertreten und sich in Gräben gesonnt hatten, damit sie nicht von Flugzeugen gesichtet wurden, schrieb Natalie einen Brief an Gertrude und Alice in Bilignin:

> Liebe Gertrude und Alice, meine Liebe, ... Ich träume schon so lange davon, in unser altes Viertel zurückzukehren, daß ich wie eine Schlafwandlerin den Weg zu Eurer Tür finden würde, und ich sehe die Tauben in Eurem Schlafzimmer flattern, und die bequemen Sessel nehmen uns wie früher auf, und Dein Porträt, das Dich über uns erhebt, schaut herab; und es vereint die Vergangenheit und die Gegenwart zu einer Zukunft, die wir – wie auch immer – noch erleben werden – möge sie in Paris liegen ... In Liebe, Natalie und meine Freundin Romaine

Auch wenn vor Gertrude nur noch eine sehr begrenzte Zukunft lag, so erlebte sie sie zumindest in Paris. Ein Jahr nachdem der Krieg vorüber war, 1946, starb sie an Krebs. Alice, für die eine Welt zusammenbrach, schrieb: „Ich wünschte bei Gott, ich wäre mit ihr zusammen gegangen, wie ich es törichterweise immer geglaubt hatte – eine Bombe – ein Schiffsunglück – alles, nur nicht das."[8]

Natalies Beileidsschreiben bestätigte, daß Alice' Arbeit für Gertrudes Karriere von großer Bedeutung gewesen war:

> Oh Alice, was kann ich Dir nun schreiben? Worte können einen solchen Verlust nicht ausdrücken ... Vielleicht vermitteln Dir ihre Werke, an denen Du zu einem späteren Zeitpunkt weiterarbeiten wirst, das Gefühl, jene Aufgaben, denen Du stets aufs äußerste gerecht wurdest, zu Ende zu führen ... Ich werde nie zwischen Dir und Gertrude unterscheiden können, noch zwischen Gertrude und Dir. So lasse sie stets zwischen uns sein, daß sie uns einander noch näher bringt als je zuvor ...

Das enge Netzwerk der Freundinnen sorgte dafür, daß alle über Alice' tägliche Sorgen und ihr Leid als „allein Zurückgebliebene" informiert wurden. Sylvia berichtete Bryher über so profane Schwierigkeiten, wie die Überlegung, was mit den Tieren geschehen sollte:

RECHTS **Natalie Barney sehnte sich nach Paris und zu den Schwalben in Gertrudes Schlafzimmer zurück, tatsächlich waren es jedoch Tauben im Gras.**

Janet schrieb auf die Rückseite dieses Fotos: „Die verwitweteste Frau, die ich kenne. So sagte ich zu Alice, als ich sie nach Gertrudes Tod das erste Mal traf."

[9. Juli 1947] Alice Toklas besuchte mich eines Tages. Sie sagte, sie sei so froh darüber, daß Bryher nach Paris komme ... Basket zieht zu heftig, wenn sie mit ihm spazieren geht. Er hatte einen Eifersuchtsanfall, als sie eine Katze aufnahm und bekam ein Ekzem, das, wie der Tierarzt meinte, nur wegen der Katze aufgetreten sei. Er weigerte sich, solange in das Wohnzimmer zu kommen, bis Alice die Katze wieder abgeschafft hatte ... Alles Liebe und Gute Dir, liebe Bryher ... Bitte grüße auch H.D. ganz lieb von mir.

Oftmals hatte Alice jedoch gewichtigere Gründe, verzweifelt zu sein. Als Gertrudes von Picasso gemaltes Porträt in das New Yorker Metropolitan Museum gebracht werden sollte, kam Picasso vorbei, um ihm Lebewohl zu sagen. „Es war ein weiterer Abschied, der mich völlig zugrunde richtete."[9]

Was mit der restlichen Kunstsammlung von Gertrude und Alice geschah, ist eine traurige und oft erzählte Geschichte. Da zwischen Gertrude und Alice selbstverständlich keine rechtsgültige Bindung bestand, sprachen die Kinder von Gertrudes Neffen Alice jegliches Anrecht auf die Bilder ab. Die beiden hatten die einzelnen Bilder damals zusammen erworben, fast ohne etwas dafür zu bezahlen, und inzwischen besaßen sie einen Wert von über sechs Millionen Dollar. Ohne die Gemälde – im äußersten Notfall hätte sich Alice dazu entschließen können, sich von ein oder zwei Gemälden zu trennen – besaß sie nicht genug Geld für ihren Lebensunterhalt. Janet wandte sich an gemeinsame alte Freunde und bildete eine Art Fond zur Unterstützung von Alice, den sie selbst verwaltete. An eine Freundin schrieb sie: „Es macht mich wahnsinnig, daß Alice auf die großzügige Wohltätigkeit ihrer Freunde angewiesen ist, wo sie doch eigentlich eine Erbin ist." Sie schrieb öffentlich über das Schicksal dieser berühmten Gemälde, vielleicht in der Hoffnung, daß sich andere bereit erklären würden, etwas beizusteuern. Doch als Margaret Anderson gegenüber Janet erwähnte, daß Janet so viele Details über Gertrudes Testament angegeben habe, daß sie annehmen müsse, Janet habe daraufhin eine Flut von verständnisvollen Briefen erhalten, da erwiderte sie: „Nein, ganz im Gegenteil, nicht einen einzigen. Es schien niemanden zu interessieren."

Die Leser des *New Yorker* mag es nicht interessiert haben, Alice' Freunde hingegen schon. Thornton Wilder, Bryher und Janet Flanner selber gehörten zu jenen, die Alice im Alter unterstützten, nachdem sie es sich nicht mehr leisten konnte, aus Stolz abzulehnen, wie sie es 1956 getan hatte. „So, liebe Bryher, ich sende Deinen Scheck an Dich zurück, behalte jedoch Deine gute Absicht als ein schönes Geschenk."

Gertrudes Tod war der erste in einer langen Reihe, die sich über vier

Jahrzehnte erstreckte und die diese außergewöhnlichen Freundschaften beendete. Adrienne Monnier war die nächste, die von ihnen ging; gequält von ständigen Geräuschen im Ohr, die sie verrückt machten, nahm sie sich 1955 das Leben. Obwohl Sylvia froh war, daß Adrienne schließlich Ruhe und Frieden gefunden hatte, schrieb sie an Bryher: „Es ist sehr schwer für mich, Adrienne verloren zu haben, die mir in meinem Leben alles bedeutete ..." Ähnlich wie Alice, die auf eine Bombe oder ein Schiffsunglück gehofft hatte, die sie und Gertrude mit sich genommen hätten, so wäre es auch Sylvia sehr viel lieber gewesen, „zur gleichen Zeit wie Adrienne zu gehen", was Adrienne auch vorgeschlagen hatte, da sie wußte, wie schwer es für Sylvia ohne sie sein würde. Die Rue de l'Odéon, die über so viele Jahrzehnte ihre Heimat gewesen war, „könnte irgendwo sonst sein, jetzt wo Adrienne fort ist – ist alles fort."

Bryher, die darauf mit liebevollen, tröstenden Briefen reagierte, war

Nach vierzig Jahren litten Thelma und Djuna noch immer.

THELMA WOOD
FAN HILL ROAD
MONROE, CONNECTICUT

April 14th
1969

darling, should have sent the photographs
earlier, but anything to do with us bothers
me) the pain is so unequal that i just natually
avoid it when possible, its been so long a time
too its too much. i have kept the pictures i
love and that belong to me alone.
i have a trembly right hand so the typing)
no hangover havent had a drink about ten years –
spring is here but as rachel carson said it is
silent, the people have taken everything.
i love you as always.

Thelma

die nächste, die Beileidsschreiben erhielt. H.D. erlitt einen Schlaganfall und starb drei Monate später an den Folgen. Alice schrieb kurz danach an Bryher:

> Neulich abend schleppte ich mich zu einer Lesung ... und sprach dort kurz mit Sylvia. Als ich mich nach Dir und H.D. erkundigte, teilte sie mir H.D.s Tod mit. Ich war zutiefst betroffen ... Sie war ein wundervoller Mensch, und nichts wird sie Dir ersetzen können ... Mein herzliches Beileid, liebe Bryher, und mein tiefes Mitgefühl. Alice

Diejenige, die alle anderen überlebte, war die völlig isoliert lebende und verbitterte Djuna Barnes, die jeden Todesfall als „weiteren Nagel des eigenen Sarges" empfand.[10] Nachdem sie nach New York zurückgekehrt war, wollte sie niemanden sehen, nicht einmal ihre geliebte Thelma Wood, obwohl sie gelegentlich miteinander telefonierten. 1964 schrieb Djuna über Thelma: „‚Immer noch schön?' Wie ich höre, nicht, wie könnte man es auch mit 62 noch sein. Ich glaube, sie hat zugenommen, trägt eine Brille und hat weiße Strähnen im Haar; armes Kind, es war ihr nie bewußt geworden, daß ihr so etwas passieren könnte."[11] Thelma erkrankte an Rückenmarkkrebs und war während ihrer letzten Lebensjahre bettlägerig. Berenice Abbott war in all den Jahren mit Thelma in Kontakt geblieben und besuchte sie kurz vor ihrem Tod, dem sie, wie Berenice berichtete, mutig entgegenblickte.

Djuna Barnes stimmte zu, daß sie sich im „Winter unserer Welt" befanden, aber sie gehörte nicht zu jenen, die sich von Wehmut ergreifen ließen. Wenn sie irgend etwas bedauerte, dann wurde sie dabei nie sentimental. 1951 schrieb sie an Solita Solano: „Manchmal glaube ich, daß ich einen Fehler begangen habe, 'alles für die Kunst' und nicht das geringste für Geld getan zu haben." Als die *Little Review* in den späten sechziger Jahren als Buch neu aufgelegt wurde, interessierte Djuna dabei nicht, ob die öffentliche Aufmerksamkeit auf die 'verlorenen Meisterwerke' der Epoche gelenkt wurde und auch nicht, daß einige der ihren wieder gedruckt wurden, nachdem sie lange in Vergessenheit geraten waren. In einem Brief an Solita sprach sie vielmehr von potentiellen Tantiemen:

> Ich habe gesehen, daß die *Little Review* von irgendeinem Betrüger (das sind sie nämlich) vollständig neu gedruckt wurde und

Sylvia Beach (rechts) und Bryher 1959 bei einer Ausstellung über das Paris der zwanziger Jahre, die auf Sylvias persönlichen Erinnerungsstücken basierte.

nehme an, daß kein Autor auch nur einen Pfennig für seinen Beitrag erhalten hat? Kannst Du Margaret einmal danach fragen? ... Das ist einer der Tricks von diesen Möchtegern-Verlegern.

Djuna Barnes war nicht die einzige, die sich im Alter treu blieb. Mit 90 Jahren kämpfte Natalie Barney immer noch für ihr lebenslanges Anliegen, dem Werk vieler Künstlerinnen und Schriftstellerinnen, mit denen sie befreundet war, zu Anerkennung zu verhelfen. 1967 schrieb sie – als sei immer noch das Jahr 1927 – an Janet Flanner, mit der Bitte, etwas über die Gemälde von Romaine Brooks im *New Yorker* zu schreiben.

Aber während sich Natalies Rolle nicht verändert hatte, war eine Änderung von Janets Rolle eingetreten. So wie sie in den Vorkriegsjahren über die Aktivitäten ihrer teuren Freundinnen berichtet hatte, zeichnete sie nun im Laufe der Jahrzehnte deren Tode auf. Einer nach der anderen zollte sie posthum auf den Seiten des *New Yorker* ihren Respekt, wobei sie nur selten offenbarte, um wieviel ärmer ihr eigenes Leben durch jeden einzelnen Verlust wurde.

Ihre öffentlichen Briefe sind ein überwältigender Beweis für den Beitrag, den dieser außergewöhnliche Kreis von Frauen – jede einzelne und als Gesamtheit – für die westliche Kultur leisteten. Doch es sind die persönlichen Briefe, die das lebendige und feste Netz von Freundschaften dokumentieren – ein Netz, das vor langer Zeit in Paris gewebt worden war. Diese Freundschaften, die sich an etwas so wenig Faßbarem wie den Möglichkeiten, die Paris zu einem bestimmten Zeitpunkt in der Geschichte versprach, entzündet hatten, haben diese Frauen das kulturelle Erbe schaffen lassen, das sie uns hinterlassen haben. Fünfzehn Jahre nach Gertrudes Tod schickte Alice Janet Flanner und Solita Solano eine Postkarte: „Meine liebsten Lieben ... Paris und die Franzosen sind für mich immer noch verlockend ... Alles, alles Liebe, Alice."

ANMERKUNGEN

EINLEITUNG: PARIS WAR EINE FRAU

1. Frederic Lefèvre in: *Paris Tribune* (8. Juni 1924), Nachdruck in: Hugh Ford (Hg.): *The Left Bank Revisited: Selections from the Paris Tribune 1917 - 1934,* Penn State University Press, University Park 1972, S. 96.
2. Bryher: *The Heart to Artemis,* Collins, London 1963, S. 226.
3. Andrew Field: *Djuna: The Life and Times of Djuna Barnes,* Putnam, New York 1983, S. 133 f.
4. Gertrude Stein: *Everybody's Autobiography,* Vintage Press, New York 1973, S. 102 f.
5. Katherine Anne Porter: Gertrude Stein: A Self-Portrait, Nachdruck in: *Harper's Magazine,* 195 (Dezember 1947), S. 522.
6. Jessie Fausset in: *Paris Tribune* (1. Februar 1923), Nachdruck in: Hugh Ford (Hg.): *The Left Bank Revisited,* a.a.O., S. 47 f.
7. Aus einem Brief, den Gertrude Stein 1939 an Miss Steloff - die Inhaberin von Gotham Book Mart - in New York schickte. Miss Steloff veröffentlichte den Brief im Katalog ihrer Buchhandlung.

KAPITEL 1: ODÉONIA – DAS LAND DER BÜCHER

1. Adrienne Monnier: Souvenirs de l'autre guerre, in: *The Very Rich Hours of Adrienne Monnier: An Intimate Portrait of the Literary and Artistic Life in Paris Between the Wars,* übersetzt, kommentiert und mit einer Einleitung von Richard McDougall, Charles Scribners & Sons, New York 1976, S. 11.
2. Janet Flanner: The Infinite Pleasure: Sylvia Beach, in: *Janet Flanner's World: Uncollected Writings 1932-1975,* Harcourt Brace Jovanovich, New York und London 1979, S. 310.
3. Noel Riley Fitch: *Sylvia Beach and the Lost Generation: A History of Literary Paris in the Twenties and Thirties,* W.W. Norton and Co., New York und London 1983, S. 11.
4. Sylvia Beach: *Shakespeare and Company,* Harcourt, Brace and Co., New York 1956, S. 16.
5. Adrienne Monnier: Memorial de la rue de l'Odéon, in: *The Very Rich Hours of Adrienne Monnier,* a.a.O., S. 40.
6. Katherine Anne Porter, Brief an Sylvia Beach, 6. Februar 1956, in: *Sylvia Beach: 1887-1962,* Mercure de France, Paris 1963, S. 154.
7. Sylvia Beach: *Shakespeare and Company,* a.a.O., S. 47.
8. Sergej M. Eisenstein, Brief an Sylvia Beach, 11. Dezember 1933, in: *Sylvia Beach: 1887-1962,* a.a.O., S. 125.

9. Sylvia Beach, Brief an Bryher, 13. Januar 1936, in: Bryher collection, Beinecke Rare Book and Manuscript Library, Yale University.

10. Zit. Noel Riley Fitch: *Sylvia Beach and the Lost Generation*, a.a.O., S. 25.

11. Janet Flanner: The Great Amateur Publisher, in: *Sylvia Beach: 1887-1962*, a.a.O., S. 48.

12. Sylvia Beach: *Shakespeare and Company*, a.a.O., S. 27.

13. Bryher: For Sylvia, in: *Sylvia Beach: 1887-1962*, a.a.O., S. 18.

14. Bryher: *The Heart to Artemis*, Collins, London 1963, S. 211.

15. Sylvia Beach: A Letter to Bryher, anläßlich Bryhers Geburtstag im Jahr 1950 verfaßt. In: Bryher collection, Beinecke Rare Book and Manuscript Library, Yale University.

16. Jules Romains, zit. nach Adrienne Monnier: *The Very Rich Hours of Adrienne Monnier*, a.a.O., S. 14.

17. Interview mit Gisèle Freund im Juni 1992 für das Filmprojekt *Paris Was a Woman*.

18. Adrienne Monnier: In the Country of Faces, in: *The Very Rich Hours of Adrienne Monnier*, a.a.O., S. 231 f.

19. Simone de Beauvoir im Vorwort zu: Gisèle Freund: *James Joyce in Paris*, zit. nach Adrienne Monnier: *The Very Rich Hours of Adrienne Monnier*, ebd., S. 491.

20. Sylvia Beach, Brief an Bryher, 21. September 1935, in: Bryher collection, Beinecke Rare Book and Manuscript Library, Yale University.

21. Sylvia Beach: *Shakespeare and Company*, a.a.O., S. 29.

22. Bryher: *The Heart to Artemis*, a.a.O., S. 211.

23. Sylvia Beach, zit. nach Jackson Matthews: My Sylvia Beach, in: *Sylvia Beach 1887-1962*, a.a.O., S. 25.

24. Janet Flanner: The Infinite Pleasure: Sylvia Beach, in: *Janet Flanner's World: Uncollected Writings 1932-1975*, a.a.O., S. 309.

25. Jackson Matthews: My Sylvia Beach, in: *Sylvia Beach: 1887-1962*, a.a.O., S. 26.

26. Sylvia Beach: *Shakespeare and Company*, a.a.O., S. 58 und 88.

27. Janet Flanner: The Great Amateur Publisher, in: *Sylvia Beach: 1887-1962*, a.a.O., S. 46-51.

28. James Joyce, zit. Noel Riley Fitch: *Sylvia Beach and the Lost Generation*, a.a.O., S. 328.

29. Sylvia Beach: *Shakespeare and Company*, a.a.O., S. 58-60.

30. Interview mit Sam Steward im Juli 1992 für das Filmprojekt *Paris Was a Woman*.

31. Interview mit Gisèle Freund im Juni 1992 für das Filmprojekt *Paris Was a Woman*.

32. Sylvia Beach, Brief an Holly Beach, zit. nach Noel Riley Fitch: *Sylvia Beach and the Lost Generation*, a.a.O., S. 318.

33. Robert McAlmon, Brief an Gertrude Stein, in: Stein collection, Beinecke Rare Book and Manuscript Library, Yale University.

34. T.S. Eliot: Miss Sylvia Beach, in: *Sylvia Beach: 1887-1962*, a.a.O., S. 9.

35. Interview mit Gisèle Freund im Juni 1992 für das Filmprojekt *Paris Was a Woman*.

36. Jean Amrouche, zit. nach Adrienne Monnier: *The Very Rich Hours of Adrienne Monnier*, a.a.O., S. 60 f.

37. Shari Benstock: *Women of the Left Bank*, University of Texas Press, Austin 1986 und Virago Press, London 1987, S. 228.
38. Bryher: *The Heart to Artemis*, a.a.O., S. 213.
39. Janet Flanner: The Infinite Pleasure, *Janet Flanner's World*, a.a.O., S. 314.
40. Sylvia Beach: *Shakespeare and Company*, a.a.O.., S. 215.

KAPITEL 2: DIE SCHRIFTSTELLERIN UND IHRE MUSE

Alle Zitate aus Briefen, die hier nicht aufgeführt sind, stammen aus der Gertrude Stein collection, Beinecke Rare Book and Manuscript Library, Yale University.

1. Alice B. Toklas: *What is Remembered*, Holt, Rinehart and Winston, New York 1963, S. 23. Ebenso Alice B. Toklas interviewt von Roland E. Duncan in Paris im November 1952. Das Tonband befindet sich in der Bancroft Library, University of California in Berkeley.
2. Katherine Anne Porter: Gertrude Stein: A Self-Portrait, in: *Harper's Magazin*, 195 (Dezember 1947), S. 519.
3. Janet Flanner: Introduction: Frame For Some Portraits, in: *Gertrude Stein and Her Brother and Other Early Portraits (1908-1912): Volume One of the Yale Edition of the Unpublished Writings of Gertrude Stein*, Yale University Press, New Haven 1951, S. X.
4. Catharine R. Stimpson: Gertrice/Altrude: Stein, Toklas, and the Paradox of the Happy Marriage, in: Ruth Perry und Martine Watson Brownley (Hgs.): *Mothering the Mind: Twelve Studies of Writers and Their Silent Partners*, Holmes and Meir, New York und London 1984, S. 125.
5. Natalie Clifford Barney, Vorwort zu: Gertrude Stein: *As Fine as Melanctha: Volume Four of the Yale Edition of the Unpublished Writings of Gertrude Stein*, Yale University Press, New Haven 1954.
6. Gertrude Stein: *Everybody's Autobiography*, Vintage Press, New York 1973, S. 87.
7. Catharine R. Stimpson: Gertrice/Altrude: Stein, Toklas and the Paradox of Happy Marriage, a.a.O., s. 133.
8. Judy Grahn: *Really Reading Gertrude Stein*, The Crossing Press, Freedom 1989.
9. Natalie Clifford Barney, Vorwort zu: Gertrude Stein: *As Fine As Melanctha*, a.a.O.
10. Bryher, *The Heart to Artemis*, Collins, London 1963, S. 215.
11. Williams Carlos Williams: MANIFESTO: in the form of a criticism of the works of Gertrude Stein, in: Manuskript der Stein collection, Beinecke Rare Book and Manuscript Library, Yale University.
12. Bryher: *The Heart to Artemis*, a.a.O., S. 208.
13. Pavel Tchelitchew, Martin A. Ryerson: Vortrag über Gertrude Stein am 20. Februar 1961 in der Yale Gallery of Fine Arts. Das Zitat stammt von der transkribierten Fassung der Tonbandaufnahmen, in: Stein collection, Beinecke Rare Book and Manuscript Library, Yale University.
14. Janet Flanner: Vorwort zu: Frame For Some Portraits, a.a.O., S. XVI.
15. Alice B. Toklas: *What is Remembered*, a.a.O., S. 136.
16. Janet Flanner: *An American in Paris: Profile of an Interlude between Two Wars*, Hamish Hamilton, London 1940, S. 83 f.

17. Pavel Tchelitchew, Martin A. Ryerson: Vortrag, a.a.O.

18. Undatierter Brief von Gertrude Stein an eine Miss Clair, die für die anstehende Veröffentlichung von *Tender Buttons* um biographische Angaben gebeten hatte.

19. Janet Flanner: Introduction: Frame For Some Portraits, a.a.O., S. XI.

20. Janet Flanner: Paris in the Twenties, CBS Television, gesendet am 18. April 1960.

21. Sylvia Beach: *Shakespeare and Company*, Harcourt, Brace and Co., New York 1956, S. 31.

22. Natalie Clifford Barney, Vorwort zu: Gertrude Stein: *As Fine as Melanctha,* in: Linda Simon (Hg.): *Gertrude Stein Remembered*, University of Nebraska Press, Lincoln 1994, S. 30.

23. Pavel Tchelitchew, Martin A. Ryerson : Vortrag, a.a.O.

24. Interview mit Samuel Steward im Juli 1992 für das Filmprojekt *Paris Was a Woman.*

25. Samuel Putnam: Paris *Was Our Mistress*, Viking Press, New York 1947, S. 136.

26. John Richardson: Picasso and Gertrude Stein: Mano a Mano, Tête-à-Tête, in: *The New York Times*, 36 (10. Februar 1991).

27. Pavel Tchelitchew, Martin A. Ryerson: Vortrag, a.a.O.

28. Gertrude Stein, Interview an der Colombia University, NBC Radiosendung vom 12. November 1934.

29. Alice B. Toklas interviewt von Roland E. Duncan im November 1952 in Paris.

30. Richard Wright: Gertrude Stein's story is drenched in Hitler's horrors, in: *PM Magazine* (11. März 1945).

31. Jacqueline Morreau, Einleitung zu Gertrude Stein: *Wars I Have Seen*, Brilliance Books, London 1984, S. XIV.

32. Alice B. Toklas interviewt von Roland E. Duncan im November 1952 in Paris.

33. Virgil Thomson: A Portrait of Gertrude Stein, in: *A Virgil Thomson Reader*, Houghton Mifflin Co., Boston 1981, S. 75.

34. Katherine Anne Porter: Gertrude Stein: A Self-Portrait, a.a.O., s. 527.

35. Janet Flanner: Paris in the Twenties, CBS Television, gesendet am 17. April 1960.

36. Gertrude Stein: *Everybody's Autobiography*, a.a.O., S. 47.

37. Janet Flanner: Introduction: Frame For Some Portraits, a.a.O., S. XII.

38. Gertrude Stein, in: Peter Neagoe (Hg.): *Americans Abroad*, The Servire Press, Den Haag 1932, S. 418.

39. Alice B. Toklas interviewt von Roland E. Duncan im November 1952 in Paris.

KAPITEL 3: AMAZONEN UND SIRENEN

Alle Zitate von Natalie Barney, die hier nicht aufgeführt sind, stammen aus ihrer unveröffentlichten Autobiographie *Memoirs of a European American* im Fonds Littéraire Jacques Doucet. Alle Briefe, die hier nicht aufgeführt sind, befinden sich in der Doucet Sammlung; alle anderen Briefe, die in diesem Kapitel erscheinen und an dieser Stelle nicht aufgeführt sind, befinden sich in der Stein collection, Beinecke Rare Book and Manuscript Library, Yale University.

1. George Wickes: *The Amazon of Letters*, G.P. Putnam's Sons, New York 1976, S. 7.

2. André Germain, *Les Clés de Proust*, Sun, Paris 1953, zit. nach Wickes, ebd., S. 93.

3. Natalie Barney, zit. nach Wickes, ebd., S. 44.

4. Natalie Barney, zit. nach Wickes, ebd., S. 48.

5. Marguerite Yourcenar, zit. nach Jean Chalon: *Portrait of a Seductress: The World of Natalie Barney*, übersetzt von Carol Barko, Crown Publishers, New York 1979, S. 221.

6. Solita Solano: The Hotel Napoléon Bonaparte, in: John C. Broderick: Paris between the Wars: Un Unpublished Memoir by Solita Solano, in: *Quarterly Journal of the Library of Congress*, 34 (Oktober 1977), S. 309 f.

7. Truman Capote, zit. nach Wickes, a.a.O., S. 255.

8. Natalie Clifford Barney in einer Widmung an Berthe Cleyrergue von 1929, zit. nach Chalon, S. 147.

9. Interview mit Berthe Cleyrergue vom Juli 1992 für das Filmprojekt *Paris Was a Woman*.

10. Janet Flanner, interviewt in Wickes, a.a.O., S. 261.

11. Janet Flanner, Einleitung zu Colette: *The Pure and the Impure*, übersetzt von Herma Brifault, Penguin Books, London 1971, S. 6.

12. Janet Flanner: Einleitung zu Colette: *The Pure and the Impure*, ebd., S. 8.

13. Herbert Lottman: *Colette: A Life*, Secker and Warburg, London 1991, S. 27. [dt.: *Colette. Eine Biographie*, Goldmann, München 1993.]

14. Colette: Vorwort zu *Claudine at School*, übersetzt von Antonia White, Penguin, London 1963, S. 5-6.

15. Colette: *Earthly Paradise. An Autobiography Drawn from her Lifetime Writings*, von Robert Phelps, Farrar, Straus & Giroux, New York 1966.

16. Janet Flanner, Einleitung zu Colette: *The Pure and the Impure*, a.a.O., S. 9.

17. Janet Flanner: in einem Konzept zu einem Vortrag über Colette, Juli 1966, in: Flanner/Solano papers, Library of Congress.

18. Colette, Brief an Janet Flanner, undatiert, in: Flanner/Solano papers, Library of Congress.

19. Truman Capote, zit. nach Wickes, a.a.O., S. 256.

20. Interview mit Berthe Cleyrergue im Juli 1992 für das Filmprojekt *Paris Was a Woman*.

21. Natalie Clifford Barney, Vorwort zu: Gertrude Stein: *As Fine as Melanctha*, in: Linda Simon (Hg.): *Gertrude Stein Remembered*, University of Nebraska Press, Lincoln 1994, S. 31.f.

22. Natalie Clifford Barney, Vorwort zu: Gertrude Stein: *As Fine as Melanctha*, ebd., S. 31 f.

23. Virgil Thomson, zit. nach Wickes, a.a.O., S. 248.

24. Elizabeth Eyre de Lanux, zit. nach Wickes, a.a.O., S. 242.

25. Gabriel-Louis Pringue: *Trente Ans de Diners en Ville*, zit. nach Chalon, a.a.O., S. 160.

26. Janet Flanner, zit. nach Wickes, a.a.O., S. 261.

27. Dolly Wilde, Brief an Janet Flanner, undatiert, in: Flanner/Solano papers, Library of Congress.

28. Janet Flanner, zit. nach Wickes, a.a.O., S. 260.

29. Interview mit Gisèle Freund im Juli 1992 für das Filmpojekt *Paris Was a Woman*.

30. Sylvia Beach, Brief an Bryher, 15. Januar 1953, in: Bryher collection of the Beinecke Rare Book and Manuscript Library, Yale University.

31. Sylvia Beach: *Shakespeare and Company*, Harcourt, Brace and Co., New York 1956, S. 115.

32. *Colette: Catalogue de l'exposition*, Bibliothèque Nationale, Paris 1973, S. 163 f., zit. nach Lotman, a.a.O., S. 207.

33. Janet Flanner: *Paris Was Yesterday: 1925-1939*, Harcourt Brace Jovanovich, New York 1988, S. 48.

34. Natalie Clifford Barney, Vorwort zu: *As Fine as Melanctha*, in: Linda Simon (Hg.): *Gertrude Stein Remembered*, a.a.O., S. 33 f.

35. Gertrude Stein: *Picasso*, Beacon Press, Boston 1959, S. 8.

36. Germaine Beaumont, Brief an Solita Solano, 1964, in: Flanner/Solano papers, Library of Congress.

KAPITEL 4: DIE STADT DER FINSTEREN NÄCHTE

Alle Briefe an Djuna Barnes sind aus der McKeldin Library, University of Maryland, College Park. Alle Briefe von Djuna Barnes an Emily Holmes Coleman sind aus den Emily Holmes Coleman papers, University of Delaware Library. Alle Briefe an Natalie Barney sind aus dem Fonds Littéraire Jacques Doucet. Alle anderen Briefe, deren Quellen hier nicht aufgeführt sind, stammen aus Beinecke Rare Book Room, Yale University.

1. Natalie Barney, zit. nach George Wickes: *The Amazon of Letters,* G.P. Putnam's & Sons, New York 1976, S. 180.

2. Kathryn Hulme: *Undiscovered Country*, Atlantic-Little, Brown, Boston 1966, S. 37-39.

3. Eugene Jolas in: *Paris Tribune* (20. Juli 1924), in: Hugh Ford (Hg.): *The Left Bank Revisited*, Penn State University Press, University Park 1972, S. 97.

4. Virgil Thomson: A Portrait of Gertrude Stein, in: *A Virgil Thomson Reader*, Houghton Mifflin Co., Boston 1981, S. 69.

5. Janet Flanner: Introduction, *Paris Was Yesterday: 1925 - 1939*, Harcourt Brace Jovanovich, New York 1988, S. XVII f.

6. Janet Flanner: The Infinite Pleasure: Sylvia Beach, in: *Janet Flanner's World: Uncollected Writings 1932-1975,* Harcourt Brace Jovanovich, New York und London 1979, S. 309.

7. Djuna Barnes: *I Could Never Be Lonely Without a Husband: Interviews by Djuna Barnes*, herausgegeben von Alyce Barry, Virago Press, London 1987, S. 288.

8. Sylvia Beach: *Shakespeare and Company*, Harcourt, Brace and Co., New York 1956, S. 112.

9 Andrew Field: *Djuna: The Life and Times of Djuna Barnes*, Putnam's, New York 1983, S. 84.

10. Allan Ross·MacDougall (Hg.): *Letters of Edna St. Vincent Millay*, Harper and Brothers, New York 1952, S. 116.

11. Interview mit Berthe Cleyrergue im Juni 1992 für das Filmprojekt *Paris Was a Woman.*

12. Vergl. Cheryl Plumb: Revising Nightwood: 'a kind of glee of despair', in: *The Review of Contemporary Fiction*, 13, Nr. 3 (Herbst 1993), S. 158.

13. Andrew Field: Djuna: *The Life and Times of Djuna Barnes*, a.a.O., S. 147.

14. Djuna Barnes, in: *The Paris Tribune* (2. September 1931), Nachdruck in: Hugh Ford (Hg.): *The Left Bank Revisited*, a.a.O., S. 142.

15. Sylvia Beach: *Shakespeare and Company*, a.a.O., S. 112.

16. Shari Benstock: *Women of the Left Bank*, University of Texas Press, Austin 1986 und Virago Press, London 1987, S. 245.

17. Djuna Barnes, Brief an Solita Solano, 22. Mai 1964, in: Flanner/Solano papers, Library of Congress.

KAPITEL 5: BRIEFE AUS PARIS

Alle Briefe an Janet Flanner oder Solita Solano und alle unveröffentlichten Schriften von Janet Flanner, die hier nicht aufgeführt sind, stammen aus den Flanner/Solano papers, Library of Congress. Alle anderen nicht aufgeführten Schriften sind aus ihrer *New Yorker* Kolumne „Letter from Paris".

1. Zit. nach Brenda Wineapple: *Genêt: A Biography of Janet Flanner*, Ticknor & Fields, New York 1989, S. 55.

2. G.Y. Dryanski: Genêt Recalls Paris in the 20's, in: *Washington Post* (1967), Zeitungsausschnitt aus den Solita Solano/Janet Flanner papers der Library of Congress.

3. Zit. nach Brenda Wineapple, a.a.O., S. 21.

4. Solita Solano: The Hotel Napoléon Bonaparte, in: John C. Broderick: *Paris between the Wars: An Unpublished Memoir by Solita Solano*, in: *Quarterly Journal of the Library of Congress*, 34 (Oktober 1977), S. 313. Gemäß John C. Brodericks Fußnote hat Janet die Worte „of an intense blue" Solitas Manuskript hinzugefügt.

5. Solita Solano: The Hotel Napoléon Bonaparte, ebd., in: John C. Broderick, S. 308 f.

6. Solita Solano: The Hotel Napoléon Bonaparte, ebd., in: John C. Broderick, S. 312 f.

7. Jane Cole Grant: *Ross the New Yorker and Me*, Reynal & Co, New York 1968, S. 223.

8. Eugene Jolas in: *Paris Tribune* (28. Dezember 1924), in: Hugh Ford (Hg.): *The Left Bank Revisited: Selections from the Paris Tribune 1917-1934*, Penn State University Press, University Park 1972, S. 261.

9. Solita Solano, zit. nach John C. Broderick, a.a.O., S. 306.

10 Janet Flanner, Konzept einer Rede im American Institute of Arts and Letters, in: Flanner/Solano papers, Library of Congress, undatiert.

11. Patrick O'Higgins: In Her Own Words: Janet (Genêt) Flanner on her 'Pets' from 50 Years in Paris (De Gaulle Wasn't One of Them), in: *People*, 3, Nr. 7 (24. Februar 1975), S. 62.

12. Patrick O'Higgins: In Her Own Words, in: *People*, ebd. S. 60 f.

13. Janet Flanner: Introduction, *Paris Was Yesterday: 1925 - 1939*, Harcourt Brace Jovanovich, New York 1988, S. XIX.

15. Janet Flanner, Konzept eines Vortrags über Colette, Juli 1966, in: Flanner/Solano papers der Library of Congress.

16. Janet Flanner, Einleitung zu: Daniel Talbot (Hg.): *City of Love*, Dell, New York 1955.

17. Berenice Abbott, zit. Morrill Cody: *The Women of Montparnasse*, Cornwall Books, Cranbury, NJ 1984, S. 163.

18. *Paris Tribune* (20. Mai 1927), in: Hugh Ford (Hg.): *The Left Bank Revisited*, a.a.O., S. 83 f.

19. Bryher: *The Heart to Artemis*, Collins, London 1963, S. 208.

20. Janet Flanner: A Life on a Cloud: Margaret Anderson, in: *Janet Flanner's World: Uncollected Writings 1932-1975*, Harcourt Brace Jovanovich, New York und London 1979, S. 320.

21. Margaret Anderson, zit. Morrill Cody: *The Women of Montparnasse*, a.a.O., S. 151.

22. Margaret Anderson: Introduction, *The Little Review Anthology*, Hermitage House, New York 1953.

23. Ezra Pound, Brief an Margaret Anderson, undatiert Januar 1917 zit. nach Gillian Hanscombe und Virginia L. Smyers: *Writing for their Lives: The Modernist Women 1910-1914,* Northeastern University Press, Boston 1988 und The Women's Press, London 1987, S. 181.

24. Robert Sage in: *Paris Tribune* (18. Januar 1931), in: Hugh Ford (Hg.): *The Left Bank Revisited*, a.a.O., S. 71.

25. H.D., Brief an Amy Lowell, 19. September 1917, zit. nach Gillian Hanscombe und Virginia L. Smyers: *Writing for their Lives*, a.a.O., S. 183.

26. Margaret Anderson: *My Thirty Years' War*, Covici Friede, New York 1930, zit. nach Janet Flanner: A Life on a Cloud: Margaret Anderson, a.a.O., S. 323 f.

27. Janet Flanner: A Life on a Cloud: Margaret Anderson, ebd., S. 326.

28. Margaret Anderson, zit. nach Janet Flanner: A Life On a Cloud: Margaret Anderson, ebd., S. 326.

29. Janet Flanner: A Life On a Cloud: Margaret Anderson, ebd., S. 326.

30. Margaret Anderson: *My Thirty Years' War*, a.a.O., S. 102, in: Shari Benstock: *Women of the Left Bank,* University of Texas Press, Austin 1986 und Virago Press, London 1987, S. 379.

31. T.S. Eliot, Brief an Gertrude Stein vom 21. April 1925, in: Stein collection, Beinecke Rare Book and Manuscript Library, Yale University.

32. Janet Flanner: A Life On a Cloud: Margaret Anderson, a.a.O., S. 325.

33. Eugene Jolas in: *Paris Tribune* (28. Dezember 1924), in: Hugh Ford (Hg.): *The Left Bank Revisited*, a.a.O., S. 261.

34. Bryher: *The Heart to Artemis*, a.a.O., S. 208.

35. H.D., Brief an Ezra Pound, undatiert 1929, zit. nach Janice S. Robinson: *H.D.: The Life and Work of an American Poet*, Houghton Mifflin Co., Boston 1982, S. 266.

36. Paris Tribune (26. Januar 1930), in: Hugh Ford (Hg.): *The Left Bank Revisited*, a.a.O., S. 252 f.

37. Solita Solano: Nancy Cunard: Brave Poet, Indomitable Rebel, in: Hugh Ford (Hg.): *Nancy Cunard: Brave Poet, Indomitable Rebel*, Chilton Book Co., Philadelphia 1968, S. 76.

38. Andrew Field: *Djuna: The Life and Times of Djuna Barnes*, Putnam's, New York 1983, S. 104.

39. Brenda Wineapple: *Genêt: A Biography of Janet Flanner*, a.a.O., S. 93.

40. Solita Solano: Both Banks of the Seine, in: *D.A.C. News* (20. Februar 1932), S. 50.

41. Jane Cole Grant: *The New York Ross and Me*, a.a.O., S. 224.

42. Shari Benstock: *Women of the Left Bank*, a.a.O., S. 108.

43. Janet Flanner, Vortrag im American Institute of Arts and Letters, in: Flanner/Solano papers der Library of Congress, undatiert.

NACHWORT

1. Janet Flanner: Paris, Germany, in: *New Yorker* (7. Dezember 1940), Nachdruck in: Janet Flanner: *Janet Flanner's World: Uncollected Writings 1932-1975*, Harcourt Brace Jovanovich, New York und London 1979, S. 51.

2. Adrienne Monnier: Occupation Journal: May 8 to July 10, 1940, in: *The Very Rich Hours of Adrienne Monnier*, Charles Scriber's Sons, New York 1976, S. 394.

3. Colette, zit. nach Herbert Lottman: *Colette: A Life*, Secker and Warburg, London 1991, S. 240.

4. Colette: Fifteen Hundred days: liberation, August 1944, in: Robert Phelps: *Earthly Paradise: An Autobiography, Drawn from her Lifetime Writings*, Farrar, Straus and Giroux, New York 1966, S. 458.

5. Nancy Cunard, zit. nach Anne Chisholm: *Nancy Cunard*, Sidgwick & Jackson, London 1979, S. 263.

6. Shari Benstock: *Women of the Left Bank*, University of Texas Press, Austin 1986 und Virago Press, London 1987, S. 140.

7. Bryher: For Sylvia, in: *Sylvia Beach: 1887-1962*, Mercure de France, Paris 1963, S. 18.

8. Alice B. Toklas, Brief an W.G. Rogers, 28. Oktober 1947, in: Edward Burns (Hg.): *Staying on Alone: Letters of Alice B. Toklas*, Vintage Books, New York 1975, S. 88.

9. Alice B. Toklas, Brief an Henry Rago, 16 März 1947, in: Edward Burns (Hg.): *Staying on Alone: Letters of Alice B. Toklas*, ebd., S. 57.

10. Djuna Barnes, Brief an Solita Solano, 7. September 1960, in: Flanner/Solano papers, Library of Congress.

11. Djuna Barnes, Brief an Solita Solano, 22. Mai 1964, in: Flanner/Solano papers, Library of Congress.

BILD- UND TEXTNACHWEISE

Eine Abdruckgenehmigung für Fotografien und andere Abbildungen in diesem Buch wurde uns freundlicherweise erlaubt von:

Archives and Manuscripts, McKeldin Library, University of Maryland at College Park: Seiten 23, 134, 137, 139, 141, 143, 147, 149, 151, 157.

The Baltimore Museum of Art: The Cone Collection, gegründet von Dr. Claribel Cone und Miss Etta Cone aus Baltimore, Maryland: Seite 74.

Bancroft Library, University of California at Berkeley: Seiten 59, 78.

The Beinecke Rare Book ans Manuscript Library, Yale University: Seiten 54, 63, 68, 86-87, 173 (© Man Ray), 190.

Berlinische Galerie, Fotografische Sammlung: Seite 16.

Department of Rare Books and Special Collections, Princeton University Libraries: Seiten 26, 28, 30, 33, 40, 49, 51, 192, 209, 222.

Nachlaß von Carl van Vechten, verwaltet von Joseph Solomon: Seite 55, 213.

Nachlaß von Janet Flanner, verwaltet von William B. Murray: Seite 89.

Fonds Littéraire Jacques Doucet: Seiten 75, 93, 94, 98, 102, 107, 115, 123, 132.

Gisèle Freund: Seiten 14 - 15, 47, 210.

National Museum of American Art, Washington D.C.: Seiten 96 (verwaltet von Art Resources; N.Y.), 127 (verwaltet von Art Resources; N.Y.)

Prints and Photograps Division, Library of Congress: Seiten 104, 124, 160, 162, 163, 164, 168, 175 (© Berenice Abbott), 180 (verwaltet von Wide World Photos), 184, 194, 197, 203, 204, 213, 218.

Bücher und Artikel, die im Text nach den üblichen erlaubten Verfahrensweisen angeführt oder zitiert werden, sind in den Anmerkungen kenntlich gemacht. Für die ausführlicheren Zitate und die Erlaubnis, auch aus unveröffentlichtem Material zitieren zu dürfen, möchte ich folgenden Personen und Einrichtungen danken:

Dem Besitzer des Nachlasses von Gertrude Stein für die Genehmigung, Auszüge aus den veröffentlichten und unveröffentlichten Schriften Gertrudes Steins zitieren zu dürfen. Random House für die Nachdruckerlaubnis von Auszügen aus *Four Saints* in *Three Acts, The Autobiography of Alice B. Toklas, Everybody's Autobiography* und *Wars I have seen.* Den Besitzern von Sylvia Beach's Nachlaß (verwaltet von Frederic B. Dennis) für die Genehmigung aus ihren unveröffentlichten Briefen zitieren zu dürfen. Den Besitzern des Nachlasses von Mina Loy (verwaltet von Roger L. Conover) für die Nachdruckerlaubnis von Mina Loy's Gedicht „Gertrude Stein". Den Besitzern von Natalie Clifford Barney's Nachlaß (verwaltet von François Chapon) für die Abdruckgenehmigung von Auszügen aus Natalie Barney's Autobiographie und ihren Briefen. The Authors League Fund, New York, und dem Historic Churches Preservation Trust, London, für die Erlaubnis, aus Djuna Barnes' *Ladies Almanack* und *Nightwood* sowie aus ihren Briefen zitieren zu dürfen. Liveright Publishing Corporation für die Erlaubnis, aus *Staying on Alone: Letters of Alice B. Toklas* zu zitieren. Den Besitzern der Nachlässe von H.D. und Bryher (verwaltet von Perdita Schaffner) für die Erlaubnis, Auszüge aus ihren Briefen nachdrucken zu dürfen. Und dem Besitzer des Nachlasses von Janet Flanner (verwaltet von William B. Murray) für die Genehmigung, aus *Paris was Yesterday* und Janet Flanners unveröffentlichten Schriften zitieren zu dürfen.

Es wurde jeder Versuch unternommen, die Copyright-Inhaber des nachgedruckten Materials in diesem Buch ausfindig zu machen. Die Autorin und die Verleger bitten jeden Copyright-Inhaber, der nicht angeführt wird, Kontakt mit dem Verlag aufzunehmen, so daß der fällige Nachweis in folgenden Auflagen aufgeführt werden kann.

AUSGEWÄHLTE LITERATUR

Barnes, Djuna, Antiphon. Frankfurt/M: Suhrkamp 1986.
  Ladies Almanach. Frankfurt/M.: Fischer TB 1991.
  Nachtgewächs. Frankfurt/M: Suhrkamp 1993.
  Paris, Joyce, Paris. Berlin: Wagenbach 1988.
  Ryder. Frankfurt/M.: Suhrkamp 1986.
  Verführer an allen Ecken und Enden. Ratschläge für die kultivierte Frau. Berlin: Wagenbach 1994.

Colette, Claudines Mädchenjahre. Wien: Zsolnay, o.J.

Flanner, Janet, Darlinghissima. Briefe an eine Freundin. München: Kunstmann 1995.
  Legendäre Frauen. München: Kunstmann 1993.
  Paris – Germany. Europäische Reportagen 1931-1950. München: Kunstmann 1992.
  Pariser Tagebuch. 1945-1965. Hamburg/Düsseldorf: Claassen 1967.

Joyce, James, Finnegans Wake. Frankfurt/M.: Suhrkamp 1989.
  Ein Portrait des Künstlers als junger Mann. Frankfurt/M.: Suhrkamp 1976.
  Ulyssees. Frankfurt/M.: Suhrkamp 1992.

Proust, Marcel, Auf der Suche nach der verlorenen Zeit. Frankfurt/M.: Suhrkamp 1984.

Stein, Gertrude, Autobiographie von Alice B. Toklas. München: Sammlung Luchterhand 1993.
  Drei Leben. Hamburg/Zürich: Arche 1985.
  Kriege die ich gesehen habe. Frankfurt/M.: Suhrkamp 1992.
  Jedermanns Autobiographie. Frankfurt/M.: Suhrkamp 1986.
  Paris, France. Persönliche Erinnerungen. Frankfurt/M.: Suhrkamp 1975.
  The Making of Americans. Geschichte vom Werdegang einer Familie. Klagenfurt: Ritter Verlag 1989.

WEITERFÜHRENDE LITERATUR

Adams, Bronte/ Tate, Trudi (ed.), That Kind of Woman: Stories from the Left Bank and Beyond. London: Virago 1991.

Beach, Sylvia, Shakespeare and Company. Ein Buchladen in Paris. Frankfurt/M.: Suhrkamp 1982.

Benstock, Shari, Women of the Left Bank, Austin: University of Texas Press 1986.

Broe, Mary Lynn (ed.), Silence and Power: A Reevaluation of Djuna Barnes. Carbondale: Southern Illinois University Press 1991.

Field, Andrew, Djuna Barnes. Eine Biographie. Frankfurt/M.: Frankfurter Verlagsanstalt 1992.

Fitch, Noel Riley, Sylvia Beach. Eine Biographie im literarischen Paris 1920 - 1940. Frankfurt/M.: Suhrkamp 1988.

Freund, Gisele, Drei Tage mit James Joyce. Frankfurt/M.: Suhrkamp 1983. Gespräche mit Rauda Jamis. München/Paris/London: Schirmer/Mosel 1993. Photographien. München: Schirmer/Mosel 1993.

Grahn, Judy, Really Reading Gertrude Stein. Freedom, California: The Crossing Press 1989-

Hoffmann, Monika, Gertrude Steins Autobiographien: „The Autobiography of Alice B. Toklas" und „Everybody's Autobiography". Frankfurt/M.: Lang 1992.

Jay, Karla, The Amazon and the Page: Natalie Barney and Renée Vivien. Bloomington: Indiana University Press 1988.

Lottmann, Herbert, Colette. Eine Biographie. München: Goldmann 1993.

Monnier, Adrienne, Aufzeichnungen aus der Rue d´ l Odéon. Schriften 1917 - 1953. Herausgegeben von Carl Buchner. Frankfurt/M.: Insel 1995.

Neyer, Hans Joachim, Gisèle Freund. Berlin:Argon 1988.

Stendhal, Renata, Gertrude Stein in Words and Pictures. London: Thames and Hudson 1995.

Stimpson, Catharine R., 'Gertrice/Altrude: Stein, Toklas, and the Paradox of the Happy Marriage.' In Perry, Ruth/ Brownley, Martine Watson (ed.), Mothering the Mind: Twelve Studies of Writers and Their Silent Partners. New York/ London: Holmes and Meier 1984.

Wickes, George, The Amazons of Letter. New York: G.P. Putnam's & Sons 1976.

Wineapple, Brenda, Gênet: A Biography of Janet Flanner. New York: Ticknor and Fields 1989, und London: Pandora 1993.

REGISTER